Kohlhammer

Der Autor

Markos Maragkos ist als Psychologischer Psychotherapeut, Dozent und Lehrtherapeut/Supervisor mit dem Schwerpunkt Traumafolgestörungen tätig. Er leitet die Ambulanz eines psychotherapeutischen Aus-, Fort- und Weiterbildungsinstituts in München.

Markos Maragkos

Kognitive Verhaltenstherapie bei Traumafolgestörungen

Verlag W. Kohlhammer

Pharmakologische Daten, d. h. u. a. Angaben von Medikamenten, ihren Dosierungen und Applikationen, verändern sich fortlaufend durch klinische Erfahrung, pharmakologische Forschung und Änderung von Produktionsverfahren. Verlag und Autoren haben große Sorgfalt darauf gelegt, dass alle in diesem Buch gemachten Angaben dem derzeitigen Wissensstand entsprechen. Da jedoch die Medizin als Wissenschaft ständig im Fluss ist, da menschliche Irrtümer und Druckfehler nie völlig auszuschließen sind, können Verlag und Autoren hierfür jedoch keine Gewähr und Haftung übernehmen. Jeder Benutzer ist daher dringend angehalten, die gemachten Angaben, insbesondere in Hinsicht auf Arzneimittelnamen, enthaltene Wirkstoffe, spezifische Anwendungsbereiche und Dosierungen anhand des Medikamentenbeipackzettels und der entsprechenden Fachinformationen zu überprüfen und in eigener Verantwortung im Bereich der Patientenversorgung zu handeln. Aufgrund der Auswahl häufig angewendeter Arzneimittel besteht kein Anspruch auf Vollständigkeit.

1. Auflage 2025

Gesamtherstellung: W. Kohlhammer GmbH, Heßbrühlstr. 69, 70565 Stuttgart
produktsicherheit@kohlhammer.de

Print:
ISBN 978-3-17-043522-3

E-Book-Formate:
pdf: ISBN 978-3-17-043523-0
epub: ISBN 978-3-17-043524-7

Für meine Frau.
Für meine Familie – allen, die im Diesseits und allen, die bereits im Jenseits sind.

Inhaltsverzeichnis

Vorwort

Dieses Buch wurde begonnen, während in Europa ein Krieg tobte, von dem die meisten Menschen nie gedacht hätten, dass er (wieder) möglich sei: Am 24. Februar 2022 ist Russland in die Ukraine einmarschiert. Während es geschrieben wurde, folgte ein weiterer: Nach dem Angriff der Hamas auf Israel am 7. Oktober 2023 eskalierte erneut kriegerisch der Jahrzehnte andauernde Nahostkonflikt.

Wie jeder Krieg so werden auch diese Menschenleben kosten, Gemeinschaften erschüttern bis zerstören und tiefgreifende Spuren hinterlassen, die nicht nur physisch, sondern auch psychisch schmerzen werden, teils über ein Leben und Generationen hinweg. In dieser düsteren Realität werden Traumafolgestörungen wieder eine alarmierende Prävalenz erreichen und umfassende therapeutische Ansätze einmal mehr – dringender denn je – notwendig erscheinen lassen.

Historisch betrachtet, gab es kaum eine Zeit ohne Kriege und somit auch keine ohne Traumafolgestörungen. Sie begleiten uns Menschen seit Anbeginn und werden das wohl auch weiterhin tun. Die Anzahl der monatlich erscheinenden wissenschaftlichen Publikationen aus diversen (fachübergreifenden) Wissenschaftsdisziplinen zu diesem Thema ist bereits jetzt so groß, dass der Anspruch, sie alle aufmerksam zu studieren, nicht erfüllt werden kann, und sie wird vermutlich steigen (s. a. Gao & Lou, 2024). Die Psychotraumatologie wird ihre Stellung als »Querschnittsfach« (Schäfer et al., 2019, S. 1) und »integraler Bestandteil« (ebd.) von Klinischer Psychologie, Psychotherapie, Psychosomatik und Psychiatrie weiterhin behalten.

Doch es gibt m. E. noch einen weiteren Grund, warum Traumafolgestörungen der Nimbus des Besonderen anhaftet. Für uns Fachkollegen[1] scheint es – anders als bei den anderen psychischen Diagnosen – weniger leicht möglich, sie allein und ausschließlich aus einer professionellen Distanz, ohne innerlich persönlich involviert zu sein, betrachten zu können. Natürlich können wir auch eine Angst-, eine Zwangsstörung, eine depressive, eine somatoforme oder eine andere der vielen möglichen psychischen Störungen entwickeln, aber von diesen – so scheint es – können wir uns etwas leichter distanzieren. Vielleicht erleben wir uns mit unserem »Handwerkszeug« auch gut gerüstet, einer solchen Entwicklung etwas entgegensetzen, sie abmildern oder gar verhindern zu können. Die Möglichkeit, selbst traumatisiert zu werden und somit das gleiche zu erleben, wie der Patient vor uns, scheint uns direkter zu treffen, da einfach weniger kontrollierbar. Vielleicht sind

1 Zugunsten einer lesefreundlichen Darstellung wird in diesem Text bei personenbezogenen Bezeichnungen in der Regel die männliche Form verwendet. Diese schließt, wo nicht anders angegeben, alle Geschlechtsformen ein (weiblich, männlich, divers).

Traumafolgestörungen deshalb auch etwas weniger als andere psychische Störungen ein abstraktes Konzept, sondern mehr eine potenzielle Realität, die jeden von uns finden kann.

Die Traumafokussierte Kognitive Verhaltenstherapie (TF-KVT) bietet eine Perspektive der Hoffnung, Linderung und manchmal auch Heilung inmitten des Leids. Die Grundlagen dieser Therapieform, ihre Anwendungen und ihre klinische Effektivität sind Schwerpunkte dieses Buches. Doch mehr als nur eine theoretische Abhandlung, möchte dieses Werk – in kompakter Form – eine Brücke zwischen der universellen Herausforderung von Traumafolgestörungen und den individuellen Notwendigkeiten im konkreten psychotherapeutischen Tun nach den aktuellen wissenschaftlichen Leitlinien schlagen.

Danksagung

Neben dem privaten und beruflichen Alltag ein Fachbuch zu schreiben, ist ein anspruchsvolles Unterfangen. Es benötigt Zeit, die stets ein knappes Gut und weder komprimier- noch teilbar ist. Wenn es möglich war, länger und mit einer gewissen Kontinuität an diesem Buch zu arbeiten, kam ein Gefühl der freudvollen Dankbarkeit auf. Es war eine wunderbare Gelegenheit zu prüfen, was ich gut verstanden, was nicht und besonders was ich nicht ganz richtig oder gar falsch verstanden hatte. Das aus Lehrbüchern, wissenschaftlichen Artikeln und aus der Erfahrung der psychotherapeutischen Begleitung von traumatisierten Menschen sowie aus den zahlreichen Seminaren und Workshops mit Teilnehmenden, teils mit wachsender, teils mit bereits vorhandener praktischer Erfahrung, erworbenes Wissen, musste aus einer präverbalen Form bzw. der Form gesprochener Sprache – möglichst präzise – in Geschriebenes verwandelt werden. Insofern war der Entwicklungsprozess dieses Buch auch für mich ein wichtiges Korrektiv, wofür ich sehr dankbar bin.

Das aber nur in zweiter Linie. Als aller Erstes gilt mein Dank den Patienten, die sich auf die gemeinsame Arbeit eingelassen haben. Traumatische Erfahrungen gehen oft mit einem Vertrauensverlust einher, während hilfreiche Psychotherapie Vertrauen voraussetzt. Dieses einem fremden Menschen geben zu können, braucht sehr viel Mut und diesen haben die meisten unserer Patienten oder sie sind zumindest bereit, ihn zu entwickeln.

Sehr dankbar bin ich auch den Teilnehmenden der zahlreichen Workshops und Fortbildungsveranstaltungen. Meistens hatte ich den Eindruck, sie nahmen daran teil, weil es ihnen ein persönliches Anliegen war, ihren Patienten noch besser helfen zu können. Sie hatten größtenteils bereichernde Fragen, ein wirkliches Interesse und haben dadurch die Veranstaltungen mitgetragen und das Niveau angehoben. Wiederholt war jedoch in den Anfangsrunden eine gewisse Vorsicht, Zurückhaltung, manchmal auch Angst zu spüren, die nicht selten auch verbalisiert wurde, mit Traumatisierten zu arbeiten. Dabei zu unterstützen, mehr Zuversicht für und bei dieser Arbeit zu entwickeln, war mir stets ein sehr wichtiges Ziel, sind es doch Menschen, die Schlimmes, oft Schlimmstes erleben haben müssen und die dennoch diese innere Stärke und Kraft besitzen, sich nicht aufzugeben. Wenn dieses Buch bei seinen Lesern mehr von dieser Zuversicht gebracht und ihre fachliche Kompetenz erweitert hat, hat es seinen Zweck erfüllt.

Den Mitarbeitenden des Kohlhammer-Verlags, allen voran Frau Manuela Pervanidis, möchte ich auch sehr herzlich für die sehr gute, stets sehr professionelle, freundliche und unterstützende Zusammenarbeit danken.

Abschließend möchte ich meiner Frau von Herzen danken. Beim Korrekturlesen war sie so genau und kritisch, wie sie mit mir geduldig und liebevoll war, wenn ich mich nicht im Zustand freudvoller Dankbarkeit, sondern in dem des genervten Zweifelns befand.

München, im März 2025
Markos Maragkos

1 Einleitung

Was ist ein traumatisches Ereignis und welche Auswirkungen kann es auf das Leben des Betroffenen haben? Anstatt auf die gängigen Klassifikationssysteme zurückzugreifen, um diese Fragen zu beantworten, soll für diese Einleitung der Versuch unternommen werden, die Perspektive der Betroffenen einzunehmen, denn traumatische Ereignisse können nicht nur den Moment durchdringen, sondern auch einen existenziellen Riss im Lebensfaden des betroffenen Menschen hinterlassen (s. a. Janoff-Bulman, 1992).

1.1 Aus der Perspektive der Betroffenen

Ein traumatisches Ereignis hat eine existenzielle Dimension und kann auf ebenso existenzielle Weise das Sein des Menschen erschüttern. Die Art und Weise, wie er sich, die anderen, die Welt und sich in der Welt sieht und erlebt, kann sich radikal verändern. Wo vorher Alltagsnormalität und -naivität, angenommene, selten oder gar nie überprüfte Sicherheit und Vertrauensvorschuss geherrscht haben, übernehmen jetzt Angst, übertriebene Wachsamkeit, Misstrauen und Entfremdung das Ruder. Das Vertrauen in den guten Lauf der Dinge, die Natürlichkeit, mit der der Mensch morgens sein Heim verlassen hat, eher mit den Alltagswidrigkeiten beschäftigt als mit seiner Verletzlichkeit und Endlichkeit, ist auf einmal wie weggefegt. Das, was stets doch Anderen passiert, ist nun ihm selbst widerfahren. Er ist nicht mehr unverwundbar, unverletzlich, unsterblich, sondern verwundbar, verletzlich und auch kann er sterben. Die innere und äußere Welt des traumatisierten Menschen haben sich verändert.

Die innere Welt wird von Bildern, Gerüchen, Geschmäckern – es kann jegliche Sinnesmodalität sein – beherrscht, die sich gegen den Willen aufdrängen, manchmal so intensiv, dass der Lauf der Zeit unterbrochen scheint. Wo hier und jetzt sein sollte, ist plötzlich dort und damals. Sobald die Zeit wieder ihre Schiene gefunden hat, wird es etwas ruhiger, aber ein kleiner Auslöser genügt und schon ist er wieder auf einer unfreiwilligen Reise in die schreckliche Vergangenheit. Es ist eine Invasion von innen.

Es ist aber auch eine Invasion von außen. Geschehnis und Erlebnis (s. a. Straus, 1930) lassen sich kaum in Worte fassen, es gibt Emotionen, sehr starke Emotionen, die einen übermannen. Es wäre gut und hilfreich, Worte zu finden, diese zu sprechen, sich seiner Umwelt mitzuteilen, aber das macht Angst, denn die Worte verstärken die Bilder, Erinnerungen und Empfindungen, also müssen sie vermieden werden. Vermeidung »hilft« auch bei der Bewegung – wenn überhaupt möglich – im Außen. Bestimmte Orte dürfen nicht aufgesucht oder müssen umfahren werden. Kurzfristig hilft das. Der Preis ist aber hoch. Wenig Bewegung im Außen bedeutet zwar in der stets kleineren »sicheren« Welt zu sein, jedoch auch gleichermaßen, auf schönes, aufbauendes, bereicherndes Erleben – allein oder mit Anderen – zu verzichten. Dauert dies an, gesellen sich zu allem Übel noch Niedergeschlagenheit und mangelnder Antrieb als weitere Begleiter hinzu. Die Farbe Grau wird bestimmend.

Alltägliche Gespräche sind nicht mehr lustig, ernst oder langweilig, sondern stets begleitet von einem Gefühl der Entfremdung und Andersartigkeit: »Kann er mich verstehen?«; »Wie kann es sein, dass sie mit diesen Alltäglichkeiten beschäftigt ist, dass ihr das wichtig ist?«; »Aber ich war ja früher auch so…«. Und die einem Nahestehenden? Wenn sie um das, was passiert ist und um die innere Welt wissen, dann sind sie nicht selten überfordert. Einigen fehlt jedes Wort, andere fliehen in Floskeln oder versuchen etwas zu tun, von dem sie sicher sind, dass es in der Vergangenheit stets geholfen hat. Vielleicht ein Witz, ein Spruch oder eine allgemeine Aufmunterung, wobei es dem Sprechenden anzumerken ist, dass er versucht, in sich selbst das Gefühl entstehen zu lassen, welches er transportieren will, ohne dass es ihm in Gänze gelingen mag. Beim Traumatisierten bleibt der Eindruck, einsam unter Vielen zu sein.

Die innere Welt hat an Reichtum verloren. Die Palette der Gefühle ist nicht mehr so bunt, manche sind fad und grau, wollen z. T. gar nicht aufkommen, sind taub. Wären die Gefühle Saiten eines Instruments, die – wenn sie angeschlagen werden – das entsprechende Gefühl intonieren, so scheint es, als ob diese so stark angespannt sind, dass nur noch ein dumpfer Ton erklingen kann.

Draußen, in der äußeren Welt, blickt der traumatisierte Mensch nicht mehr wie früher gedankenverloren, vor sich hinträumend oder mit seinen aktuellen Freuden und Widrigkeiten beschäftigt, einfach in die Gegend, sondern sucht aktiv nach ganz bestimmten Hinweisen, deren Vorhandensein Gefahr und deren Abwesenheit vorerst Entwarnung bedeuten. Sogar der Schlaf ist nicht mehr das, worauf er sich freut, sondern der wehrloseste Zustand, der Zustand maximalen loslassen Müssens – nun kaum möglich, denn wenn er sich diesem ergibt, kann er nicht vertrauen, dass alles gut wird.

1.2 Geschichte der Psychotraumatologie

Traumatische Ereignisse und deren Folgen sind seit jeher steter Begleiter des Menschen. Vor diesem Hintergrund ist die – alles andere als geradlinig verlaufende – Geschichte der Psychotraumatologie so alt wie die Menschheit selbst.

Anders liegt der Fall, wenn wir die PTBS als diagnostisches Konzept in den gängigen Klassifikationssystemen betrachten. Von dieser Perspektive aus ist sie ein junges, bemerkenswert volatiles (s. a. North et al., 2016) und in der Fachwelt kontrovers diskutiertes (Bryant, 2022) diagnostisches Konstrukt, welches mehrere Merkmale aufweist: Einerseits ist es eine universelle, zeitlose, ereignisbezogene, psychobiologische Entität. Andererseits wird diese in ein zeitgeistgebundenes, soziokulturelles, politisches und wissenschaftliches Konstrukt überführt mit einer sich entsprechend verändernden Klassifikation und Symptomatologie.

Darüber hinaus ist zu berücksichtigen, dass es sich bei traumatischen Ereignissen zuallererst um von Menschen verursachte oder natürliche Ereignisse handelt, die aufgrund eines gemeinsamen Konsenses von der Fachwelt das Attribut »traumatisch«[2] erhalten. Diesem Konsens liegen bestimmte Grundannahmen und Bedeutungszuschreibungen zugrunde, die das jeweilige Verständnis dieser Fachwelt widerspiegeln. Sie wiederum besteht aus Personen, die einem bestimmten Zeitgeist unterworfen sind, der von den jeweils gültigen soziokulturellen und gesellschaftspolitischen Rahmenbedingungen beeinflusst wird. Die Verwobenheit mit allen Ebenen des menschlichen Lebens erklärt, warum dieses Konstrukt immer schon und weiterhin so leicht persönliche, mediale, soziokulturelle und gesellschaftspolitische Aufmerksamkeit bekommt und wohl auch in Zukunft bekommen wird.

Die Geschichte der Psychotraumatologie vollumfänglich darzustellen, setzt voraus, dieser Komplexität und Verwobenheit Genüge zu tun – das ist alles andere als einfach und kann auch nicht in aller Kürze geschehen. Um den Rahmen dieses Buches einzuhalten, werden im Folgenden, ohne Anspruch auf Vollständigkeit, einzelne Meilensteine, die nach Ansicht des Autors besonders hervorzuheben sind, beschrieben (s. Fischer-Homberger, 1975; Lehmacher, 2013 für tiefergehende Darstellungen).

Die PTBS ist eine ereignisbezogene psychische Störung, so taucht sie historisch stets im Gefolge von außergewöhnlichen Ereignissen auf. Dabei handelt es sich um Natur-, später mit dem Aufkommen des Eisenbahnwesens Anfang des 19. Jh. (s. u.) auch um technische Katastrophen oder Unfälle, schmerzhafte menschliche Verluste und insbesondere Kriege. Entsprechend lassen sich die ersten Beschreibungen von Menschen, die wir heute als »traumatisiert«[3] bezeichnen würden, schon in den ältesten literarischen Werken, wie bspw. im Gilgamesch-Epos (ca. 4 500 v. Chr.), den Berichten von der Schlacht um Marathon[4], in der Ilias[5] des Homer aber auch in

2 »Traumatisch« ist ein Attribut des Ereignisses und bezieht sich auf die Definitionen in den gängigen Klassifikationssystemen. »Traumatisiert« hingegen bezieht sich auf die Person, die das Ereignis erlebt und dadurch behandlungsbedürftige Beschwerden entwickelt hat (unabhängig davon, ob es sich um eine PTBS oder eine andere Diagnose handelt).

3 Die durch die Anführungszeichen signalisierte Einschränkung deswegen, weil wir nicht aus den Augen verlieren dürfen, dass wir die aus damaliger Zeit vorliegenden Berichte aus unserer heutigen Perspektive betrachten und ihnen somit Bedeutungen zuschreiben und mit Begriffen assoziieren, die in der damaligen Zeit vielleicht nicht vorgeherrscht oder einen anderen Sinn gehabt haben.

4 So beschreibt Herodot (484–425 v. Chr.) in seinen Schriften über die Schlacht von Marathon (490 v. Chr.) den Krieger Epizelus, der, körperlich unverletzt, eine psychogene Blindheit erleidet, unter der er Zeit Lebens litt.

der Bibel finden. Deutlich später lässt *Shakespeare* (1564–1616) seinen Macbeth traumatypische Symptome berichten, die sich auch in den Tagebüchern von Samuel Pepys, einem Staatssekretär im englischen Marineamt, finden, wenn er über die (psychischen) Auswirkungen der großen Feuerkatastrophe von London (1666) auf sein Erleben schreibt.

Der Londoner Chirurg, *John E. Erichsen* (1818–1896), wird irrtümlich als Schöpfer einer der ersten Bezeichnungen der heutigen PTBS, nämlich des »Railway-Spine-Syndrome« gehalten, während er selbst diese als »absurd«[6] abtat und »Concussion[7] of the Spine« bevorzugte. Wenngleich es sich bei diesem unfallbedingten Syndrom um Folgen einer mechanischen Einwirkung handelte, die einen neurologischen Schaden an der Wirbelsäule verursachte, sprach Erichsen psychischen Faktoren, nämlich dem Ausmaß des Schreckens während des Erlebens, eine wichtige Rolle zu. Die Assoziation zwischen etwas Organischem (Rückenmark/Nervensystem) und etwas Seelischem war kein Zufall, denn zur damaligen Zeit wurde das Rückenmark als eine Art »Ort der Seele« betrachtet und Eisenbahnfahrten waren einerseits ein Faszinosum, machten aber auch Angst und wurden anfangs sogar als schädlich angesehen (s. Lehmacher, 2013). Auf Erichsen und seine Publikationen wurde auch Bezug genommen, wenn es nach Eisenbahnunglücken zu Schadenersatzansprüchen kam, was in England ab 1864 möglich war.

Jean-Martin Charcot (1825–1893), Chefarzt an der Salpêtrière, versuchte mit den medizinisch-naturwissenschaftlichen Methoden seiner Zeit die Hysterie zu untersuchen und prägte den Begriff der »traumatischen Hysterie«, als eine Unterform, die in Folge von Unfällen (bspw. Zugunglücken) oder (z.T. geringfügigen) Verletzungen auftrat. Solche externen Ereignisse verstand er als Auslöser (agent provocateur), die, vor dem Hintergrund der individuellen Prädisposition und manchmal mit einer gewissen Latenz, die hysterischen Symptome verursachten. Als einer der Ersten vertrat er zudem die Ansicht – damals skandalös –, dass auch Männer davon betroffen sein können.

Statt von »traumatischer Hysterie« sprach *Hermann Oppenheim* (1857–1919), ein deutscher Neurologe und Psychiater, der während des ersten Weltkrieges ein Lazarett für Kriegsopfer leitete, hingegen von »traumatischer Neurose« und verfasste 1889 ein Fachbuch mit dem gleichnamigen Titel, welches einen weiteren Meilenstein darstellt. Anders als Charcot betrachtete er anfänglich diese als eigenständige, im Gehirn lokalisierte, Erkrankung, die, bedingt durch den emotionalen Schock, aber auch mit Beteiligung der Psyche und vorhandener Prädisposition, nach Konfrontation mit traumatischen Ereignissen auftreten kann. Später maß er den psychischen Faktoren mehr Bedeutung bei. Im Jahr 1889, also 25 Jahre später als in England (s.o.), wird auch in Deutschland die traumatische Neurose von der Un-

5 Bspw. Achilles nach dem Tod seines sehr engen Freundes Patroklos (s.a. Shay, 1998).

6 Nach Erichsens Auffassung waren die beschriebenen Symptome Folge einer mechanischen Schädigung der Wirbelsäule (mit Beteiligung der Psyche), allerdings traten diese nicht ausschließlich nach Eisenbahnunglücken auf, wie die Bezeichnung fälschlicherweise suggeriert.

7 Entsprechend auch der Buchtitel, der als Beginn der modernen Geschichte der PTBS gelten kann: On concussion of the spine: Nervous shock and other obscure injuries of the nervous system in their clinical and medico-legal aspects (1875).

fallversicherung als entschädigungspflichtige Erkrankung anerkannt, nachdem 1884 das Unfallversicherungsgesetz (UVG) eingeführt wurde.

Damit begann eine fachliche Kontroverse um die Fragen, welche Rolle die persönliche Prädisposition spielt und ob die Symptome simuliert werden können (»Rentenneurose«). Eine Kontroverse, die in der Zeit des ersten Weltkrieges ihren Höhepunkt erreichte; spätestens zu diesem Zeitpunkt verlor das Oppenheim'sche Konzept seine Gültigkeit in der Fachwelt. Die persönliche Prädisposition (»konstitutionelle Schwäche«), Ausdruck einer »hereditären Minderwertigkeit«, als entscheidender ätiologischer Faktor für die Entwicklung der Symptome, bestimmte die vorherrschende Lehrmeinung. Die Psychiater vergaben hauptsächlich die Diagnosen Hysterie und Neurasthenie statt traumatischer Neurose, wobei dem Ereignis lediglich Trigger- und keine ursächliche Funktion zugesprochen wurde (s. u.).

Als bahnbrechend, weil z. T. bis heute gültig, können die Beiträge von *Pierre Janet* (1859–1947), ein französischer Psychiater, und *Sigmund Freud* (1856–1939), Schüler von Charcot, bezeichnet werden. Hysterische Symptome wurden als psychogen und im Gefolge von traumatischen Ereignissen, meist sexualisierter Gewalt, auftretend betrachtet. Aufgrund ihres Schreckens können sie nicht in die Persönlichkeit integriert werden, bleiben in einem abgespaltenen Zustand und müssen somit im Rahmen der Therapie wieder integriert werden. Dieses Verständnis von Janet ist, wie bereits geschrieben, dem heutigen (insb. in Bezug auf das Konzept der Dissoziation) nicht unähnlich; umso erstaunlicher ist, dass seine Thesen zu seinen Lebzeiten wenig Verbreitung fanden.

Ein weiterer Pionier der Psychotraumatologie ist *Abram Kardiner* (1891–1981), Psychiater und Psychoanalytiker[8] mit seinem Buch »The Traumatic Neuroses of War« (1941), welches in den USA Aufmerksamkeit erlangte, kurz bevor diese in den zweiten Weltkrieg eintraten. Er arbeitete in den 20er bis 30er Jahren des 20. Jh. in New York mit Kriegsveteranen und verstand die traumatypischen Symptome als einen Anpassungsversuch an sich ständig verändernde Bedingungen. Das traumatische Ereignis verursache eine das Ich überwältigende, zu einem Kontrollverlust führende Überstimulierung. Obwohl auch sein Konzept in Vergessenheit geriet, hat es später die Diagnose der PTBS, als sie erstmals unter diesem Namen im DSM-III (APA, 1980) aufgenommen wurde, beeinflusst (s. u.).

Bereits zu Lebzeiten von Kardiner und einiger weiterer der genannten Pioniere hat es Kriege gegeben. Allen voran muss die Geschichte des Konstrukts auch vor diesem Blickwinkel betrachtet werden, denn die PTBS ist schon immer – wie eingangs erwähnt – auch ein Kind des Krieges und somit der Militärpsychiatrie gewesen. Bereits zu Zeiten des amerikanischen Sezessionskrieges (1861–1865) beschrieb *Jacob Mendes Da Costa* (1833–1900), Chirurg in der Unionsarmee, im Jahr 1871 erstmals die »Cardiophobie« (heute: Herzneurose [ICD-10: F45.3]; »irritable heart«, auch »Da Costa-Syndrom«). Was aber der erste Weltkrieg, als erster industrialisierter Krieg, an Schrecken zu bieten hatte, war unvorstellbar. Die anfängliche Euphorie verging schnell und übrig blieb eine ebenso unvorstellbare Zahl an ver-

8 Sigmund Freud persönlich war sein Lehranalytiker.

letzten oder gar getöteten Soldaten sowie eben die »Kriegszitterer«[9] oder »Schüttler«, von denen es allein in Deutschland um die 600 000 Fälle gab (s. Lehmacher, 2013). Die Neurologen und Psychiater sahen Parallelen zum Krankheitsbild der »traumatischen Neurose«. Der w. o. bereits kurz angerissene Disput zwischen Hysterie (konstitutionsbedingt) vs. traumatischer Neurose (ereignisbedingt) fand einen weiteren Kulminationspunkt zu Gunsten der Hysterie. Den Kriegszitterern wurde mangelnder Wille, Feigheit, Minderwertigkeit, Degeneriertheit und so manch anderes unterstellt, gefolgt von einer entsprechenden »Behandlung«, die teils darauf ausgelegt war, grausamer als die Kriegserlebnisse zu sein, um sie dazu zu »motivieren«, wieder zurück an die Front zu gehen (s. u.; s. a. Riedesser & Verderber, 1996).

Während des zweiten Weltkrieges nahm das Interesse an der wissenschaftlichen Erforschung von kriegsbedingten psychischen Erkrankungen ab; fast schien es so, als hätte es in diesem Krieg gar keine Zitterer mehr gegeben (s. Lehmacher, 2013). Dabei handelt es sich jedoch um ein Artefakt, denn die Diagnosen »Kriegsneurose« und »Kriegshysterie« wurden 1944 von der Wehrmacht verboten (ebd.); zu stark war die Befürchtung, »Menschenmaterial« zu verlieren. Zudem drohte den Soldaten, bei denen erste Therapieversuche (bspw. Entspannung, Balneotherapie) keine Wirkung zeigten, das sog. »Pansen«, eine auf den deutschen Psychiater Friedrich Panse zurückgehende »Therapie«, basierend auf Elektroschocks. Herrschende Expertenmeinung war nach wie vor (und zu der Zeit noch mehr), dass schwerwiegende (Kriegs-)Ereignisse zwar zu einer psychischen Beeinträchtigung führen können, diese jedoch – wenn der Betroffene grundsätzlich gesund sei – nur kurz andauere und sich schnell zurückbilde. Sei das nicht der Fall, liege es an der bereits erwähnten »minderwertigen« Konstitution.

Diese fachliche Auffassung hielt sich bis in die 1960er Jahre und wurde, vor allem von deutschen Psychiatern, von den Soldaten auch auf KZ-Überlebende übertragen, über die sie nach Einführung des Bundesentschädigungsgesetzes 1953 Gutachten verfassen mussten, die meistens negativ ausfielen, mit z. T. an Absurdität nicht zu überbietenden »fachlichen« Begründungen. Erst ab diesem Zeitpunkt, u. a. durch die Arbeiten von *Ulrich Venzlaff* (1921–2013), kam es zu einem Umdenken. Neben Venzlaff soll hier – gleichsam stellvertretend für alle, die für dieses Umdenken gekämpft haben – auch *Kurt Eisler* (1908–1999) erwähnt werden, ein in die USA emigrierter Psychoanalytiker, österreichischer Herkunft, der 1963 eine Arbeit mit dem außerordentlich provokanten Titel »Die Ermordung von wie vielen seiner Kinder muss ein Mensch symptomfrei ertragen können, um eine normale Konstitution zu haben?« veröffentlichte.

Ein weiterer Krieg, der in Vietnam (1955–1975), und dessen gesellschaftspolitischen Folgen spielten für die Geschichte der PTBS ebenso eine sehr wichtige Rolle. Auch aus diesem gingen unzählige Opfer und Traumatisierte hervor, sowohl unter den Soldaten als auch unter der Allgemeinbevölkerung. *Chaim Shatan* (1924–

9 Charles S. Myers (1873–1946), Sanitätsoffizier im ersten Weltkrieg, prägte den Begriff »Shell Shock«, den er selbst irreführend fand, ist doch die damit beschriebene Symptomatik primär durch die Kriegserlebnisse bedingt und nicht speziell durch eine Granaten-Explosion.

2001) gab der heutigen PTBS ihren damaligen Namen: »Post Vietnam-Syndrome«. Er und *Robert J. Lifton* (*1926), die sich mit Mitgliedern der »Veterans Against the War« zu den so genannten »Rap Sessions« trafen, ebneten den Weg der PTBS in das DSM-III (APA, 1980). Dieses führte sie erstmals mit dieser Bezeichnung und als eigenständige Diagnose ein, die ursächlich auf das traumatische Ereignis zurück zu führen ist, während die vorherigen Versionen von »gross stress reaction« (DSM-I; APA, 1952; »severe physical demands or extreme stress, such as in combat or civilian catastrophe«, S. 40) bzw. von »transient situational disturbance« (DSM-II; APA, 1968; »transient disorders of any severity (including those of psychotic proportions) that occur in individuals without any underlying mental disorders and that represent an acute reaction to overwhelming environmental stress«, S. 48) sprachen.

Die Änderungen im DSM-III-R (APA, 1987) hielten sich hingegen in Grenzen und die im Jahr 1991 veröffentlichte ICD-10 (WHO, 1993) orientierte sich an diesem. Dafür zeigte sich die PTBS im DSM-IV (APA, 1994) deutlich verändert. Neben einem überarbeiteten Traumakriterium wurde sie um die Diagnose einer »akuten Belastungsstörung« ergänzt.

Noch deutlicher sind die Veränderungen im aktuell gültigen DSM-5 (APA, 2013), in dem die PTBS nicht mehr den Angststörungen, sondern zusammen mit der Reaktiven Bindungsstörung, der Beziehungsstörung mit Enthemmung, den Anpassungsstörungen und der akuten Belastungsstörung der neu aufgestellten Kategorie »Trauma- und belastungsbezogene Störungen« zugeordnet ist. Die seit 2022 gültige ICD-11 (WHO, 2022) ging sogar einige Schritte weiter und wird im Kapitel ▶ 2.1.2 eingehend besprochen (▶ Kap. 2.1.2).

Alles in allem lässt sich auf eine lange Geschichte und Entwicklung der traumabedingten Störungen zurückblicken, die nicht losgelöst von dem entsprechenden Zeitgeist korrekt eingeordnet werden kann. Die Verwobenheit mit dem jeweiligen Zeitgeschehen in der Vergangenheit weicht heute einer mit den modernen Klassifikationssystemen einhergehenden möglichst bewertungsfreien Betrachtung der Phänomene.

1.3 Was ist ein traumatisches Ereignis?

Die Begriffe Trauma und Traumatisierung haben längst Eingang in die Alltagssprache gefunden und werden teils inflationär verwendet. So findet sich der Term regelmäßig in Zeitungsberichten über sportliche Niederlagen, die für den Spieler bzw. die Mannschaft[10] »traumatisch« gewesen sein sollen. Doch auch die Fachwelt

10 Bspw. nach dem Ausscheiden der deutschen Fußballnationalmannschaft aus der Weltmeisterschaft 2022 und zwar für die Spieler des FC Bayern München (https://www.sueddeutsche.de/projekte/artikel/sport/fc-bayern-weltmeisterschaft-kimmich-goretzka-neuer-trauma-e094091/; Zugriff am: 03.03.2025).

setzt sich seit Längerem mit dieser Frage, teils kontrovers[11], auseinander, hier unter den Stichworten »semantic inflation« bzw. »bracket creep« oder »concept creep« (Haslam, 2016; s. a. McNally, 2016). Beschrieben wird damit der Umstand, dass diese Begriffe, sowie das Konzept der PTBS, im Verlauf der Zeit und vor dem Hintergrund des jeweils aktuellen Zeitgeistes eine vertikale und horizontale semantische Expansion erfahren. Von Ersterer wird dann gesprochen, wenn die Gültigkeit eines Konstrukts auch auf quantitativ mildere Varianten ausgeweitet wird, von Letzterer, wenn es auf eine qualitativ neue Klasse von Phänomenen erweitert bzw. auf einen neuen Kontext angewendet wird. Beides trifft auf das Ereigniskriterium[12] einer PTBS zu mit weitreichenden Konsequenzen für deren Prävalenz[13].

Im DSM-III (APA, 1980), mit Einführung der PTBS, war deren Definition noch sehr kompakt (»Existence of a recognizable stressor that would evoke significant symptoms of distress in almost everyone.«, S. 238) und erfuhr im DSM-III-R (APA, 1987) bereits ihre erste Erweiterung mit beispielhaften Ereignissen:

> »The person has experienced an event that is outside the range of usual human experience and that would be markedly distressing to almost anyone, e. g., serious threat to one's life or physical integrity; serious threat or harm to one's children, spouse, or other close relatives and friends; sudden destruction of one's home or community; or seeing another person who has recently been, or is being, seriously injured or killed as the result of an accident or physical violence.«; S. 250).

Anders als konzipiert, erwiesen sich jedoch traumatische Ereignisse als nicht außerhalb der normalen menschlichen Erfahrung liegend. Ganz im Gegenteil, sie waren sehr häufig in der Allgemeinbevölkerung zu finden. Dies war u. a. Anlass im DSM-IV (APA, 1994) erneut das A-Kriterium anders zu konzeptualisieren und es in ein objektives A1-Kriterium (»the person experienced, witnessed, or was confronted with an event or events that involved actual or threatened death or serious injury, or a threat to the physical integrity of self or others«; ebd., S. 427) und ein subjektives A2-Kriterium (»the person's response involved intense fear, helplessness, or horror«; ebd., S. 428) aufzuteilen. Während also mit dem A1-Kriterium das Ereignis selbst erfasst wurde, bezog sich das A2-Kriterium auf die subjektive Reaktion. Auch dieses Konzept entpuppte sich jedoch als problematisch. Durch das A2-Kriterium kam es zu einer Vermischung zwischen Ereignis und Reaktion (McNally, 2009). Zudem konnte sich eine PTBS entwickeln, ohne dass bei den Betroffenen das A2-Kriterium zu finden war (bspw. war das bei Einsatzkräften der Fall, die während desselben in einem »Arbeitsmodus« waren, der nicht vorsah, genau zu prüfen, wie die eigene

11 S. a. Deahl & Andreassen (2024) sowie Emmelkamp (2023) für eine kritische Auseinandersetzung mit dem PTBS-Konzept im Besonderen und dem Konzept von psychischer Störung im Allgemeinen vor einer kulturellen Perspektive.

12 Vergleicht man die Evolution des Ereigniskriteriums vom DSM-I (APA, 1952) bis zur aktuell gültigen Version DSM-5 (APA, 2013), so wird die Verwandlung von einer primär medizinischen, körperlichen Verletzung in eine psychologische deutlich (horizontale Expansion), die sogar nicht einem selbst, sondern einem nahen Menschen zustoßen kann (vertikale Expansion).

13 Eine Ausweitung der Definition erhöht die Prävalenz um fast 60 % (Breslau & Kessler, 2001).

Reaktion auf das konkrete Sehen und Tun war). Zudem kam die Reaktion oft mit einer (deutlichen) Verzögerung und dann auch teils nicht durch Furcht, Hilflosigkeit oder Entsetzen gekennzeichnet, sondern durch andere Reaktionen, die im DSM-IV überhaupt nicht aufgeführt wurden. Aus diesen Gründen wurde das A2-Kriterium im DSM-5 entfernt, ein Umstand, der keine Auswirkungen auf die PTBS-Prävalenz – das wurde bei verschiedenen Stichproben untersucht – hatte (Bryant, 2019).

Auch wenn soeben die Darstellung der Evolution des Traumakriteriums im Zeitraffer erfolgte, wird daraus doch deutlich, wie wichtig es ist, sich vertieft mit den jeweiligen Grundgedanken und dem jeweiligen Grundverständnis hinter dem Konzept und mit der Frage auseinander zu setzen, was ein traumatisches Ereignis in Art und Ausmaß überhaupt ist. Dies, zumal die PTBS innerhalb der gängigen Diagnosesysteme ICD und DSM eine Sonderstellung innehat, ist sie doch die einzige Diagnose, für deren Zustandekommen ein solches entweder ursächlich, im kausalen Sinne, oder dieser vorausgehend, im zeitlichen Sinne, verantwortlich ist. Im jeweiligen A-Kriterium findet sich somit gleichzeitig der ätiologische Faktor, ein Umstand, der das Ereignis zum Torwächter und als diagnostisches Kriterium explizit obligatorisch sowie die PTBS zu einer Einbahnstraßen-Diagnose macht (s.a. DSM-5; APA, 2013).

Von seiner Art (Qualität) her liegt es zudem außerhalb des Individuums und hat auslösende Bedeutung: Ohne traumatisches Ereignis kann es keine PTBS geben[14], d.h. eine notwendige Voraussetzung. Eine hinreichende Voraussetzung ist es jedoch nicht: Finden sich beim Patienten alle notwendigen PTBS-Cluster mit dem entsprechenden Cut-off, aber kein auslösendes Ereignis, so darf ebenfalls die Diagnose nicht vergeben werden (in diesem Fall muss auf eine Anpassungsstörung ausgewichen werden). Darüber hinaus gibt es noch eine weitere Voraussetzung: Das Ereignis muss von seinem Ausmaß (Quantität) so beschaffen sein, dass es als »traumatisch« bezeichnet werden kann. Erst wenn Qualität und Quantität jeweils eine bestimmte Ausprägung erreicht haben, kann es »traumatisierend« wirken. Fehlen bei dem Auslöser diese Merkmale, kann ebenfalls keine PTBS-Diagnose[15] vergeben werden, auch wenn – wie eben ausgeführt – alle weiteren Symptome aller Cluster vorhanden sind (APA, 2018).

14 In der Literatur gibt es Hinweise, dass auch Ereignisse, die nicht dem A-Kriterium des DSM entsprechen, zu einer PTBS-Symptomatik führen können (s. Jongedijk et al., 2023 für einen Überblick). Zudem gilt es zu bedenken, dass diese Frage manchmal auch zu Spannungen zwischen Patient und Therapeut führen kann, wenn bspw. Ersterer auf dieses Label (bzw. die Diagnose) besteht und Letzterer es aus fachlichen Gründen nicht vergeben darf.

15 Hier wird vorausgesetzt, der Patient erinnert sich an das traumatische Ereignis. Ganz anders stellt sich die Sachlage dann, wenn keine Erinnerung vorliegt. Damit entfällt erstmal die Grundlage für die Diagnose einer PTBS.

Historisches Trauma

Das Konzept des »historischen Traumas« ist in der Fachliteratur relativ neu und geht auf die indigene US-Forscherin Maria Yellow Horse Brave Heart zurück (Brave Heart, 2000), welche es anfänglich auf die Geschichte der amerikanischen Ureinwohner bezog. Ihre aktuelle Arbeitsdefinition hierfür lautet:

> »[...] psychologische und emotionale Verletzungen, die kollektiv über Generationen hinweg geteilt werden und aus vergangenen kollektiven traumatischen Erfahrungen oder Ereignissen resultieren. Sie äußern sich in wahrgenommener Diskriminierung und Unterdrückung, erlerntem Misstrauen, Erschöpfung und Gefühlen der Demütigung, kulturbedingten Syndromen und historischen Verlustgedanken, die mit verschiedenen klinischen psychologischen Störungen und Risikoverhaltensweisen innerhalb einer Gruppe mit ähnlichem sozialem, historischem und politischem Hintergrund einhergehen« (Mutuyimana & Maercker, 2023, S. 730; Übersetzung des Autors).

Historische Traumata zeigen sich auf einer überindividuellen Ebene; ihren semantischen Raum zu kennen, ist daher im klinischen Setting sehr wichtig. Dieser beinhaltet die Konzepte der intergenerationalen, kollektiven und erweiterten kulturellen physischen und psychischen Traumatisierung. Im Unterschied zum kollektiven Trauma, welches kurzzeitiger ist und gemeinsam erlebt wird, vertritt es eine vergangenheitsorientierte und intergenerationale Perspektive mit ihren entsprechenden Auswirkungen, die auf ein kollektives Trauma nicht einfach so übertragen werden kann.

Damit ist das Ereigniskriterium der PTBS seiner Natur nach problematisch, da es von zwei impliziten Annahmen ausgeht und dem Therapeuten, ebenfalls implizit, die Aufgabe zuweist, diese zu überprüfen: einerseits einer allgemein gültigen und allseits geteilten Definition eines traumatischen Ereignisses und andererseits einer klaren Grenze zwischen einem traumatischen und einem gewöhnlichen Stressor. Beide Annahmen sind jedoch in ihrer Gültigkeit zu bezweifeln: Die Wahrnehmung (besser: Bewertung; s. u.) eines Stressors als traumatisch ist stets individuell und zwischen »gewöhnlichen« und »außergewöhnlichen« Stressoren gibt es keine klare Grenze; es handelt sich vielmehr um ein Kontinuum. M. a. W., der Therapeut ist zu Beginn angehalten zu prüfen, ob Qualität und Quantität des Erlebten seines Patienten von einer Beschaffenheit sind, die es erlaubt, sie als »traumatisch« zu bezeichnen (s. a. die ernüchternde Arbeit von Lindauer et al., 2022).

Abschließend soll noch auf zwei weitere Probleme eingegangen werden. Traumatische Ereignisse, die exakt der Definition in ICD oder DSM entsprechen, müssen von den Menschen, die sie erlebt haben, subjektiv nicht als belastend interpretiert und bewertet werden. In solch einem Fall hat also der Betroffene zwar ein »objektives« traumatisches Ereignis erlebt, auch wenn das subjektiv gar nicht der Fall ist. Darüber hinaus gibt es auch Ereigniskonstellationen, die vom Therapeuten mangels entsprechender Kenntnisse hinsichtlich ihres traumatisierenden Potenzials nicht korrekt eingeschätzt werden können. Bspw. verleiten die Ausführungen des Patienten bzw. ein Unfallfoto von zwei ineinander verkeilten PKWs den Therapeuten dazu, dieses Unfallereignis als »traumatisch«, weil potenziell lebensbedrohlich, zu bezeichnen. Würde es aber von einem Ingenieur verkehrstechnisch begutachtet werden, der Faktoren berücksichtigen muss, wie Fabrikat, Geschwindigkeit, Ladezustand, Kollisionswinkel, Straßen- und Witterungsverhältnisse etc., so könnte dieser zum Ergebnis kommen, dass zu keinem Zeitpunkt die Insassen in ihrer Gesundheit oder gar in ihrem Leben besonders gefährdet waren.

Doch es gibt noch ein zweites, grundsätzliches Problem: Weiter oben wurde die »auslösende Bedeutung« des Ereignisses diskutiert. Hier wird stillschweigend angenommen, es gäbe zwischen Ereignis und Diagnose eine Art Ursache-Wirkungs-Beziehung, eine Kausalität, i. S. eines zeitlichen Zusammenhangs von Vorher und Nachher; das Ereignis ist die Ursache und die PTBS die Wirkung. Diese übersimplifizierende Linearität steht jedoch einerseits in Widerspruch zur aktuellen Forschungslage, nach der wir davon ausgehen müssen, dass nicht allein die traumatogene Macht des Ereignisses ausschlaggebend ist, sondern auch die in der Person liegenden prätraumatischen Faktoren (Ozer et al., 2003; s. Bryant, 2022 für einen Überblick).

Andererseits steht diese Auffassung auch im Gegensatz zum aktuellen Verständnis der Psychologie, nach welcher der Mensch ein Wesen ist, das auch durch aktive Bedeutungsgebung (Bewertungsprozesse) Erleben gleichsam erzeugt. M. a. W., nicht das Ereignis verursacht die PTBS, sondern selbiges wird auf eine bestimmte Art und Weise verarbeitet, die letztlich eine PTBS (mit-)bedingt. Dieser Umstand erklärt u. a., warum Menschen, die das gleiche oder ein ähnliches Ereignis erleben, sehr unterschiedlich darauf reagieren können. Entscheidend ist somit nicht allein das Geschehen, sondern auch wie der Betroffene dieses und sich selbst (peri- und posttraumatisch) erlebt (bewertet) hat[16].

Die Mehrdimensionalität von traumatischen Ereignissen

Ein traumatisches Ereignis punktuell und ohne Kontexteinbettung zu betrachten, greift zu kurz, da stets eine individuelle und eine kollektive Ebene berücksichtigt werden müssen (Maercker et al., 2015). Erstere umfasst alle persönlichen Reaktionen und Bedeutungszuschreibungen des Betroffenen. Die kollektive Ebene hat einen variierenden Auflösungsgrad, angefangen bei der Dyade, d. h. der engsten (meist partnerschaftlichen) Beziehung bis zum gesamten sozialen System des Betroffenen (s. Maercker & Horn, 2013). Das ist jedoch auch eingebettet in einen umfassenderen sozialen Kontext, der wiederum Teil einer Kultur und diese wiederum Teil eines geltenden Zeitgeists ist. Die zeitliche Dimension gilt es ebenfalls zu berücksichtigen, da Traumatisierungen auch eine transgenerationale Ebene haben, die immer mehr Forschungsinteresse bekommt (► Abb. 1.1; s. a. Kizilhan et al., 2021).

16 Bereits 1930 hat Erwin Straus (Straus, 1930) in seiner Monografie mit dem Titel »Geschehnis und Erlebnis« auf diese wichtige Unterscheidung hingewiesen.

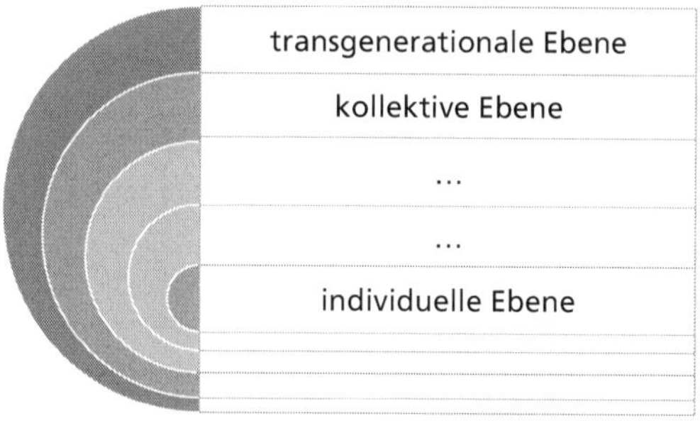

Abb. 1.1: Mehrebenen-Modell von traumatischen Ereignissen

Wie soll nun der Therapeut mit diesem Spannungsfeld umgehen? Im Ganzen auf Diagnostik nach ICD und DSM zu verzichten, ist zumindest aktuell kein gangbarer Weg[17] und selbige dem Patienten allein überlassen, erscheint auch nicht ratsam. Letztendlich verlangt es nach einer Balance. Auf der einen Seite gilt es, sich nicht vom traumatischen Ereignis einnehmen zu lassen, möglichst genau dessen Abbildung beim Patienten zu erfassen und dann so fachlich korrekt wie möglich, eine diagnostische Einschätzung zu treffen, die nicht in Stein gemeißelt ist, sondern verändert werden darf und muss, wenn sich im Verlauf neue Anhaltspunkte ergeben[18]. Diese Einschätzung muss nicht in die Diagnose einer PTBS münden. Auch andere Diagnosen mit einem behandlungsbedürftigen Ausmaß an psychischer Belastung sind möglich. Auf der anderen Seite müssen wir aber auch die Belange des Patienten berücksichtigen. Eine Diagnose gestellt zu bekommen, hat für ihn – mal mehr, mal weniger – auch eine bestimmte Bedeutung. Je besser der Therapeut ihm seine fachliche Einschätzung erklären kann, desto mehr kann er ihn für das Therapierational motivieren.

Die Diskussion der Frage, was überhaupt ein traumatisches Ereignis ist, bildet nur einen Teil einer gewissen Anarchie (s. a. Jongedijk et al., 2023), die das Forschungsfeld der Psychotraumatologie kennzeichnet. Den gesamten Hintergrund ausführlich zu diskutieren, würde den Rahmen dieses Buches bei Weitem sprengen. Gleichzeitig ist es jedoch für Psychotherapeuten wichtig, sich damit eingehend auseinandergesetzt zu haben, denn sie verfügen über diagnostische »Macht« und sollten diese stets fachlich fundiert und mit Bedacht einsetzen.

17 Wenn wir das täten, dann müssten wir auf alle Diagnosen und somit in Gänze auf ICD und DSM verzichten. Auch das wird in der wissenschaftlichen Literatur diskutiert und es gibt interessante Alternativen (bspw. HiTOP, Kotov et al. [2017]; s. a. Levin-Aspenson & Greene, 2024 bzw. RDoC, Cuthbert, [2015]).

18 Neueste Forschungsliteratur verweist auf die Instabilität der PTBS-Diagnose (Fischer et al., 2023).

2 Grundlagen

2.1 Klassifikation

Seit ihrer offiziellen Einführung im DSM-III (APA, 1980) hat die PTBS sowohl im Ereigniskriterium als auch bei den jeweiligen Clustern mehrere Veränderungen durchlaufen. Da – wie bereits ausgeführt – das traumatische Ereignis, d. h. der ätiologische Faktor, Teil der Diagnosekriterien ist, kommt diesem eine sehr große Bedeutung zu. Es hat eine Torhüter-Funktion und muss von seiner Qualität her extrem (lebensbedrohlich) bzw. mit einer außergewöhnlichen Belastung einher gehen, um es von Ereignissen abzugrenzen, die ebenfalls schrecklich (bspw. Trennungen, Verluste, Unfälle) und ggfs. pathogen wirken können, jedoch nicht die Qualität des Traumatischen haben, obwohl sie vielleicht umgangssprachlich als »persönliches Trauma« (s. a. Maercker & Augsburger, 2019, S. 15) bezeichnet werden könnten (▶ Kap. 1.3). Die nachfolgende Tabelle 2.1 stellt überblickshaft die aktuell gültige Beschreibung des Traumakriteriums in den Klassifikationssystemen ICD-10 (WHO, 1993) und ICD-11 (WHO, 2022) sowie DSM-5 (APA, 2013) dar.

Tab. 2.1: Das Traumakriterium in den drei aktuell gültigen Klassifikationssystemen

Traumakriterium ICD-10	Traumakriterium ICD-11[19]	Traumakriterium DSM-5
»Die betroffene Person war einem kurz- oder langanhaltenden Ereignis oder Geschehen von außergewöhnlicher Bedrohung oder mit katastrophalem Ausmaß ausgesetzt, das bei nahezu jedem tiefgreifende Verzweiflung auslösen würde« (Dilling & Freyberger, 2019, S. 174).	6B40 (PTBS): »...may develop following exposure to an extremely threatening or horrific event or series of events« (WHO, 2022).	»Konfrontation mit tatsächlichem oder drohenden Tod, ernsthafter Verletzung oder sexueller Gewalt« (APA, 2018, S. 369). Art der Exposition: • direkt • persönliches Erleben (Zeugenschaft) • plötzliches/gewaltsames Ereignis bei einem nahe sehenden Menschen

19 Da die deutsche Fassung der ICD-11 zur Zeit der Erstellung dieses Buches lediglich als Entwurfsfassung zur Verfügung steht, wird aus der ICD-11 hier und im Folgenden aus der englischen Fassung im Originalwortlaut zitiert. Der Abdruck von Auszügen aus der ICD-11 erfolgt auf Grundlage der Lizenz CC BY-ND 3.0 IGO; https://creativecommons.org/licenses/by-nd/3.0/igo/.

Tab. 2.1: Das Traumakriterium in den drei aktuell gültigen Klassifikationssystemen – Fortsetzung

Traumakriterium ICD-10	Traumakriterium ICD-11[19]	Traumakriterium DSM-5
		• Konfrontation mit extrem aversiven Details (ggfs. wiederholt; bei Angehörigen bestimmter Berufsgruppen kann diese auch über elektronische Medien geschehen)
	6B41 (komplexe PTBS): »...is a disorder that may develop following exposure to an event or series of events of an extremely threatening or horrific nature, most commonly prolonged or repetitive events from which escape is difficult or impossible (e. g. torture, slavery, genocide campaigns, prolonged domestic violence, repeated childhood sexual or physical abuse)« (WHO, 2022).	

Die ICD-10 hat sich noch stark an der Definition des Traumakriteriums im DSM-III/-R orientiert. In der aktuell bereits gültigen ICD-11 hat sich diese jedoch deutlich verändert, da traumatische Ereignisse sehr häufig sind (▶ Kap. 2.3) und die Reaktion darauf stark variieren kann. Entsprechend wurde der Versuch unternommen, das Ereigniskriterium von diesen Unklarheiten zu befreien und es möglichst zu vereinfachen. Daneben wird in der ICD-11 die Diagnose einer Komplexen PTBS (6B41) eingeführt, worauf im Kapitel 3 ausführlich eingegangen wird (▶ Kap. 3).

Auch die APA hat im Wechsel von DSM-IV auf DSM-5 das Traumakriterium deutlich überarbeitet. Die Unterteilung in einen objektiven und einen subjektiven Aspekt wurde aufgegeben, da es Konstellationen geben kann, in denen diese subjektive Reaktion mit Furcht, Hilflosigkeit oder Entsetzen nicht zu finden ist (APA, 2018). Ein weiteres Novum ist, dass das traumatische Ereignis auf unterschiedliche Arten erlebt werden kann: direkt oder indirekt, in Form einer Zeugenschaft (bystander) oder sogar in Form einer erhaltenen Nachricht, die sich auf eine einem nahestehenden Menschen zugestoßene traumatische Erfahrung bezieht. Abschließend (besonders wichtig bei berufsbezogenen Traumatisierungen, mit z. T. weitreichenden versicherungsrechtlichen[20] Konsequenzen) gilt die wiederholte bzw.

20 Das Bundessozialgericht hat mit Urteil vom 22. 06. 2023 (Az. B 2 U 11/20 R) die PTBS bei Rettungssanitätern als »Wie-Berufskrankheit« anerkannt. Dadurch wird die PTBS als erste psychische Störung in den Anhang der Berufskrankheiten-Verordnung aufgenommen.

extreme und detaillierte Konfrontation mit solchen Ereignissen im Rahmen der beruflichen Ausübung (bspw. bei Polizei oder Feuerwehr) als traumatisches Ereignis. Bei diesen Personen (und nur bei diesen) kann dies auch medial erfolgen (bspw. Polizeibeamte, die im Bereich Kinderpornographie tätig sind).

Leitaffekte

Erstaunlicherweise hat es bis zur 5. Revision des DSM gedauert, bis neben dem Leitaffekt Angst (s. a. Evens et al., 2019) auch andere aus der klinischen Praxis sehr bekannte Leitaffekte als diagnostische Kriterien vorhanden sein dürfen, wie bspw. Wut, Schuld, Scham oder Ekel. Zwei Patienten, die das *Gleiche* erlebt haben, haben noch lange nicht *Dasselbe* erlebt. Obwohl es Hinweise gibt, dass die PTBS – trotz unterschiedlicher auslösender Ereignisse – ein einheitliches Störungsbild darstellt (Maercker & Augsburger, 2019), wird diese Äquipotentialitätsannahme (verschiedene Ereignisse führen zum gleichen Störungsbild) und damit die Konstruktvalidität des Stressorkriteriums auch kritisch diskutiert (s. Rosen & Lilienfeld, 2008). Für die psychotherapeutische Arbeit hat es sich als hilfreich erwiesen zu prüfen, auf welcher »Säule« (Leitaffekt) die PTBS des jeweiligen Patienten fußt. Diese kann Angst sein, aber eben auch Wut, Schuld, Scham oder Ekel etc. Entsprechend ist der jeweilige Leitaffekt in der Therapie zu berücksichtigen. Einerseits gibt es Fälle, bei denen die traumatypische Symptomatik und der Leitaffekt gleichsam mitbehandelt werden, andererseits muss diesem im Therapieverlauf besondere Aufmerksamkeit gegeben werden.

2.1.1 Traumafolgestörungen in der ICD-10

Über das bereits beschriebene Ereigniskriterium hinaus müssen in der ICD-10 Symptome der folgenden vier Kriterien vorhanden sein (Dilling & Freyberger, 2019, S. 174 ff):

B-Kriterium: »Anhaltende Erinnerungen oder Wiedererleben der Belastung durch aufdringliche Nachhallerinnerungen, lebendige Erinnerungen, sich wiederholende Träume oder durch innere Bedrängnis in Situationen, die der Belastung ähneln oder mit ihr in Zusammenhang stehen.«

C-Kriterium: »Umstände, die der Belastung ähneln oder mit ihr im Zusammenhang stehen, werden tatsächlich oder möglichst vermieden. Dieses Verhalten bestand nicht vor dem belastenden Ereignis.«

D-Kriterium: »Entweder 1. oder 2.

1. Teilweise oder vollständige Unfähigkeit, einige wichtige Aspekte der Belastung zu erinnern.

Ausschlaggebend war u. a. die Metaanalyse von Hoell et al. (2023), welche die 12-Monats-PTBS-Prävalenzen bei Rettungssanitätern, in der Allgemeinbevölkerung und bei von einer Natur- bzw. von Menschen verursachte Katastrophen verglich. Am höchsten (20,02 %) war diese bei der zuerst genannten Gruppe, verglichen mit 3,06 %, 15,59 % und 12,05 % respektive.

2. Anhaltende Symptome einer erhöhten psychischen Sensitivität und Erregung (nicht vorhanden vor der Belastung) mit zwei oder mehr der folgenden Merkmale:
   a) Ein- und Durchschlafstörungen
   b) Reizbarkeit oder Wutausbrüche
   c) Konzentrationsschwierigkeiten
   d) Hypervigilanz
   e) erhöhte Schreckhaftigkeit«

E. Kriterium: »Die Kriterien B., C. und D. treten innerhalb von sechs Monaten nach dem Belastungsereignis oder nach Ende einer Belastungsperiode auf.« Andernfalls ist die Zusatzkodierung »mit verzögertem Beginn« zu vergeben.

Neben der PTBS kann in der ICD-10 noch eine akute Belastungsreaktion (F43.0) vergeben werden. Voraussetzung ist auch hier, dass ein im psychischen oder physischen Sinne außergewöhnlich belastendes Ereignis erlebt wurde, in dessen unmittelbarer (d.h. innerhalb einer Stunde) Folge Symptome aus zwei Symptomgruppen entstehen. Entweder aus den B-, C- und D-Kriterien einer Generalisierten Angststörung (F41.1; bspw. vegetative, den Thorax und das Abdomen betreffende, psychische und Anspannungssymptome) oder aus einer zweiten Symptomgruppe, die Symptome umfasst wie Rückzug, Desorientierung, Ärger, Verzweiflung, Überaktivität, unkontrollierte Trauer. Die F43.0 hat eine zeitlich sehr begrenzte Gültigkeit von 48 Stunden.

2.1.2 Traumafolgestörungen in der ICD-11

Die in der ICD-11 neu eingeführte Kategorie »Störungen, die spezifisch Stress-assoziiert sind« beinhaltet die folgenden (▶ Tabelle 2.2), gut voneinander unterscheidbaren (Karatzias et al., 2022; 2023a, b) Diagnosen:

Tab. 2.2: Überblick über »Störungen, die spezifisch Stress-assoziiert sind« nach ICD-11

Diagnose (ICD-11)	Beschreibung
6B40: Post traumatic stress disorder (dt.: Posttraumatische Belastungsstörung)[21]	»...may develop following exposure to an extremely threatening or horrific event or series of events« (WHO, 2022).
6B41: Complex post traumatic stress disorder (dt.: Komplexe Posttraumatische Belastungsstörung)	»...is a disorder that may develop following exposure to an event or series of events of an extremely threatening or horrific nature, most commonly prolonged or repetitive events from which escape is difficult or impossible (e.g. torture, slavery, genocide campaigns, prolonged domestic violence, repeated childhood sexual or physical abuse)« (WHO, 2022).
6B42: Prolonged grief disorder	»...is a disturbance in which, following the death of a partner, parent, child, or other person close to the bereaved, there is persistent and pervasive grief response characterised by longing

21 Die deutschen Übersetzungen der Diagnosen in dieser Tabelle stammen vom Autor dieses Buches.

Tab. 2.2: Überblick über »Störungen, die spezifisch Stress-assoziiert sind« nach ICD-11 – Fortsetzung

Diagnose (ICD-11)	Beschreibung
(dt.: Anhaltende Trauerstörung)	for the deceased or persistent preoccupation with the deceased accompanied by intense emotional pain (e. g. sadness, guilt, anger, denial, blame, difficulty accepting the death, feeling one has lost a part of one's self, an inability to experience positive mood, emotional numbness, difficulty in engaging with social or other activities)« (WHO, 2022).
6B43: Adjustment disorder (dt.: Anpassungsstörung)	»…is a maladaptive reaction to an identifiable psychosocial stressor or multiple stressors (e. g. divorce, illness or disability, socio-economic problems, conflicts at home or work) that usually emerges within a month of the stressor.« (WHO, 2022)
6B44: Reactive attachment disorder (dt.: Reaktive Bindungsstörung)	»…is characterised by grossly abnormal attachment behaviours in early childhood, occurring in the context of a history of grossly inadequate child care (e. g., severe neglect, maltreatment, institutional deprivation). Even when an adequate primary caregiver is newly available, the child does not turn to the primary caregiver for comfort, support and nurture, rarely displays security-seeking behaviours towards any adult, and does not respond when comfort is offered« (WHO, 2022).
6B45: Disinhibited social engagement disorder (dt.: Störung der sozialen Bindung mit enthemmtem Verhalten)	»…is characterised by grossly abnormal social behaviour, occurring in the context of a history of grossly inadequate child care (e. g., severe neglect, institutional deprivation). The child approaches adults indiscriminately, lacks reticence to approach, will go away with unfamiliar adults, and exhibits overly familiar behaviour towards strangers« (WHO, 2022).

Neben dem w. o. bereits aufgeführten Traumakriterium ist die PTBS nach ICD-11 durch die folgenden drei Symptomcluster gekennzeichnet:

1. »re-experiencing the traumatic event or events in the present in the form of vivid intrusive memories, flashbacks, or nightmares. Re-experiencing may occur via one or multiple sensory modalities and is typically accompanied by strong or overwhelming emotions, particularly fear or horror, and strong physical sensations;
2. avoidance of thoughts and memories of the event or events, or avoidance of activities, situations, or people reminiscent of the event(s); and
3. persistent perceptions of heightened current threat, for example as indicated by hypervigilance or an enhanced startle reaction to stimuli such as unexpected noises.

The symptoms persist for at least several weeks and cause significant impairment in personal, family, social, educational, occupational or other important areas of functioning.« (WHO, 2022)

Das »Hyperarousal« aus den früheren Versionen wurde in der ICD-11 nicht übernommen, da dessen Begleitsymptome (bspw. Schlaf- und Konzentrationsschwierigkeiten) zu unspezifisch für die PTBS sind. Ebenso wurde auf die emotionale Taubheit (Numbing) verzichtet, da sie eher als depressive Folgesymptomatik verstanden werden kann (s. a. Eberle & Maercker, 2023).

Die akute Belastungsreaktion (F43.0) wurde in der 11. Revision in »akute Stressreaktion« (ASR; QE84) umbenannt und in den Anhang verschoben, dadurch auch »entpathologisiert« (Evens et al., 2019, S. 47) und beschreibt

> »The development of a response to the stressor that is considered to be normal given the severity of the stressor. The response to the stressor may include transient emotional, somatic, cognitive, or behavioural symptoms, such as being in a daze, confusion, sadness, anxiety, anger, despair, overactivity, inactivity, social withdrawal, amnesia, depersonalization, derealisation, or stupor. Autonomic signs of anxiety (e.g., tachycardia, sweating, flushing) are common and may be the presenting feature.
>
> Symptoms typically appear within hours to days following the stressful event, and usually begin to subside within a few days after the event or following removal from the threatening situation, when this is possible. In cases where the stressor is ongoing or removal is not possible, symptoms may persist but are usually greatly reduced within approximately 1 month as the person adapts to the changed situation.« (WHO, 2022)

Betrachtet man die Evolution von ICD-10 zu ICD-11 fällt zusammenfassend Folgendes auf (s.a. Eberle & Maercker, 2024): Wie in der ICD-10, so ist auch in der ICD-11 das Ereigniskriterium kurz definiert. Sich wie betäubt zu fühlen (Numbing), die emotionale Abstumpfung, Anhedonie, Gleichgültigkeit gegenüber anderen Menschen sowie die Teilnahmslosigkeit der Umgebung gegenüber, welche in der ICD-10 noch im Fließtext zu finden waren, werden in der ICD-11 als depressive Begleitsymptome betrachtet und nicht mehr aufgeführt. Dasselbe gilt für das Hyperarousal (s.o.). Neu aufgenommen wurden in der ICD-11 hingegen Funktionsbeeinträchtigungen in verschiedenen Lebensbereichen (bspw. Beruf, soziale Beziehungen), die durch die PTBS verursacht werden. Abschließend sei noch das Zeitkriterium nach Exposition erwähnt, innerhalb dessen die Störung aufgetreten sein sollte, welches in der ICD-11 auf drei Monate angesetzt wird. Gleichzeitig wird explizit auf die Möglichkeit hingewiesen, dass die Erstmanifestation auch Jahren nach dem Geschehen auftreten kann.

2.1.3 Traumafolgestörungen im DSM-5

Im DSM-5 (APA, 2013) findet sich die PTBS neben der Reaktiven Bindungsstörung, der Beziehungsstörung mit Enthemmung sowie der akuten Belastungsstörung und der Anpassungsstörung unter der neu eingeführten Störungsgruppe der »Trauma- und belastungsbezogenen Störungen«. Deren gemeinsames Merkmal ist das Vorliegen eines Ereignisses, welches traumatisch oder stressreich und als diagnostisches Kriterium explizit obligatorisch ist. Neben diesem müssen, wie bei der ICD, weitere Symptome aus weiteren Clustern vorhanden sein, um die Diagnose vergeben zu können.

Das B-Kriterium (mind. 1 von 5 Symptomen) umfasst Symptome des Wiedererlebens, bspw. unwillkürliche intrusive Erinnerungen, belastende, sich wiederholende Träume, dissoziative Reaktionen und starke psychische bzw. physiologische Belastungen, die auftreten, wenn der Betroffene mit Aspekten aus dem traumatisierenden Geschehen konfrontiert ist.

Das C-Kriterium (mind. 1 von 2 Symptomen) konzentriert sich auf den Aspekt der Vermeidung, als Reaktion auf Reize, die entweder aus dem Inneren (bspw. Gedanken, Erinnerungen) und/oder aus dem Äußeren (bspw. Orte, Gespräche, Situationen) kommen.

Das D-Kriterium, negative Veränderungen in Kognitionen und Stimmung (mind. 2 von 7 Symptomen), wurde erstmals in der fünften Revision aufgenommen und umfasst Symptome der fehlenden Erinnerung (bspw. Erinnerungslücken), negative Überzeugungen gegenüber sich bzw. der Welt (bspw. ein schlechter Mensch sein, niemandem mehr vertrauen können), maladaptive Kognitionen bzgl. Ursache und Folgen des traumatisierenden Geschehens (bspw. Schuldvorwürfe gegenüber der eigenen Person), anhaltende negative emotionale Zustände (bspw. Wut, Schuld, Scham), Verlust von Interesse an Aktivitäten, die in der Vergangenheit wichtig waren, Entfremdungsgefühle gegenüber Anderen und abschließend die Unfähigkeit, positive emotionale Zustände zu empfinden. Beschwerden dieser Art finden sich besonders bei komplex traumatisierten Patienten.

Das E-Kriterium (mind. 2 von 6 Symptomen) beschreibt deutliche Veränderungen im Erregungsniveau und der Reaktivität. Dazu gehören reizbares, wütendes, aber auch riskantes und autoaggressives Verhalten, übertriebene Wachsamkeit (Hypervigilanz), Schreckhaftigkeit und Schwierigkeiten, sich zu konzentrieren bzw. mit dem Schlaf.

Die weiteren Kriterien beziehen sich auf den Zeitrahmen (F-Kriterium: das Störungsbild muss länger als 1 Monat andauern), auf die klinische Relevanz der Beschwerden (G-Kriterium) sowie deren Verursachung (H-Kriterium), die eben auf das Erleben des traumatischen Ereignisses zurückzuführen ist und nicht auf die Einnahme von bestimmten Substanzen (bspw. Alkohol oder Medikamente) oder Folge von medizinischen Erkrankungen.

Das DSM-5 bietet zudem, ebenfalls neu, die Möglichkeit zu bestimmen, ob die Diagnose einer PTBS »mit dissoziativen Symptomen« vergeben werden soll. Dies ist dann der Fall, wenn die Kriterien einer PTBS erfüllt sind und der Betroffene zusätzlich entweder Depersonalisations- (eingeschränkter bzw. gestörter Bezug zur eigenen Person, bspw. Eindruck, neben sich zu stehen) und/oder Derealisationszustände (eingeschränkter bzw. gestörter Bezug zur Umgebung, bspw. Eindruck der Unwirklichkeit) erlebt. Diese Zusatzkodierung ist dann zu vergeben, wenn der Diagnostiker eine komplexe PTBS als Diagnose feststellt (▶ Kap. 3).

Abschließend kann – analog zur ICD-10 – die Zusatzkodierung »mit verzögertem Beginn« vergeben werden, wenn das Vollbild der Symptomatik 6 Monate nach dem traumatischen Ereignis entstanden ist.

Mögliche Symptomkombinationen einer PTBS nach DSM-5

Kritisch anzumerken ist, dass sich durch die Art der Konzeptualisierung der PTBS im DSM-5 636 120[22] mögliche Symptomkombinationen[23] erge-

22 31 mögliche Kombinationen von Intrusionssymptomen, 3 von Vermeidungssymptomen,

ben, eine PTBS zu diagnostizieren (Galatzer-Levy & Bryant, 2013). In der wissenschaftlichen Literatur wird somit zu Recht die Frage gestellt, ob jede mögliche Symptomkonstellation tatsächlich die »gleiche« PTBS ist oder jeweils eine andere. M. a. W., den Klassifikationssystemen liegt eine ihnen immanente Heterogenität inne, was nichts anderes bedeutet, als dass (wohl) unterschiedliche Störungsbilder in einem (vielleicht fälschlicherweise) subsummiert werden. Alternative Wege werden ebenfalls diskutiert, bspw. das Konzept der intermediären Phänotypen (Palmisano et al., 2023). In der entsprechenden Studie konnten fünf dieser intermediären Phänotypen identifiziert werden (Übersetzung des Autors):

a) Beeinträchtigungen des Arbeitsgedächtnisses
b) Veränderungen der kognitiven Kontrolle
c) instabile Verarbeitung von Bedrohungen
d) verstärkte Angst oder Schreckreaktion
e) Störungen von Schlaf und Wachsein

Neben der PTBS sieht das DSM-5 auch die Diagnose einer akuten Belastungsstörung (ABS) vor. Deren A-Kriterium ist zu dem der PTBS identisch, jedoch gibt es Unterschiede einmal in Bezug auf das Zeitkriterium (3 Tage bis zu 1 Monat), die Anzahl der für die Diagnosevergabe nötigen Symptome (9 von insg., d. h. über alle Cluster hinweg, 14) und die Cluster selbst:

- Wiedererleben (Symptome 1 bis 4)
- Negative Affektivität (Symptom 5)
- Dissoziative Symptome (Symptome 6 und 7)
- Vermeidung (Symptome 8 und 9)
- Erhöhtes Arousal (Symptome 10 bis 14)

Zusammenfassend lässt sich festhalten, dass sich ICD und DSM, trotz teils markanter Unterschiede, deutlich in den folgenden Punkten überschneiden (Maercker & Augsburger, 2019):

- Erleben eines traumatischen Ereignisses.
- Unwillkürlich auftretende und als belastend erlebte Erinnerungen an das traumatisierende Geschehen (Intrusionen/Wiedererleben).
- Vermeidung.
- Anhaltende physiologische Übererregung bzw. Wahrnehmung einer gegenwärtigen Bedrohung.

120 von kognitions-/stimmungsbezogenen Symptomen und 57 von Hyperarousal-Symptomen.

23 Dabei scheinen vorwiegend Symptome aus dem Cluster Wiedererleben sehr prominent zu sein (Bryant et al., 2023).

- Symptome dauern über eine bestimmte Zeit an.
- Beschwerden führen zu bedeutsamen Funktionseinschränkungen.

Nachdem die Klassifikationssysteme und ihre Kriterien für Traumafolgestörungen im Detail erläutert wurden, ist es nun wichtig, sich der praktischen Anwendung dieser Kriterien in der Diagnostik zuzuwenden. Das folgende Kapitel 2.2 wird sich daher mit den Zielen, Grundgedanken und Ebenen der Diagnostik bei Traumafolgestörungen befassen. Es wird aufgezeigt, welche Rahmenbedingungen und Voraussetzungen für eine fundierte Diagnose notwendig sind und wie diese in der klinischen Praxis umgesetzt werden können.

2.2 Diagnostik

2.2.1 Ziele, Grundgedanken und Ebenen der Diagnostik bei Traumafolgestörungen

Der Leitsatz, dass jede gute psychotherapeutische Behandlung mit einer guten Diagnostik beginnt, gilt auch und insbesondere bei Traumafolgestörungen. In der Praxis wird dieser jedoch oft nicht in die Tat umgesetzt mit dem Argument, der Patient sei zu belastet oder könnte schlimmstenfalls durch die Diagnostik gar retraumatisiert (▸ Kap. 5.1.2); s. a. Lindauer et al., 2022) werden. Es ist die Aufgabe des Therapeuten, den diagnostischen Idealfall auf die Belange, Nöte, Möglichkeiten und Unmöglichkeiten seines Patienten herunterzubrechen und dafür zu sorgen, dass die Diagnostik ihre für den Therapeuten informationsgenerierende und für den Patienten stabilisierende Wirkung entfalten kann. Im Folgenden werden Ziele, Grundgedanken und Ebenen einer solchen Diagnostik beschrieben (s. a. Keller et al., 2023).

Die Ziele der Diagnostik von Traumafolgestörungen unterscheiden sich erstmal nicht grundlegend von denen aller anderen psychischen Störungen. Neben der Feststellung, Sicherung und differentialdiagnostischen Abgrenzung der Diagnose(n) sowie möglicher Komorbiditäten müssen die klassischen, therapierelevanten Informationen (bspw. biografische und Störungsanamnese, psychopathologischer Befund) erhoben werden, um eine Indikation zu stellen (u. a. die Frage, ob der Patient lege artis auch ambulant zu behandeln ist) und ein auf den Patienten zugeschnittenes funktionales Bedingungsmodell (prädisponierende, auslösende und aufrechterhaltende Bedingungen) aufzustellen. Daraus wird sich der Behandlungsplan ableiten mit den entsprechenden Targets und Zielen sowie einer Prozess- und am Ende einer Abschlussdiagnostik, um die eingesetzten Methoden und Techniken zu evaluieren.

Da die erstdiagnostische im Regelfall mit der probatorischen Phase der Therapie zusammenfällt, stellt sie gleichzeitig die ersten Weichen für den Aufbau einer tragfähigen und vertrauensvollen fachlichen Beziehung zum Patienten; auch dies gilt transdiagnostisch. Spezifisch für traumatisierte Patienten ist hingegen der Umstand, dass es sich im Regelfall um Menschen handelt, die einer existenziellen Erfahrung oft in einem zwischenmenschlichen Kontext ausgesetzt waren, unter der ihre Vertrauensfähigkeit Anderen und »der Welt« gegenüber stark gelitten hat. Der Therapeut steht somit vor dem Dilemma, Informationen eruieren zu müssen, die ein Vertrauen voraussetzen, welches sein Patient aufgrund des Erlebten jedoch zu geben nicht (vollumfänglich) vermögen kann. Im folgenden Kapitel 2.2.2 wird auf diesen Punkt ausführlich eingegangen und versucht, hilfreiche Hinweise für die Kontaktgestaltung in dieser Phase der Behandlung zu geben (▶ Kap. 2.2.2).

Dann gilt es, verschiedene Ebenen zu berücksichtigen, um dem Patienten, seinen individuellen Umständen und seiner Symptomatik möglichst gerecht zu werden. Zu jeder werden beispielhaft Instrumente vorgeschlagen (ausführliche Darstellungen finden sich bspw. bei Keller et al., 2023; Schellong et al., 2019; Tagay et al., 2016).

1. Ebene: Personen- und anlassbezogene Daten

Hier werden die gängigen Daten zur Person und zum (biographischen) Hintergrund sowie erste Informationen über den Therapieanlass und die Rahmenbedingungen erfasst, wie w. o. im Text bereits beschrieben.

2. Ebene: Erfassung spezifischer traumatischer Ereignisse/Screening-Instrumente

Traumatisierte Patienten erwähnen traumatische Ereignisse oft nicht von sich aus, besonders wenn diese weit in der Vergangenheit zurückliegen bzw. stellen sie oftmals keinen Zusammenhang zwischen diesen und ihren (aktuellen) Beschwerden her. Erinnerungslücken und -verzerrungen, Vermeidungstendenzen sowie starkes Schuld- oder Schamerleben können weitere Gründe sein, nicht proaktiv davon zu berichten. Checklisten bzw. Screenings können hier bei der Traumaanamnese auf einer niederschwelligen Ebene sehr gut unterstützen, Betroffene erst einmal als potenzielle Risikopersonen zu identifizieren und ihnen eine hilfreiche Brücke anzubieten, damit sie im weiteren Verlauf über das Erlebte eingehender berichten. Auch wenn Checklisten auf den ersten Blick sehr formal und unpersönlich wirken, zeigt die Erfahrung aus der Praxis, dass es oftmals einfacher ist, auf einer vorgegebenen Ereignisliste anzukreuzen, ob ein solches erlebt wurde bzw. im persönlichen Kontakt eine Frage danach zu bejahen oder zu verneinen, als proaktiv darüber zu sprechen. Besonders vulnerable Betroffene sollten explizit im Beisein des Therapeuten solche Listen bearbeiten und ggfs. dabei unterstützt werden.

Beispiele für Trauma-Listen sind:

- Life Events Checklist for DSM-5 (LEC-5; Weathers et al., 2013a)
- Trauma History Questionnaire (THQ; Green, 1996)
- Childhood Trauma Questionnaire (CTQ; Wingenfeld et al., 2010)
- Adverse Childhood Experiences (ACE-D; Wingenfeld et al., 2010)
- Traumatic Life Events Questionnaire (Kubany et al, 2000)

Screening-Verfahren in Form von Selbstbeurteilungsinstrumenten können eingesetzt werden, um die Intensität bzw. Häufigkeit von traumatypischen Beschwerden zu erfassen (dimensionale Diagnostik); dies sowohl zu Beginn der Behandlung als auch als Prozessdiagnostikum im weiteren Verlauf.

Beispiele für Screenings sind:

- Impact of Event-Scale – Revised (IES-R; Maercker & Schützwohl, 1998; s. a. Rosner & Hagl, 2008)
- PTSD-Checklist für DSM-5 (PCL-5; Weathers et al., 2013b)
- Essener Trauma-Inventar (ETI; Tagay et al., 2007)
- International Trauma Questionnaire (ITQ; Cloitre et al., 2018)

Für die Diagnostik einer kPTBS kann ebenfalls das ITQ eingesetzt werden, alternativ das Self-Report Inventory for Disorders of Extreme Stress (SIDES-SR; Luxenburg et al., 2001).

3. Ebene: Strukturierte bzw. standardisierte klinische Interviews zur Sicherung der Hauptdiagnose bzw. von Komorbiditäten (kategoriale Diagnostik)

Da die PTBS eine hochkomplexe, hochkomorbide Störung ist, die gerade deshalb auch falsch-positiv oder falsch-negativ diagnostiziert werden kann (s. a. Lindauer et al., 2022; Schellong et al., 2019), empfiehlt sich eine Breitbanddiagnostik mittels strukturierten bzw. standardisierten Instrumenten, die natürlich mit Screenings kombiniert werden können. Eine solche Vorgehensweise minimiert zudem das Risiko, einen häufigen diagnostischen Fehler zu begehen, nämlich die Aufmerksamkeit allein auf das (aktuelle) traumatisierende Geschehen und dessen Auswirkungen zu richten und mögliche andere bzw. weitere komorbide Diagnosen zu übersehen.

Als Instrumente kommen hier das Strukturierte Klinische Interview für DSM-5-Klinische Version (SCID-5-CV; Beesdo-Baum et al., 2019) bzw. das Diagnostisches Interview bei psychischen Störungen (DIPS; Schneider & Margraf, 2011) in Frage, je nach Fallkonstellation im Gesamten oder nur die jeweilige PTBS-Sektion. Flankiert werden können diese durch PTBS-spezifische Interviews, wie bspw. die Clinician-Administered PTSD Scale (CAPS; Schnyder, 2013), aktuell der Goldstandard, weiters das ETI in der Interviewform (Tagay et al., 2007) oder das SIDES (Teegen et al., 1998) für eine kPTBS (▶ Kap. 3).

4. Ebene: Instrumente zur Erfassung weiterer therapierelevanter Faktoren

Auf einer letzten Ebene gilt es, weitere Informationen zu eruieren, die sich auf das therapeutische Geschehen auswirken können. Dazu gehören zuallererst die Ressourcen des Patienten, aber auch so genannte »sekundäre Kollisionen« (s. a. Butollo & Karl, 2012), d. h. aktuell virulente Lebensthemen, die oftmals nicht direkt mit dem traumatisierenden Geschehen assoziiert sind, jedoch auf dieses einwirken können, bspw. die partnerschaftliche und berufliche Situation, prämorbide oder durch das traumatische Ereignis bedingte medizinische Themen, Aufenthaltsstatus bei Geflüchteten oder juristische Themen (bspw. nach Unfalltraumatisierungen). Nicht zu unterschätzen, weil oft das therapeutische Geschehen bestimmend, sind zudem die Themen Schuld, Scham, Ekel und Wut, auf die im Kapitel 5 näher eingegangen wird (▶ Kap. 5).

Ebenso sind potenzielle aufrechterhaltende Faktoren zu berücksichtigen, zu denen aus KVT-Sicht vor allem kognitive Faktoren zählen (s. Fragebogen zu Gedanken nach traumatischen Ereignissen; PTCI [Foa et al., 1999]).

Abschließend sind das interaktionelle Verhalten (Beziehungsgestaltung) des Patienten in der konkreten Situation sowie ggfs. Informationen seitens Angehöriger (Fremdeinschätzung) und Berichte von Vorbehandlern zu erheben.

Netzwerkansatz

In der Klinischen Psychologie gibt es traditionell zwei Ansätze, um psychische Störungen zu konzeptualisieren, einen dimensionalen und einen kategorialen. Ersterer geht davon aus, sie seien graduelle Ausprägungen, letzterer hingegen distinkte Kategorien, denen die Symptome zugeordnet werden. So sehr sich auch beide voneinander unterscheiden, teilen sie doch eine Gemeinsamkeit: Die Grundannahme, dass die Symptome auf eine zugrundeliegende, gemeinsame Ursache bzw. Erkrankung hinweisen, die dimensional oder eben kategorial erfasst werden kann.

Seit einigen Jahren gibt es aber auch einen anders gearteten Versuch, nämlich psychische Erkrankungen als dynamische Systeme von interagierenden Symptomen zu verstehen (s. Borsboom, 2017; McNally, 2017), deren Symptome untereinander in Kausalbeziehungen stehen. Ein solches Verständnis ist nicht nur plausibler, sondern auch viel näher am klinischen Alltag: Ein traumatisierter Patient wird durch den Anblick einer Person an das Ereignis erinnert, was seine physiologische Erregung erhöht, die zu einer Vermeidung führt, die zu einem abrupten Ende des gemeinsamen

Spaziergangs führt, was gegenüber der Begleitung Schuldgefühle auslöst, die wiederum Selbstvorwürfe und Wut auslösen, die wiederum die physiologische Erregung erhöhen, die wiederum den Schlaf beeinträchtigen etc.

Anstatt diese Symptome als Hinweis auf eine zugrundeliegende Störung zu betrachten, werden sie in diesem Netzwerkansatz selbst als grundlegend verstanden und als »Knoten« dargestellt, die mittels »Kanten« miteinander verknüpft sind. Um das individuelle Netzwerk eines Patienten darzustellen, können die Kanten als dünne (schwache Verbindung) oder als dicke Linie (starke Verbindung) dargestellt werden. Pfeile können die Wirkungsrichtung (mono- oder bidirektional) symbolisieren und Farben eine positive oder negative Korrelation aufzeigen. Ist ein Knoten über viele dicke Kanten mit vielen anderen Knoten verbunden, hat er eine hohe sog. Gradzentralität. Ist hingegen ein Knoten wiederholt die kürzeste Verbindung zwischen zwei anderen Knoten, so spricht man von einer hohen Betweenness-Zentralität, d. h., bei angenommenen drei Knoten (A, B, C) kann ohne diesen zentralen Knoten (B) der Knoten (A) den Knoten (C) nicht aktivieren.

Ein solches Verständnis von psychischer Störung als ein System, in dem die Symptome dynamisch interagieren und sich ggfs. selbst verstärken, kommt dem tatsächlichen Geschehen viel näher. Natürlich fehlen im Praxisalltag im Regelfall die nötigen zeitlichen Kapazitäten, um für jeden Patienten eine solche Analyse durchzuführen. Was aber sehr hilfreich für Therapeut und Patient sein kann, ist explizit nach Art, Stärke, Häufigkeit und Richtung der Zusammenhänge (Kanten) zwischen den Symptomen (Knoten) zu fragen und daraus die Therapieplanung und die Wahl der Behandlungstechniken abzuleiten.

2.2.2 Notwendige Rahmenbedingungen und Voraussetzungen

Mehr als bei allen anderen psychischen Störungen kann die Diagnostik bei Traumafolgestörungen als essenzieller Bestandteil der Therapie (s. a. Neuner et al., 2021) und gleichzeitig als erste ansatzweise Konfrontation mit dem Geschehenen betrachtet werden. In diesem Kapitel werden dafür notwendige Rahmenbedingungen und Voraussetzungen beschrieben.

In der diagnostischen Situation findet sich der Therapeut in einer gewissen Zwickmühle, denn er muss einen guten Ausgleich zwischen folgenden zwei Notwendigkeiten finden: Einerseits ist er darauf angewiesen, möglichst viele Informationen über seinen Patienten als Person, dessen Erlebtes und Beschwerden zu erhalten, andererseits gilt es, diesen vor einer unnötigen und zu frühen Konfrontation mit spezifischen Details zu schützen (s. Schäfer et al., 2019). Die therapeutische Situation verlangt also eine Balance zwischen Vertrauen, Freundlichkeit (aber nicht zu freundlich), Herzlichkeit (aber nicht zu herzlich) und Berücksichtigung der Aspekte Schuld, Scham und Ekel, welche die Mitteilungsbereitschaft beeinflussen können. Auf der anderen Seite gilt es aber auch, den Patienten in seiner Erzählung zu begleiten und ihn ggfs. auch zu begrenzen, stets mit dem Hinweis, dass eine grundsätzliche Bereitschaft besteht, das Geschehene anzuhören und es im weiteren Verlauf der Therapie auch genügend Zeit dafür geben wird. Eine einladende Formulierung kann bspw. wie folgt lauten:

> »Aus meiner Erfahrung mit anderen Patienten weiß ich, dass man im Vorfeld der Therapie verschiedene Gedanken haben kann. Einige Patienten möchten berichten was geschehen ist, anderen wiederum nicht. Für mich wäre es sehr hilfreich zu hören, wie es Ihnen damit geht.«

Dadurch dass die Diagnostik somit als konfrontatives Element zu verstehen ist, ist der Behandler bereits an dieser Stelle gefordert, sein Können zu demonstrieren. Und zwar wie er mit dem Patienten, seinem Erlebten und Erleben umgehen wird, nämlich mutig genug zu sein, die Inhalte mit ihm, vor dem Hintergrund der Sicherheit vermittelnden Gesprächsatmosphäre und Therapiebedingungen, durchzugehen und gleichzeitig vorsichtig genug zu sein, um ihn vor einer Überflutung zu schützen. Dabei können sich drei Szenarien in der Umsetzung ergeben:

a) Der Patient kann und möchte berichten:

> »Danke, ich werde Ihnen aufmerksam zuhören. Einen Hinweis möchte ich Ihnen noch geben: Wir sind erst am Anfang einer möglichen Zusammenarbeit, so dass es für mich im Moment nicht notwendig ist, das, was Ihnen widerfahren ist, im Detail geschildert zu bekommen. Es würde mir bereits sehr helfen, wenn Sie mir einen groben Überblick geben könnten. Wenn Sie so wollen: Überschriften und eine Zusammenfassung dessen, was passiert ist. Gerne auch mit Hinweisen, welche Momente für Sie von besonderer Belastung gewesen sind. Ich würde mir auch erlauben, Sie darauf hinzuweisen, wenn ich den Eindruck habe, dass Sie zu sehr ins Detail gehen bzw. Sie kurz zu unterbrechen, wenn ich den Eindruck habe, das Erzählte nimmt Sie zu sehr mit.«

Gibt es ein Index-Trauma, so sollte dieses nach Möglichkeit identifiziert werden. Grundsätzlich empfiehlt es sich aber, den Patienten dazu einzuladen, soweit er das kann, alle bisherigen belastenden Ereignisse zu berichten, auch wenn sie vielleicht nicht den aktuellen Traumakriterien entsprechen, wobei konkrete und geschlossene Fragen hierbei zu bevorzugen sind. Offene Fragen hingegen können dazu führen, sich in den Geschehnissen zu verlieren (s. a. Neuner et al., 2021). Bei wiederholten traumatischen Erlebnissen kann es zudem ratsam sein zu fragen, ob es eines oder einige gibt, die besonders hervorstechen und deswegen in der inneren Welt des Patienten prominent sind, gleichsam alle anderen repräsentieren. Hierbei können erneut Checklisten (▶ Kap. 2.2) hilfreich sein, wobei es ratsam ist, diese, wie bereits weiter oben erwähnt, mit dem Patienten zusammen zu bearbeiten, um ihn dabei unterstützend zu begleiten (ebd.).

b) Der Patient kann oder möchte nicht erzählen:

> »Danke, dass Sie so offen mir gegenüber sind – ich weiß das sehr zu schätzen und möchte Sie gleich bitten, das weiterhin so zu tun! Dass Sie mir im Moment[24] nichts vom traumatischen Ereignis erzählen möchten, ist absolut in Ordnung. Ist es Ihnen stattdessen möglich mir zu berichten, was sich seitdem in Ihrem Leben verändert hat? Was ist seitdem anders und für Sie ggfs. belastend?«

Der Umstand, sich durch die Offenbarung des traumatisch Erlebten als hilfebedürftig anzusehen und in diese Rolle schlüpfen zu müssen, ist für manche Betroffene deutlich aversiv. Dies gilt es angemessen zu berücksichtigen, indem dem Patienten mit Mitgefühl (aber nicht unbedingt Mitleid) begegnet wird. Wenn der Therapeut für ihn erste Worte für das Erlebte finden und diese für ihn aussprechen kann, kann dies auch eine erste hilfreiche Brücke für eine gute und vertrauensvolle Zusammenarbeit sein. Ebenso wichtig ist es, den Mut zu würdigen, sich damit auseinander zu setzen und sich für das entgegengebrachte Vertrauen zu bedanken.

c) Der Patient kann oder möchte auch weiterhin nicht erzählen:

> »Abermals Danke für Ihre Offenheit! Wenn es Ihnen im Moment auch nicht möglich ist, mir zu berichten, was sich seitdem in Ihrem Leben verändert hat, dann schlage ich vor, ich stelle Ihnen ein paar Fragen, damit ich mir ein Bild machen kann, wie es Ihnen aktuell geht. Sind Sie damit einverstanden?«

Der Therapeut kann in diesem Fall bspw. mit der Exploration des Schlafs beginnen (bspw. Schlafdauer und -qualität, Träume, Aufwachzeit, Energiezustand), da dies im Regelfall ein sehr guter Indikator für den aktuellen psychischen Zustand des Patienten ist und erfahrungsgemäß weniger aufwühlend vom Patienten erlebt wird. Zudem bietet es sich an, im Anschluss einen durchschnittlichen Tag in seinem Leben durchzugehen (Tätigkeiten über den Tag, Gedanken an das Ereignis, Vermeidungstendenzen, Appetit etc.), so dass damit indirekte Hinweise und Informationen über das traumatisch Erlebte gesammelt werden können.

---

24 Zu erwähnen, dass es »im Moment« nicht nötig ist, das traumatisierende Geschehen zu berichten ist deswegen wichtig, weil damit auch signalisiert wird, dass es im weiteren Verlauf dazu kommen wird.

Erfahrungsgemäß sind viele Patienten teils extrem von ihrem posttraumatischen Verhalten und Erleben verunsichert. Wird dies geäußert, so kann sich der Therapeut auch für diese Offenheit bedanken und vorsichtig konkrete Beispiele explorieren. Solche, oft verunsichernde, Alltagserfahrungen bieten i.d.R. sehr gutes Material für die nachfolgende Psychoedukation (s. Kapitel 5.1.3), bei der es auch darum gehen wird, dem Patienten ein Erklärungsmodell für sein, aus seiner Sicht, ungewöhnliches Verhalten und Erleben anzubieten. Da es sich im Regelfall um »normale« Reaktionen »normaler« Menschen auf außergewöhnliche, nicht »normale« Erfahrungen handelt, können sie auch vom Therapeuten normalisiert (i. S. einer Bestätigung für den Modus der Verarbeitung) und entkatastrophisiert werden.

Dissoziation, welche ggfs. bereits peritraumatisch stattgefunden hat, ist ein weiterer wichtiger Aspekt, der im Auge behalten werden muss. Hier gilt es, früh und direkt nach solchen Erlebnissen bzw. Symptomen zu fragen und gleichzeitig aktiv nach entsprechenden Merkmalen beim Patienten im sich vollziehenden Kontakt Ausschau zu halten. Einerseits kann peritraumatische Dissoziation ein wichtiger Prädiktor für den weiteren Verlauf sein. Andererseits ist es ratsam, dem Patienten möglichst früh antidissoziative und reorientierende Skills beizubringen, um die Wahrscheinlichkeit einer dissoziativen Überflutung zu verringern.

Im Zuge dessen gilt es auch, weitere Risikofaktoren zu erfassen. Das können bspw. risikoreiches Verhalten (Sucht, Autoaggression etc.) bzw. prämorbide Faktoren, die in der aktuellen Symptomatik reaktualisiert werden, sein.

Abschließend noch ein paar wichtige Hinweise: Es empfiehlt sich, die Ressourcen, Stärken und Schutzfaktoren nach Möglichkeit gleich zu Beginn zu erfassen, denn auf diese kann und soll in der therapeutischen Arbeit zurückgegriffen werden. Immer wieder sind die Patienten (und Therapeuten) von ihrem posttraumatischen Erleben so eingenommen, dass sie diese nicht oder zu wenig berücksichtigen. Ressourcen sollten stets vorsichtig und grenzwahrend, aber gleichzeitig auch sehr genau identifiziert und exploriert werden. Wenn bspw. der Betroffene berichtet, er habe »viele nahestehende Menschen«, die sich gerade um ihn kümmern könnten, sollte der Therapeut konkret nachfragen, welche das sind, was genau sie als hilfreich auszeichnet, ob sie kontaktierbar sind und v. a., ob er sich in der Lage sieht, seinen Bedarf an Unterstützung anzumelden. Dieses genaue Nachfragen ist nicht kontrollierend, sondern explorierend/konkretisierend motiviert, reduziert zwar im Regelfall die Anzahl der tatsächlich vorhandenen Unterstützer, macht allerdings gleichzeitig dem Patienten klar, ob und wenn ja, auf welche Art von Unterstützung er sich tatsächlich verlassen kann. Neben externen (Fremdunterstützung) kann es aber auch interne Quellen der Kraft (Selbstunterstützung) geben, nach denen Ausschau zu halten ist. Oft handelt es sich dabei um bestimmte genussassoziierte Tätigkeiten oder Fähigkeiten, die dem Menschen eigen sind. Mehr als bei externen, werden – so die therapeutische und supervisorische Erfahrung – die internen Ressourcen durch die nahezu alles beherrschende Traumawirkung in den Hintergrund gedrängt bzw. unterschätzt. Sie können – vor dem Hintergrund des Erlebten – als »nicht gemäß« oder gar als Invalidierung erscheinen. Der Patient verweigert sich gleichsam die Erlaubnis, etwas zu tun, was ihm Freude bereiten könnte, denn wenn er eine solche erleben würde, wäre das eine Art Entwertung gegenüber bspw. seinem Verlust. Durch eine genaue Exploration können solche Gleichsetzungen, so nachvollziehbar sie erstmal auch sind, vorsichtig in Frage gestellt und somit die Ressourcen, die stabilisierend wirken, befreit werden. Allen diesen Ressourcen ist gemein, dass sie individuell und stets eine Frage der Qualität und nicht der Quantität sind; je konkreter und handlungsbezogener, desto leichter lassen sie sich im Alltag implementieren und können ihre positive und stabilisierende Wirkung entfalten. Dann gilt es noch zu bedenken, dass die äußere Vermeidung (Wohnung nicht mehr verlassen, keine Fahrten mit dem Auto bzw. mit öffentlichen Verkehrsmitteln etc.) neben dem Umstand, dass sie korrigierende Erfahrungen verhindert und somit die Symptomatik aufrechterhält, sich ebenso negativ auf die Ressourcen auswirken kann, da sie deren Ausübung begrenzt oder gar verhindert.

Zusammenfassend gilt für das diagnostische Vorgehen, die eigene therapeutische Grundhaltung gegenüber den traumatisierten Patienten zu reflektieren, sich an der Heuristik der unterschiedlichen diagnostischen Ebenen (i. S. eines roten Fadens) zu orientieren und insbesondere mit den eigenen therapeutischen Skills die notwendigen Rahmenbedingungen für eine vertrauensvolle und einladende Gesprächsatmosphäre herzustellen. Schließlich ist, wie eingangs erwähnt, der diagnostische Prozess bereits Teil des therapeutischen Behandlungsplans, beinhaltet dieser doch eine erste Annäherung an das Erlebte und kann durch Elemente der Psychoedukation erweitert werden. Neben der Aufklärung über Modelle (▶ Kap. 4) kann der Patient, i. S. einer Entpathologisierung, Entlastung und Stabilisierung, auch von Informationen aus der epidemiologischen Forschung (▶ Kap. 2.3) profitieren.

2.3 Epidemiologie

2.3.1 Prävalenz

Die meisten Menschen werden, statistisch betrachtet, im Verlauf ihres Lebens mindestens ein traumatisches Ereignis, wie in ICD bzw. DSM definiert, erleben, jedoch die wenigsten eine behandlungsbedürftige Störung daraus entwickeln (Breslau et al., 1998; Creamer et al., 2001; Kessler et al., 1995). Die Zahlen unterscheiden sich dabei je nach Region, deren gesellschaftspolitischer Lage, Geschlechtszugehörigkeit, Alter und zugrunde gelegtem Klassifikationssystem (s. u.) teils enorm. Während die Lebenszeitprävalenz für eine PTBS in den USA bei 6,8 % liegt (Kessler et al., 2005), liegt sie für Europa im Durchschnitt bei 1,9 % (Alonso et al., 2004) und für Deutschland bei 2,2 % für

Frauen und 1 % bei Männern (Perkonigg et al., 2000). Basierend auf der ICD-11 fanden Maercker und andere (2018) in einer Studie an einer deutschen Stichprobe eine 1-Monats-Prävalenz von 1,5 %, wobei sich – wie bereits angeführt – Trauma- und Störungshäufigkeit unterschieden: Zeuge eines traumatischen Ereignisses zu sein, fand sich bspw. bei 11,5 % der Untersuchten, jedoch die Störungshäufigkeit bei 3,4 %; Gefangenschaft/Entführung hingegen bei 0,6 % mit einer Störungshäufigkeit von 20 % (der höchsten in dieser Studie). Die vier Ereignisse mit der stärksten traumatogenen Wirkung waren:

- Gefangenschaft (s. o.),
- Vergewaltigung (eng definiert; 2,5 % vs. 16,7 %),
- Misshandlung/sexueller Missbrauch in der Kindheit (2,5 % vs. 11,1 %) und
- körperliche Gewalt (6,9 % vs. 11,1 %).

Die bedingte Wahrscheinlichkeit, eine PTBS nach Konfrontation mit einem traumatischen Ereignis zu entwickeln, variiert somit und hängt von zahlreichen Faktoren ab (Art, Stärke der Ausprägung des Ereignisses, Häufigkeit, Dauer, prämorbide Belastungen, soziale Unterstützung etc.). Insbesondere bei Hochrisikopopulationen (bspw. Soldaten im Einsatz, Zivilisten in einem Kriegsgebiet, Geflüchtete) finden sich Prävalenzen bis zu 80 % (Lindert et al., 2008).

Bezogen auf die geschlechtsspezifischen Unterschiede erleben Männer mehr traumatische Ereignisse, jedoch Frauen mehr Ereignisse mit traumautogener Wirkung (s. a. Olff et al., 2007). In der Regel sind Jüngere deutlich häufiger von einer PTBS betroffen als Ältere, es sei denn, diese gehören einer Kriegsgeneration an, dann findet sich eine um das dreifache erhöhte 1-Jahres-Prävalenz (s. a. Maercker et al., 2008).

Die Wahl des Klassifikationssystems (ICD vs. DSM) bzw. seine jeweilige Version wirken sich ebenfalls auf die ermittelten Prävalenzen aus. Zusammenfassend sind diese auf Grundlage von ICD-10 und DSM-5 höher und etwas niedriger bezogen auf ICD-11 bzw. früheren Versionen des DSM (s. Maercker & Augsburger, 2019).

2.3.2 Verlauf und Prognose

Kann die Entwicklung einer PTBS vorhergesagt werden? Diese Frage bewegt das wissenschaftliche Feld schon seit Langem und war einer der Hauptgründe für die Einführung der akuten Belastungsstörung (ABS) im DSM-IV (s. a. Bryant, 2022). Stand der Wissenschaft bis zum DSM-III-R war die Auffassung, dass die meisten Betroffenen ihre anfängliche Symptomatik zeitnah nach der Exposition verlieren, weswegen eine PTBS erst nach einem Monat zu diagnostizieren sei. War dies der Fall, so sei das als Zeichen zu verstehen, dass diese Spontanremission eben nicht eingetreten sei. Zudem wollte man damit unmittelbar im Nachgang zur Exposition auftretende, transiente, nicht-pathologische Symptome fälschlicherweise zu pathologisieren verhindern. Die weitere Forschung zeigte jedoch den dynamischen und fluktuierenden Charakter des Geschehens auf. Der Verlauf der Symptomatik ist alles andere als linear und hängt stark davon ab, welche weiteren Stressoren im Leben auftauchen (s. a. Bryant et al., 2013, 2021; Bryant & Hadzi-Pavlovic, 2024; Fischer et al., 2023), ein Umstand, der Aussagen bzgl. möglicher Prädiktoren erschwert.

Tatsächlich entwickeln die meisten Betroffenen im Nachgang zum traumatischen Erleben einzelne Belastungssymptome, die sich jedoch nach kurzer Zeit wieder zurückbilden und somit keinen pathologischen Status aufweisen. Entsprechend wurde in der ICD-11 auch der Zeitraum, ab dem eine PTBS diagnostiziert werden kann, nicht explizit konkretisiert (»The symptoms persist for at least several weeks …«; WHO, 2022). Damit sollen (s. o.) anfängliche Beschwerden entpathologisiert und dem Umstand Rechnung getragen werden, dass die Verarbeitungszeit individuell, zeitlich schwankend und die Remission der Regelfall ist. Erst dann, wenn diese Spontanremission ausbleibt bzw. die Symptome exazerbieren, soll explizit die Diagnose vergeben werden. Eine solche Remission findet sich innerhalb von 3 Monaten bei der Hälfte der Betroffenen. Dauert die Symptomatik jedoch länger an, bei ca. 1/3 der Patienten sogar über 6 Jahre (Bryant et al., 2013), dann ist auch von einer schlechteren Prognose und einem hohen Chronifizierungsrisiko auszugehen (s. a. Keller et al., 2023; Steinert et al., 2015). Patienten mit einer diagnostizierten PTBS haben ein dreifach erhöhtes Risiko, nach erneuter Konfrontation, wieder eine PTBS zu entwickeln (Breslau et al., 2008).

Wenngleich konkrete, eineindeutige Prädiktoren bis dato nicht zu identifizieren sind[25], ist es jedoch möglich, Trajektoren zu bestimmen, d. h., den Verlauf des Schweregrads der Symptomatik über die Zeit darzustellen. Eine solche Darstellung ist informationsreicher als mittels Prävalenzangaben, denn auch eine subsyndromale PTBS, die darin nicht auftauchen würde, kann zu persönlichen Beeinträchtigungen führen, die mit einer Volldiagnose vergleichbar sind (Marshall et al., 2001).

In einer Langzeitstudie an 1084 Personen über 6 Jahre konnten Bryant und andere (2015) fünf[26] Verläufe (Trajektoren) identifizieren: Die größte Gruppe (»resilient«; 73 %) wies durchgängig keine klinisch relevante Symptomatik auf. Die Gruppe »worsening« (10 %) zeigte zu Beginn eine geringe Ausprägung, die sich jedoch ab dem zweiten Messzeitpunkt (3 Monate) stetig verschlechterte. Noch mehr verschlimmerte sich das Symptombild in der Gruppe »worsening/recovery«, jedoch nur bis zum vierten Messzeitpunkt (24 Monate), danach nahm es deutlich an Stärke ab. Die beiden letzten Gruppen (»recovery«; 6 % und »chronic«; 4 %) zeigten gleich zu Beginn der Erhebung (Baseline) eine hohe Belastung, die sich bei ersteren ab dem zweiten Messzeitpunkt (3 Monate) stetig verringerte, während sie in der zweiten sogar

25 In diesem Zusammenhang sei auf die interessante Studie von Shalev und anderen (2019) verwiesen, in der die Symptomausprägung nach der CAPS (▶ Kap. 2.2.1) ein sehr guter Prädiktor für den weiteren Symptomverlauf darstellte.

26 Manchmal sind es vier an der Zahl (s. a. Bryant, 2022).

zunahm. Diese Trajektoren finden sich über verschiedene Studien und Stichproben hinweg. Leider erlaubt der aktuelle Kenntnisstand keine konkreten Aussagen gleich zu Beginn darüber, zu welchem Trajektor ein Betroffener gehören wird. Erste, vielversprechende Ergebnisse liefern computerbasierte Algorithmen, mit einer teils erstaunlichen[27] Vorhersagegenauigkeit (s. Schultebraucks et al., 2020). Bis auf Weiteres bedeutet das für die Therapie einen Screen-and-Treat-Ansatz zu wählen, in dem Diagnostik als rekursiver Prozess verstanden wird.

Eine neuere Studie von Hogg und anderen (2022) weist psychische Traumatisierung als einen wichtigen transdiagnostischen Faktor für zahlreiche weitere psychische Störungen aus, angefangen bei Angst- über Affektive, Zwangs-, Borderline, psychotische bis hin zu Traumafolgestörungen. Psychische Traumatisierung zu irgendeinem beliebigen Zeitpunkt im Leben stand mit irgendeiner anderen psychischen Störung in einem OR von 2,92 und somit ähnlich hoch wie die Assoziation zwischen einer Traumatisierung im Kindes- mit irgendeiner anderen psychischen Störung im Erwachsenenalter (OR = 2,90). Betrachtet man spezifische traumatisierende Situationen, so zeigen sich teils höhere ORs: körperlicher Missbrauch (OR = 2,36), sexueller Missbrauch (OR = 3,47) mit irgend einer psychischen Störung und emotionaler Missbrauch mit Angsterkrankungen in einem OR = 3,05.

Gibt es eine PTBS mit verzögertem Beginn?

DSM-5 und ICD-10 bieten die Möglichkeit, eine »PTBS mit verzögertem Beginn« zu diagnostizieren, wenn sich das Vollbild mind. sechs Monate nach Traumaexposition manifestiert. Ursprünglich in das DSM eingefügt um Soldaten, die während eines Einsatzes keine Symptome zeigten, wohl aber Monate oder Jahre später, eine Diagnose vergeben zu können, zeigt sich diese Konstellation bei ca. 25 % der Betroffenen (Smid et al., 2009) und ist somit nicht selten. Anfänglich nicht exakt zu bestimmen, zeigt die Forschung mittlerweile genauer, wie dieser Mechanismus vonstatten geht: Anfänglich zeigen sich Beschwerden, überschreiten jedoch vorerst nicht die Schwelle eines klinisch relevanten Ausmaßes, im weiteren Verlauf jedoch manifestiert sich dann das Vollbild einer PTBS. Eine Konstellation, bei der erstmalig keine und dann plötzlich ein Vollbild aufkommt, ist grundsätzlich zwar möglich, bspw. bei Soldaten (ebd.), häufiger findet sich jedoch eine Verschlimmerung von anfänglich subklinisch ausgeprägten Symptomen. Als ursächlich dafür, aktuell allerdings ohne ausreichende Evidenz, werden einige Faktoren diskutiert, wie bspw. ein Nachlassen von Numbing, starken Ablenkungen, veränderte Interpretationen und generell Stressoren, die im Nachgang vom traumatisierenden Erleben

27 90 % der Patienten, die durch den Algorithmus als nicht-remittierend eingestuft wurden, waren auch tatsächlich nicht remittiert (Schulterbraucks et al., 2020).

auftauchen (ebd., Andrews et al., 2007; s. a. Bryant, 2022 für einen Überblick).

2.3.3 Komorbidität

Die PTBS ist eine häufige und die »spezifischste aller Traumafolgestörungen« (Schäfer et al., 2019, S. 19), wenngleich nicht die einzig mögliche Folgediagnose. Liegt sie jedoch vor, ist sie meist hoch komorbid (88 % der Männer bzw. 79 % der Frauen; Kessler et al. 1995), angefangen bei affektiven, psychotischen, somatoformen, dissoziativen bis zu Ess-, Angst-, Persönlichkeits- oder Substanzstörungen (Schäfer et al., 2019). Zu ähnlichen Ergebnissen (über 87 %) kommt auch die in Deutschland durchgeführte Studie von Perkonigg und anderen (2000).

Auch bei Patienten, die vorwiegend über depressive Symptome klagen, lohnt es sich, das Vorhandensein von (k)PTBS zu erfragen (Fung et al., 2022), wie auch bei solchen mit einer chronischen somatischen Erkrankung (Lunkenheimer et al., 2023) mit einem OR von 9,96, d. h., Patienten mit einer chronischen somatischen Erkrankung haben ca. zehnmal häufiger eine PTBS als solche ohne. Ähnliche Verhältnisse finden sich auch bei Patienten mit einer chronischen Schmerzstörung (Otis et al., 2003; Shipherd et al., 2007).

Komorbide Störungen zu erfassen, ist nicht zuletzt für die Behandlungsplanung essenziell. Insbesondere Patienten, die unter einer chronischen Traumatisierung leiden, sprechen zwar meist die depressive oder Angstsymptomatik an, ohne dass sie jedoch einen Bezug zu den auslösenden Ereignissen herstellen (können), sodass schlimmstenfalls die Traumasymptomatik durch eine andere kaschiert werden kann (s. a. Tagay et al., 2016).

Die Befundlage, in welcher Reihenfolge die Störungen auftreten, ist aktuell unklar. So kann bspw. Substanzmissbrauch, i. S. einer Selbstmedikation, einer Traumatisierung folgen bzw. ihr vorausgehen, wenn bspw. im Rauschzustand ein Fahrzeug mit Unfallfolge geführt wird. Affektive Störungen können ebenso im Gefolge einer PTBS entstehen bzw. als Vorerkrankung, welche das Risiko erhöhen, nach Konfrontation mit einem traumatischen Stressor eine PTBS zu entwickeln (s. a. Breslau, 2002). Erschwerend kommt der Umstand hinzu, dass sich innerhalb verschiedener Diagnosen einzelne Symptome – bei nicht genauer Betrachtung – stark überlappen (bspw. können Angstattacken bei der Benutzung von öffentlichen Verkehrsmitteln an eine Panikstörung/Agoraphobie denken lassen, wenn nicht genau nach den Umständen gefragt wird). Abschließend sei noch auf den starken Zusammenhang zwischen einer PTBS und Suizidalität verwiesen (s. a. Fox et al., 2021; Gradus et al., 2010; Krysinska & Lester, 2010; Sjöström et al., 2009).

Angesichts dieser Komplexität ist eine sorgfältige und umfassende Diagnostik unerlässlich, um Patienten mit PTBS und komorbiden Störungen eine angemessene und ganzheitliche Behandlung zukommen zu lassen.

2.3.4 Risikofaktoren

Metaanalysen und Reviews (bspw. Becker-Nehring et al., 2012; Brewin et al., 2000; Ozer et al., 2003; Trickey et al., 2012; Shalev et al., 1996) haben zahlreiche Risikofaktoren identifizieren können, die sich in die folgenden drei Bereiche aufteilen lassen (s. a. Tagay et al., 2016):

- *Prätraumatische Faktoren:* bspw. Genetische und Persönlichkeitsfaktoren, früher erlebte Traumatisierungen, psychiatrische Vorgeschichte.
- *Peritraumatische Faktoren:* bspw. Schweregrad des Ereignisses, unerwartetes Auftreten, peritraumatische Dissoziation, mental defeat[28].
- *Posttraumatische Faktoren:* bspw. Mangelnde soziale Unterstützung, anhaltende posttraumatische Faktoren.

Wie im Kapitel 1.3 bereits ausgeführt, ist es entscheidend, zwischen Ereignis und Erlebnis zu unterscheiden. M. a. W., es wird auch, aber nicht primär darum gehen, was passiert ist, sondern wie sich die Person dabei wahrgenommen, erlebt, empfunden, gefühlt und bewertet hat. Zentrale Merkmale des traumatischen Ereignisses werden in der folgenden Übersicht dargestellt (Tagay et al., 2016, S. 42):

- »Traumaverursachung: absichtlich oder nicht absichtlich durch Menschen verursachte Traumata (Intentionalität/›man-made‹) versus nicht durch Menschen verursachte Traumata (›non-man-made‹)
- Häufigkeit und Dauer des Traumas: Einzeltrauma, multiple Traumata, chronische Traumatisierung
- Täter-Opfer-Beziehung: Bindungstrauma, Beziehungstrauma, Deprivationstrauma
- Intensität/Schweregrad des Traumas: Extremtrauma, kumulatives Trauma, sequenzielles Trauma
- Unmittelbarkeit der Traumatisierung: Opfer, Zeuge (direkter Beobachter), vom Trauma über Dritte erfahren (Sekundäre Traumatisierung[29])
- Traumasituation/Reaktion des Umfeldes: Hilfe durch andere Menschen bleibt aus, weitere Menschen nicht anwesend, kulturspezifische Vorstellungen von Trauma, sozial-, kulturell- und kontextspezifische Interpretationen eines Traumas
- Kontrollverlust
- unerwartetes Eintreten des Traumas
- existenziell starke Lebensbedrohung
- körperliche Folgeschäden durch das Trauma.«

Ein weiterer nicht zu unterschätzender Risikofaktor, der mit therapeutischen Implikationen einhergeht, ist die peritraumatische, tonische Immobilität. Einer aktuellen Metaanalyse (Coimbra et al., 2023) folgend, steht diese in einem Zusammenhang mit der Schwere der PTBS-Symptome, ist häufiger bei Frauen und tritt häufiger bei zwischenmenschlicher Gewalt auf.

28 Damit ist der subjektive Eindruck gemeint, im Rahmen einer Gewalterfahrung ohnmächtig, hilf- und willenlos gewesen zu sein und sich somit dem gewalttätigen Geschehen, i. S. einer Selbstaufgabe, ergeben zu haben.

29 Figley (1983).

Vor dieser Vielzahl an Risikofaktoren wird deutlich, wie wichtig eine ganzheitliche Betrachtung des Betroffenen und seiner individuellen Umstände ist, wenn es darum geht, die Folgen einer Traumaexposition angemessen einzuschätzen und eine geeignete Behandlung anzubieten.

3 Komplexe PTBS

3.1 Einleitung

Mit Einführung der ICD-11 wurde auch die komplexe Posttraumatische Belastungsstörung (im Folgenden: kPTBS) zu einer eigenständigen Diagnose (6B41) und damit der Wunsch vieler Fachkollegen endlich Wirklichkeit, denn sie wurde im Rahmen der Vorarbeiten zur ICD-11 in zwei weltweiten Surveys mit 3222 Teilnehmenden am häufigsten verlangt (Robles et al., 2014).

Lange Zeit wurde angenommen, einmalige traumatische Ereignisse (Trauma-Typ I; s. Terr, 1991) würden zu einer klassischen, während wiederholt und langandauernde Ereignisse (Trauma-Typ II; ebd.) – besonders, wenn sie in der Kindheit und im Rahmen eines Beziehungsgefüges erlebt wurden – zu einer kPTBS führen (► Abb. 3.1).

Diese einfache Zuordnung wird in der Fachliteratur immer mehr zu Gunsten einer deutlich flexibleren relativiert. Wir können heute viel eher davon ausgehen, dass sowohl Einzelereignisse eine kPTBS wie auch wiederholte traumatisierende Erlebnisse eine klassische bedingen können (s. a. Karatzias et al., 2023c; Maercker, 2019). Eine kPTBS kann sich auch erstmalig im Erwachsenenalter manifestieren. Gleichwohl ist es von der Tendenz her so, dass sie eher nach Typ II-Ereignissen (besonders innerhalb eines Beziehungsgefüges) zu erwarten ist. Die jeweilige Diagnose ist – und das darf nicht übersehen werden – stets aufgrund der entstandenen Symptomatik zu vergeben und nicht allein aufgrund des Ereigniskriteriums (► Kap. 1.3).

Einteilung nach Erstreckung und Schwere	Einteilung nach Verursachung		
	Zufällige Traumata	**Absichtliche Traumata („man-made")**	**Medizinisch bedingte Traumata[a]**
Typ-I-Traumata	• schwere Verkehrsunfälle • berufsbedingte Traumata (z. B. Polizei, Feuerwehr, Rettungskräfte) • kurzandauernde Katastrophen (z. B. Wirbelsturm, Brand)	• sexuelle Übergriffe (z. B. Vergewaltigung) • kriminelle bzw. körperliche Gewalt • ziviles Gewalterleben (z. B. Banküberfall)	• Akute lebensgefährliche Erkrankungen (z. B. kardiale, pulmonale Notfälle) • Chronische lebensbedrohliche/schwerste Krankheiten (z. B. Malignome, HIV/Aids, Schizophrenie) • Als notwendig erlebte medizinische Eingriffe (z. B. Defibrillationsbehandlung)
Typ-II-Traumata	• langandauernde (Natur-) Katastrophen mit Folgen (z. B. Erdbeben, Tsunami, Überschwemmungen) • technische Katastrophen (z. B. Giftgasexplosion, Flugzeugabsturz)	• wiederholter sexueller und körperlicher Missbrauch in der Kindheit bzw. im Erwachsenenalter • Kriegserleben, -gefangenschaft • Geiselhaft • mehrfache Folter, politische Inhaftierung (z. B. KZ-Haft)	• Komplizierter Behandlungsverlauf nach angenommenem Behandlungsfehler

[a] Diese Eingruppierung wird derzeit noch wissenschaftlich untersucht.

Abb. 3.1: Einteilung traumatischer Ereignisse (modifiziert nach Tagay et al., 2016, S. 36; s. a. Maercker, 2019, S. 16)

3.2 Geschichte der kPTBS

Die Geschichte der kPTBS als Diagnose lässt sich überblickshaft wie folgt darstellen (für eine ausführliche Darstellung s. Herman, 2013): Geistige Mutter des Konzeptes ist Judith Herman (Herman, 1992), die damit auf den Umstand hinwies, dass den Merkmalen der traumatisierenden Ereignisse besondere Aufmerksamkeit gewidmet werden muss, da deren Folgen sich teils sehr stark unterscheiden können (s. a. Terr, 1991). Besonders solche des Typs II würden zu komplexeren, therapeutisch anspruchsvolleren Symptomkonstellation führen, die nicht als klassische Persönlichkeitsstörung zu verstehen sind. Auf der Basis von Hermans Konzeptualisierung wurden von ihr, wie auch von anderen Autoren (bspw. van der Kolk et al., 2005), weitere Versuche unternommen, die Folgen von lang andauernden Traumatisierungen diagnostisch zu erfassen. Darunter fallen die im Jahre 1992 in die ICD-10 aufgenommene Andauernde Persönlichkeitsänderung nach Extrembelastung (F62.0), die Entwicklungstraumafolgestörung (developmental trauma disorder) bzw. Störung in Folge von extremem Stress, nicht anderweitig spezifiziert (disorder of extreme stress, not otherwise specified; DESNOS; ebd.) im Anhang des DSM-IV (s. a. Schäfer et al., 2019).

Unter diesen kann die F62.0 als Vorgänger der aktuellen kPTBS gelten, hatte aber mangels empirischer Validierung (s. a. Beltran et al., 2009) und weil sie nur auf Traumatisierungen anwendbar war, die im Erwachsenenalter geschehen sind, viel Kritik auf sich gezogen und somit kaum Verbreitung bei Forschern und Praktikern gefunden; entsprechend findet sie sich nicht mehr in der ICD-11 (ebd., s. a. Beltran & Silove, 1999). Zahlreiche Versuche, die kPTBS in den Hauptteil des DSM zu integrieren, scheiterten. Der größte Erfolg bestand darin, sie als DESNOS (s. o.) in Form einer Forschungsdiagnose unter den sog. »assoziierten Merkmalen« im Anhang des DSM-IV einzugliedern.

Die Arbeitsgruppen der ICD und des DSM haben sich bei der letzten Überarbeitung entschieden, unterschiedliche Wege mit der kPTBS zu gehen: Während erstere eine neue Kategorie definiert hat und die kPTBS (6B41) neben der PTBS (6B40) setzt, hat das DSM-5 den Cluster »negative Veränderungen in Kognitionen und Stimmung« eingeführt, in dem sich die Hauptsymptome der kPTBS finden. Durch diese Anpassung braucht es – so die Logik des DSM-5 – keine eigene diagnostische Kategorie mehr. Es genügt, die PTBS (mit der Zusatzbezeichnung »dissoziativer Subtyp«) zu vergeben.

3.3 Klassifikation der kPTBS in der ICD-11

Die offizielle Definition des Eingangskriteriums einer kPTBS nach ICD-11 lautet wie folgt:

»...a disorder that may develop following exposure to an event or series of events of an extremely threatening or horrific nature, most commonly prolonged or repetitive events from which escape is difficult or impossible (e.g. torture, slavery, genocide campaigns, prolonged domestic violence, repeated childhood sexual or physical abuse). (WHO, 2022)«

Alle diagnostischen Voraussetzungen für eine PTBS müssen erfüllt sein (▶ Kap. 2.2). Darüber hinaus ist die kPTBS durch folgende drei Symptomcluster gekennzeichnet, die unter dem Titel »Störung der Selbstorganisation« (engl.: disturbance of self organization; DSO) zusammengefasst werden (WHO, 2022):

1. »problems in affect regulation;
2. beliefs about oneself as diminished, defeated or worthless, accompanied by feelings of shame, guilt or failure related to the traumatic event; and
3. difficulties in sustaining relationships and in feeling close to others. These symptoms cause significant impairment in personal, family, social, educational, occupational or other important areas of functioning.«

Neben den genannten, die Diagnose einer kPTBS konstituierenden Symptomen, können noch weitere, begleitende auftreten, wie bspw. dissoziative Zustände, starke Scham- und Schuldgefühle wie auch Deliktverhalten (s.a. Eberle & Maercker, 2023). Ebenfalls zu berücksichtigen ist die Komorbidität (bspw. Sucht, Affektive und Angststörungen), die teils zu Beginn einer Behandlung vordringlich präsentiert wird, weil die Hauptsymptomatik zu schambesetzt ist (ebd.).

3.4 Epidemiologie

Mittlerweile existieren epidemiologische Daten für unterschiedliche Populationen. Die Lebenszeitprävalenzen in der Allgemeinbevölkerung verschiedener Länder unterscheiden sich gering (USA: 1–3,3%; Israel: 2,3%; Westeuropa: 1,8%; s.a. Maercker, 2019). Werden hingegen spezifische Populationen erforscht, ändern sich die Zahlen teils drastisch. So untersuchten bspw. Brewin und andere (2022) englische Polizeibeamte und fand unter ihnen eine Prävalenz von 12,6%. Noch höher ist sie bei Londoner Gefängnisinsassen (16,7%; Facer-Irwin et al., 2022). Erhöht sind die Zahlen in klinischen Stichproben (13%; Wolf et al., 2015) und am höchsten bei stationär behandelten Patienten (32–64%; s.a. Maercker, 2019).

Auch und besonders in Populationen von Geflüchteten findet sich die kPTBS. In einer aktuellen Übersichtsarbeit von de Silva und anderen (2021) zeigen sich Prävalenzen zwischen 16%–38% in Unterstützung suchenden Populationen und zwischen 2,2%–9,3% innerhalb der Population von Geflüchteten (s.a. Schiess-Jokanovic et al., 2022). Dabei scheint den post-Migrationsfaktoren eine besondere Rolle zuzukommen (Barbieri et al., 2022; Ipekci, 2022). Zu berücksichtigen ist zudem der jeweilige kulturelle Hintergrund des Betroffenen (insb. bzgl. des Symptomkomplexes DSO), da dissoziative Symptome in einigen Kulturen als Zeichen von Besessenheit bzw. Kontakt mit Verstorbenen oder Geistern zu interpretieren und somit nicht einem pathologischen Zustand nach westlichem Verständnis gleichzusetzen sind (s. a. Heim et al., 2022).

3.5 Diagnostik

Validierte diagnostische Interviews zur Erfassung einer kPTBS lagen bis zum Zeitpunkt der Fertigstellung dieses Buches nicht vor. Das International Trauma Interview (ITI; Roberts et al., 2018) befindet sich z. Zt. in der Erprobungsphase (s. a. Bondjers et al., 2019) und findet rege Anwendung in der wissenschaftlichen Literatur.

Darüber hinaus sind das Structured Clinical Interview for Disorders of Extreme Stress (SIDES; Pelcovitz et al., 1997; dt. Übersetzung von Teegen et al., 1998) und das Interview zur Komplexen Posttraumatischen Belastungsstörung (IK-PTBS; Sack & Hofmann, 2001) zu nennen.

Basierend auf dem DSM-5 können die Clinician-Administered PTSD Scale (CAPS; Schnyder, 2013) und das Strukturierte Klinische Interview für DSM-5-Klinische Version (SCID-5-CV; Beesdo-Baum et al., 2019) eingesetzt werden, mit denen der dissoziative Subtyp der PTBS diagnostiziert werden kann.

Das derzeit am besten untersuchte Selbstbeurteilungsinstrument zur Erfassung einer kPTBS ist das International Trauma Questionnaire (ITQ; Cloitre et al., 2018; dt. Übersetzung von Lueger-Schuster et al., 2013[30]), welches in über 30 Sprachen vorliegt.

Alternative Typisierung von Traumafolgestörungen

Ausgehend von den Arbeiten von Miller und anderen (2004) und Miller und Resick (2007) zu Subtypen der PTBS (s. a. Steil et al., 2011) erarbeitete die Arbeitsgruppe »Komplexe Traumafolgestörungen« der Deutschsprachigen Gesellschaft für Psychotraumatologie (DeGPT) eine erweiterte Klassifikation, die das ursprüngliche Modell von Terr (1991) von zwei auf vier Traumatypen erweitert. Dieser Typisierung liegt ein »Add-on«-System zugrunde, d. h., die Traumafolgestörung wird als Grundstörung verstanden, die dann mit zusätzlichen Symptommerkmalen (»plus«) weiter ausdifferenziert wird.

Typ I: »Einfache« PTBS
Der Traumatyp I beschreibt eine Konstellation, bei der ein traumatisches Ereignis zu einer – im Regelfall – monomorbiden PTBS mit den für sie typischen Symptomclustern führt.

30 S. a. http://www.traumameasuresglobal.com.

Typ II: (partielle) PTBS »plus« traumakompensatorische Symptomatik
Dieser zweite Traumatyp beinhaltet eine vollsyndromale oder partielle PTBS mit nun zusätzlicher, komorbider Symptomatik (bspw. Angst- oder Affektive Störungen).

Typ III: (partielle) PTBS »plus« persönlichkeitsprägende Symptomatik
Hier wird ein Störungsbild beschrieben, welches eine vollsyndromale oder partielle PTBS im Gefolge mit einer nun persönlichkeitsprägenden Symptomatik zeigt. Diese teilt sich in ein vorwiegend expansives, Borderline-artiges Reaktionsmuster (bspw. emotionale Instabilität) und ein vorwiegend internalisierendes Muster (bspw. sozialphobische, dissoziative, somatoforme Symptomatik).

Typ IV: (partielle) PTBS »plus« komplexe dissoziative Symptomatik
Im letzten Typ besteht das Störungsbild aus einer vollsyndromalen oder partiellen PTBS in Kombination mit einer nun komplexen dissoziativen Symptomatik. Eine solche findet sich zwar auch im Typ III, jedoch bestimmt sie hier das Störungsbild. Entsprechend finden sich stark ausgeprägte dissoziative Symptome, Amnesien, Teilidentitätsstörungen und Identitätswechsel (»switches«).

Diese syndromorientierte Typologie ist empirisch noch nicht validiert, aber für die Diagnostik und Therapieplanung ein ausgesprochen brauchbares Rahmenkonzept (s. Schellong, 2022) für eine ausführliche Beschreibung).

3.6 Differentialdiagnostik

Eine »Breitbanddiagnostik«, in der auch, aber nicht nur nach traumatypischen Symptomen gefragt wird, ist stets als Standardvorgehen zu wählen, vorausgesetzt der Zustand der Patienten lässt dies zu. Neben Affektiven und psychotischen Störungen (intrusive Phänomene können als Stimmenhören missinterpretiert werden), wird es häufig darum gehen, eine kPTBS von einer BPS differentialdiagnostisch zu unterscheiden (oder als komorbid festzustellen). Entgegen der Annahme, die kPTBS sei eine Art Komorbidität zwischen PTBS und BPS, zeigt die aktuelle Forschungslage, dass sie sich beide gut voneinander (s. a. Brewin et al., 2017; Bryant et al., 2021; Cloitre et al., 2020b; Cyr et al., 2022; Frost et al., 2020; Hyland et al., 2019; Karatzias et al. 2022, 2023a, b; Stopyra et al., 2022) sowie von anderen Persönlichkeitsstörungen unterscheiden lassen (Mikkelsen et al., 2022). Überlappend zwischen kPTBS und BPS scheint die »affektive Dysregulation« (s. u.) zu sein (Owczarek et al., 2023). Die nachfolgende Tabelle 3.1 stellt die Unterschiede dar (s. a. Kühler & Stachetzki, 2005; Lotzin & Schäfer, 2021; Maercker, 2019).

Tab. 3.1: Unterschiede zwischen einer kPTBS und einer BPS

kPTBS	BPS
traumatische Erfahrungen sind zwingend diagnostische Voraussetzung	traumatische Erfahrungen können vorliegen, sind jedoch diagnostisch kein obligatorisches Kriterium
starke Gefühlsregungen (triggerbezogen)	wiederholte impulsive Ausbrüche
eher sozialer Rückzug/interpersonelle Probleme	große Furcht davor, verlassen zu werden und damit einhergehend hohe Sensibilität für Trennungssituationen
anhaltend negatives Selbstkonzept	instabiles Identitätsgefühl
seltener Suizidalität/eher selbstdestruktives Verhalten	suizidales Verhalten häufig

3.7 Ätiologie der kPTBS

Bislang fehlt ein für die kPTBS spezifisches Störungsmodell. Leitend ist die Annahme, dass die in der Kindheit wiederholt erlebten invalidierenden verbalen, nonverbalen und körperlichen Übergriffe zu einer tiefgreifenden Bindungs- und Störung im Umgang mit der Modulation der eigenen Erregung sowie der Affekte geführt haben (s.a. Herman, 1992), die sich auch in der neurobiologischen Stressregulation widerspiegelt (s.a. Lotzin & Schäfer, 2021; Schore, 2002). Die entwickelten internen Arbeitsmodelle (IAM's; Bretherton, 1999) beinhalten ein Selbstmodell, als nicht liebenswert bzw. minderwertig zu sein und ein Fremdmodell, welches missbrauchend und nicht verlässlich ist (ebd.).

In einem Kaskaden-Modell versuchen Maercker und andere (2022a) alle aktuell postulierten ätiologischen Faktoren in ihrer gegenseitigen Bedingtheit darzustellen. Traumatische Erfahrungen in der Kindheit gehen neben dieser dysfunktionalen Bindungsorganisation mit einer Trias von sozio-interpersonellen Faktoren im Erwachsenenalter einher:

a) Schwierigkeiten bei der Selbstöffnung,
b) geringe soziale Unterstützung und
c) fehlende soziale Anerkennung.

Diese wiederum sind mit komplexen posttraumatischen Symptomen assoziiert und zudem mit einer verminderten Lebenszufriedenheit, die als Ergebnis zu einer geringen psychosozialen Funktionsfähigkeit führt.

Ein zentraler Aspekt, bei dem sich zeigt, worunter komplex Traumatisierte leiden, ist der Mangel an epistemischem Vertrauen, d. h., Vertrauen in die Authentizität und persönliche Relevanz des zwischenmenschlich vermittelten Wissens darüber, wie das soziale Umfeld funktioniert und wie man sich am besten darin bewegt (Kampling et al., 2022; s. a. Fonagy & Nolte, 2023). Zusammengefasst geht es hier um die eigene, grundlegende Erwartung, ob andere Menschen als Quelle von sicheren und vertrauenswürdigen Informationen erachtet werden können oder eben nicht. Passend dazu zeigen neurobiologische Studien, dass der Thalamus von kPTBS-Patienten größere Schwierigkeiten zu haben scheint, inhibitorische Prozesse zu steuern (Bryant et al., 2022).

3.8 Therapie

Verglichen mit dem Umfang an Forschung zur Therapie der klassischen, ist die Studienlage zur Behandlung der kPTBS deutlich übersichtlicher und wird vom nachvollziehbaren Gedankengang begleitet, dass therapeutische Interventionen, die bei ersterer wirksam sind, dies auch bei komplex Traumatisierten sein werden (Melegkovits et al., 2022; s. a. Hoppen et al., 2024; Maercker, 2019), wenngleich die Studienlage das nicht durchgängig belegt (Karatzias et al., 2023c).

Den aktuellen S3-Leitlinien (Schäfer et al., 2019; Level of Evidenz 2a, Empfehlungsgrad B) folgend, stehen einerseits die traumatypischen und andererseits die Beschwerden, welche mit der Störung der Selbstorganisation einhergehen, im therapeutischen Fokus. Entsprechend wird ein phasenbasiertes Vorgehen vorgeschlagen, welches zuerst eine Verbesserung der Emotionsregulation und der Beziehungsstörungen vorsieht, um im Anschluss mit traumafokussierten Techniken fortzufahren (s. a. Ehring et al., 2014; Ehring & Maragkos, 2017). Die Patienten sollen zuerst genügend ausgeprägte Affektregulation entwickeln, um in der Lage zu sein, die mit der Konfrontation einhergehende emotionale Anspannung modulieren zu können.

Aktuell existieren zwei Programme mit erster wissenschaftlicher Evidenz: einmal das STAIR/NT (Cloitre et al. 2020a; Lorbeer et al., 2022; Niemeyer et al., 2022; s. a. Niwa et al., 2022), neuerdings in seiner aktualisierten Version als Enhanced Skills Training in Affective and Interpersonal Regulation (ESTAIR; Karatzias et al., 2023c; ▶ Abb. 3.2) und die DBT-PTSD (Bohus et al., 2019).

3.8.1 Enhanced Skills Training in Affective and Interpersonal Regulation (ESTAIR)

ESTAIR ist ein neuer, flexibler und modularer Therapieansatz zur Behandlung der kPTBS nach ICD-11. Er zielt darauf ab, die verschiedenen Symptombereiche gezielt anzugehen und basiert auf dem Prinzip der individualisierten, patientenorientierten Therapieplanung. Hervorgegangen ist es aus dem Programm Skills Training in Affective and Interpersonal Regulation/Narrative Therapy (STAIR/NT; Cloitre et al., 2020a), welches Fertigkeitentraining in Emotionsregulation und zwischenmenschlichen Fähigkeiten mit einer anschließenden narrativen Traumakonfrontation kombiniert.

ESTAIR baut auf diesem Ansatz auf, erweitert ihn jedoch um zusätzliche Module, die speziell auf die Symptombereiche der kPTBS ausgerichtet sind. Basierend auf einer Eingangsdiagnostik und den Präferenzen des Patienten werden die Behandlungsmodule ausgewählt und in einer für ihn sinnvollen Reihenfolge durchlaufen. Dieser patientenzentrierte Ansatz soll die Motivation und Akzeptanz der Behandlung erhöhen und zu geringeren Abbruchraten führen. Gleichzeitig ermöglicht die modulare Struktur eine gezielte Fokussierung auf die individuellen Problembereiche (▶ Abb. 3.2).

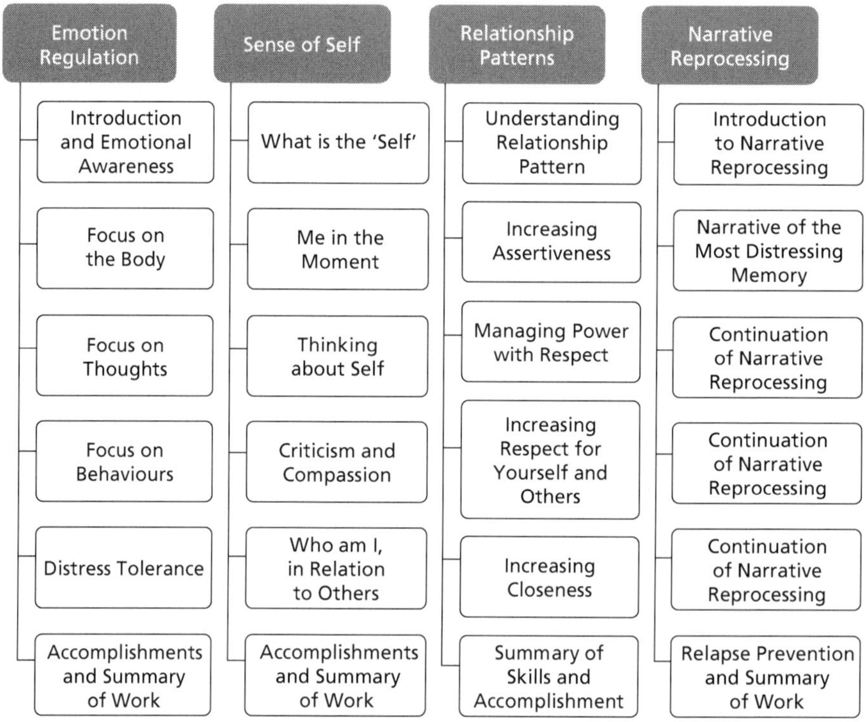

Abb. 3.2: Enhanced Skills Training in Affective and Interpersonal Regulation (ESTAIR; Karatzias et al., 2023c)

ESTAIR besteht aus vier Hauptmodulen, die jeweils spezifische Symptome und Bedürfnisse von Patienten mit kPTBS adressieren. Diese Module sind (Karatzias et al., 2023c; Übersetzung des Autors):

1. *Emotionsregulation* (Emotion Regulation/Affect Dysregulation Module)
   - Erkennen und Benennen von Gefühlen, Emotionsmanagement, Belastungstoleranz und Akzeptanz von Gefühlen sowie das Erleben positiver Emotionen.

2. *Selbstkonzept* (Sense of Self/Negative Self-Concept Module)
   - Auswirkungen von Trauma auf das Selbstkonzept, im gegenwärtigen Moment bleiben und Dissoziation bekämpfen, Selbstmitgefühl und Achtsamkeitsfähigkeiten kultivieren, Denkmuster herausfordern und eine ausgewogene Sicht auf das Selbst entwickeln.
3. *Beziehungsmuster* (Relationship Patterns/Disturbed Relationships Module)
   - Untersuchung und Überarbeitung maladaptiver interpersoneller Schemata, effektive Durchsetzungsfähigkeit, Bewusstsein für den sozialen Kontext und Flexibilität in zwischenmenschlichen Erwartungen und Verhaltensweisen.
4. Narrative Aufarbeitung (Narrative Reprocessing/Narrative Therapy Module)
   - Reorganisation des Erinnerungsnarrativs.

Jedes Modul umfasst sechs Sitzungen und kann flexibel in Reihenfolge und Dauer an die Bedürfnisse und Präferenzen des Patienten angepasst werden. Diese Flexibilität ermöglicht eine patientenzentrierte und trauma-informierte Versorgung, die auf die individuellen Symptome und den Genesungsstand des Patienten abgestimmt ist

Die Phase »*Emotionsregulation*« im ESTAIR-Programm umfasst mehrere spezifische Inhalte und Sitzungen, die darauf abzielen, die emotionalen Fähigkeiten der Patienten zu verbessern. Diese Phase besteht aus sechs Sitzungen, die folgende Themen abdecken:

1. Einführung und emotionale Bewusstheit (Introduction and Emotional Awareness)
   - Gefühle erkennen und benennen.
2. Fokus auf den Körper (Focus on the Body)
   - Körperliche Empfindungen, die mit Emotionen verbunden sind. Körperliche Signale als Indikatoren für ihre emotionalen Zustände nutzen.
3. Fokus auf Gedanken (Focus on Thoughts)
   - Zusammenhang zwischen Gedanken und Emotionen. Gedanken und Gefühle beeinflussen sowie negative Denkmuster erkennen und ändern.
4. Fokus auf Verhalten (Focus on Behaviours)
   - Wie werden Verhaltensweisen durch Emotionen beeinflusst und wie können Verhaltensweisen geändert werden, um besser mit Emotionen umzugehen?
5. Belastungstoleranz (Distress Tolerance)
   - Techniken zur Toleranz und Bewältigung von emotionalem Stress; Strategien zur Bewältigung intensiver emotionaler Zustände, ohne destruktiv zu reagieren.
6. Erzielte Erfolge und Zusammenfassung (Accomplishments and Summary of Work)
   - Akzeptanz aller (positiven und negativen) Gefühle. Positive Emotionen erleben und verstärken.

Die sechs Sitzungen der zweiten Phase »*Beziehungsmuster*« zielen darauf ab, die zwischenmenschlichen Fähigkeiten und Beziehungsmuster des Patienten zu verbessern:

1. *Verständnis von Beziehungsmustern* (Understanding Relationship Patterns)
   - Aktuelle Beziehungsmuster erkennen und verstehen, einschließlich der Identifikation von maladaptiven interpersonellen Schemata.
2. *Erhöhung der Durchsetzungsfähigkeit* (Increasing Assertiveness)
   - Entwicklung und Verbesserung der Fähigkeit, sich in zwischenmenschlichen Beziehungen effektiv durchzusetzen.
3. *Umgang mit Macht mittels Respekt* (Managing Power with Respect)
   - Machtverhältnisse in Beziehungen respektvoll und ausgewogen handhaben können.
4. *Erhöhung des Respekts für sich selbst und andere* (Increasing Respect for Yourself and Others)
   - Entwicklung von Respekt gegenüber sich selbst und anderen.
5. *Erhöhung der Vertrautheit* (Increasing Closeness)
   - Emotionale Nähe, Vertrautheit und Verbundenheit in zwischenmenschlichen Beziehungen erhöhen.
6. *Zusammenfassung der Fähigkeiten und Erfolge* (Summary of Skills and Accomplishment)
   - Zusammenfassung und Reflektion der erlernten Fähigkeiten und erzielten Fortschritte.

Diese Sitzungen sind darauf ausgelegt, den Patienten zu helfen, gesündere und stabilere Beziehungen aufzubauen und zu pflegen.

Die nachfolgende Phase »Selbstkonzept« umfasst sechs Sitzungen, die darauf abzielen, das Selbstkonzept der Patienten zu stärken und zu verbessern:

1. Was ist das »Selbst«? (What is the »Self«?)
   - Einführung in das Konzept des Selbst und dessen Bedeutung. Was macht das Selbst aus und welchen Einfluss können traumatische Erlebnisse darauf haben?
2. Ich im Moment (Me in the Moment)
   - Fokus auf das Erleben des gegenwärtigen Moments. Im Hier und Jetzt bleiben und Dissoziation bekämpfen.
3. Nachdenken über das Selbst (Thinking about Self)
   - Untersuchung der eigenen Gedanken und Überzeugungen über das Selbst. Eigene Denkmuster erkennen und hinterfragen.
4. Kritik und Mitgefühl (Criticism and Compassion)
   - Entwicklung von Selbstmitgefühl und Achtsamkeitsfähigkeiten. Sich selbst gegenüber mitfühlender und weniger kritisch sein.
5. Wer bin ich in Bezug auf andere? (Who am I, in Relation to Others?)
   - Erforschung der eigenen Identität in zwischenmenschlichen Beziehungen. Sich selbst in Bezug auf andere sehen und soziale Interaktionen verbessern.
6. Erfolge und Zusammenfassung der Arbeit (Accomplishments and Summary of Work)
   - Zusammenfassung und Reflexion der erlernten Fähigkeiten und erzielten Fortschritte. Erfolge feiern und Alltagstransfer planen.

Diese Sitzungen sind darauf ausgelegt, das Selbstbewusstsein und die Selbstakzeptanz der Patienten zu stärken.

Die sechs Sitzungen der abschließenden vierten Phase »Narrative Aufarbeitung« widmen sich der therapeutischen Aufarbeitung und Neubewertung der traumatischen Erinnerungen:

1. Einführung in die narrative Neuverarbeitung (Introduction to Narrative Reprocessing)
   - Patienten werden in den Prozess der narrativen Aufarbeitung eingeführt, einschließlich der Ziele und Methoden dieser Therapiephase.
2. Narrative der belastendsten Erinnerung (Narrative of the Most Distressing Memory)
   - Patienten beginnen, die Geschichte ihrer belastendsten traumatischen Erinnerung zu erzählen. Reduzierung der emotionalen Reaktion auf das Trauma und Neubewertung der Bedeutung des Erlebnisses.
3. Fortsetzung der narrativen Aufarbeitung (Continuation of Narrative Reprocessing)
   - Fortsetzung der narrativen Aufarbeitung. Patienten berichten weitere Details ihrer traumatischen Erlebnisse und arbeiten daran, ihre emotionalen Reaktionen zu regulieren.
4. Fortsetzung der narrativen Aufarbeitung (Continuation of Narrative Reprocessing)
   - Diese Sitzung setzt die vorherige Arbeit fort, wobei der Fokus auf der detaillierten Erzählung und der emotionalen Verarbeitung der traumatischen Erinnerungen liegt.
5. Fortsetzung der narrativen Aufarbeitung (Continuation of Narrative Reprocessing)
   - Die narrative Verarbeitung wird weiter vertieft, um eine umfassende Neubewertung und Integration der traumatischen Erlebnisse zu ermöglichen.
6. Rückfallprävention und Zusammenfassung der Arbeit (Relapse Prevention and Summary of Work)
   - Strategien zur Rückfallprävention werden besprochen und die erzielten Fortschritte zusammengefasst. Patienten reflektieren über ihre neu gewonnenen Erkenntnisse und Fähigkeiten.

Diese Sitzungen sind darauf ausgelegt, den Patienten zu helfen, ihre traumatischen Erlebnisse zu verarbeiten, ihre emotionalen Reaktionen zu regulieren und eine positivere Sicht auf sich selbst und ihre Beziehungen zu entwickeln.

3.8.2 DBT-PTSD

DBT-PTSD (Bohus et al., 2019) ist ein Therapieprogramm, welches darauf abzielt, die vielfältigen und komplexen Symptome von Patienten mit kPTBS effektiv zu behandeln, indem es sowohl kognitive als auch emotionale und verhaltensbezogene Aspekte adressiert. Es setzt sich aus den folgenden sieben Phasen[31] zusammen:

1. Commitment

In dieser Phase wird ein strukturiertes Interview durchgeführt, um die dysfunktionalen Verhaltensmuster zu erfassen. Der Therapeut erstellt einen Krisen-/Notfallplan und führt seinen Patienten in das Konzept der Achtsamkeit und der »compassionate mindfulness« ein. Damit ist eine achtsame Haltung, die durch Mitgefühl gegenüber sich selbst und anderen geprägt ist, gemeint. Er wird angeleitet, durch tägliches Hören von imaginativen Selbstinstruktionen, die vom Therapeuten aufgenommen wurden, ein unterstützendes und mitfühlendes Selbstbild zu entwickeln. Compassionate Mindfulness zielt somit darauf ab, dem Patienten zu helfen, seine automatisierten Gedanken und emotionalen Muster aus einer distanzierten und mitfühlenden Perspektive heraus zu verarbeiten. Dadurch soll er lernen, seine emotionalen Reaktionen besser zu kontrollieren und funktionales Verhalten bei sich zu fördern. Ebenso wird ein grober Überblick über die traumatischen Erfahrungen erstellt.

2. Trauma-Modell und Motivation

Diese Phase konzentriert sich auf die Entwicklung eines Modells, das erklärt, wie die kPTBS entsteht, aufrechterhalten wird und behandelt werden kann. Es umfasst das »alte Pfad und neue Pfad«-Konzept, das das Trauma-Netzwerk sowie mentale und verhaltensbezogene Vermeidungs- und Fluchtstrategien darstellt. Der Patient soll verstehen, wie stark die Symptomatik sein Leben beeinflusst und wie traumaassoziierte automatische Gedanken und Emotionen ihn daran hindern, ein sinnvolles Leben zu führen. Seine typischen Vermeidungs- und Fluchtstrategien haben kurz- und langfristige Konsequenzen, die aufgezeigt werden. Er erwirbt ein Verständnis für die Mechanismen und die Wirksamkeit von Expositionsinterventionen und lernt, zwischen Vergangenheit und Gegenwart zu unterscheiden. Da viele Traumatisierte schwere Enttäuschungen von primären Bezugspersonen erlebt haben, wird eine Analyse der Erfahrungen mit den wichtigsten prägenden Bezugspersonen und deren potenziellen Einfluss auf die therapeutische Beziehung durchgeführt. Basierend auf dem erlangten Verständnis, entwickeln Therapeut und Patient operationalisierte, realistische und messbare Therapieziele, die für das individuelle Wertesystem des Patienten bedeutsam sind.

3. Skills und kognitive Elemente

Diese Phase konzentriert sich auf die Analyse und Modifikation von Verhaltens- und emotionalen Fluchtstrategien sowie die Vermittlung funktionaler Fähigkeiten.

31 Übersetzung durch den Autor.

Der Therapeut analysiert sowohl verhaltensbezogene (bspw. Selbstverletzung) als auch emotionale (bspw. Schuld, Scham, Dissoziation) Fluchtstrategien des Patienten und versucht, funktionale Fähigkeiten zu entwickeln.

So soll der Patient Techniken lernen, um seine internen Spannungszustände zu erkennen und zu bewerten. Dies umfasst die Identifikation und Reduktion früher Anzeichen dissoziativer Zustände durch starke sensorische Reize oder physiologische Ablenkung (bspw. Coolpacks, Ammoniak-Lavendel-Ampullen, Chili, Balance-Board). Weiters werden psychoedukative Inhalte bzgl. der grundlegenden evolutionären Bedeutung von Emotionen wie Schuld, Scham, Verachtung und Ekel gegeben. Somit wird es dem Patienten möglich, ein tieferes Verständnis für seine automatisierten kognitiven und emotionalen Muster zu entwickeln und er kann lernen, auch diese (s. o.) aus einer distanzierten Perspektive zu betrachten.

Diese Phase bereitet auf die nachfolgende Expositionsphase vor, indem die notwendigen Fähigkeiten vermittelt werden, um mit den intensiven Emotionen und Erinnerungen umzugehen, die während der Exposition auftreten können.

4. Skills-unterstützte Exposition

Das Hauptziel der Exposition ist, den Patienten den traumaassoziierten primären Emotionen auszusetzen. Dies soll zu deren Reduktion führen und unrealistische Ängste korrigieren. Um das Niveau des aversiven Erregungszustands innerhalb eines tolerierbaren Bereichs zu halten und dissoziative Symptome zu verhindern, wird die Exposition durch den Einsatz von Skills (s. o.) unterstützt. Diese helfen, ein Gleichgewicht zwischen der Aktivierung traumaassoziierter Emotionen und dem Bewusstsein für den gegenwärtigen Moment herzustellen.

Die Exposition beginnt mit der Identifikation des sogenannten Index-Traumas, das mit den häufigsten und belastendsten Intrusionen und Albträumen verbunden ist. Patienten schreiben das Ereignis nieder, einschließlich der Gedanken und Gefühle, die währenddessen auftraten, und lesen dieses Skript in der Therapiesitzung laut vor.

Es folgt die wiederholte in-sensu Exposition (▶ Kap. 5.3), bei der die Patienten das traumatische Erlebnis in der ersten Person, Gegenwart und mit geschlossenen Augen schildern. Die Therapeuten unterbrechen intermittierend, um den sensorischen Bezug zur Realität herzustellen. Während dieser werden die gelernten Skills eingesetzt, um dissoziative Symptome zu unterbrechen und die emotionale Aktivierung zu steuern. Zwischen den Therapiesitzungen hören die Patienten täglich die Audioaufnahmen der Sitzung zu Hause an.

In den meisten Fällen setzt innerhalb von fünf bis sechs Sitzungen eine signifikante Reduktion der Symptome ein, einschließlich der Häufigkeit und Belastung durch Intrusionen und Flashbacks sowie der Überarbeitung von Schuld- und Schamgefühlen.

5. Radikale Akzeptanz

Das Hauptziel dieser Phase ist es, dem Patienten zu helfen, seine Vergangenheit als unveränderlich zu akzeptieren und sich von alten Illusionen zu verabschieden. Dies bedeutet, die Realität der traumatischen Erfahrungen anzuerkennen und zu akzeptieren, ohne sie zu leugnen oder zu relativieren. Für viele ist das jedoch schwierig, da sie befürchten, dass Akzeptanz bedeuten könnte, das Geschehene sei nicht so schlimm oder den Tätern müsste vergeben werden. Beides ist jedoch nicht der Fall.

Patienten zeigen oft emotionale Schwierigkeiten, sich von alten Illusionen zu trennen, wie bspw. der Vorstellung, dass sie durch ein anderes Verhalten eine liebevolle Beziehung zu ihren primären Bezugspersonen hätten erreichen können. Diese Phase unterstützt sie dabei, diese Illusionen loszulassen und Raum für eine reifere und realistischere Betrachtung ihrer Vergangenheit zu schaffen. Das Annehmen der erlebten Traumata öffnet Raum für Trauerarbeit.

Zusammenfassend geht es in dieser Phase darum, die traumatischen Erfahrungen zu integrieren und ein Gefühl der Akzeptanz und des Friedens mit ihrer Vergangenheit zu entwickeln.

6. Ein Leben, das sich zu leben lohnt

In dieser Phase soll dem Patienten geholfen werden, neue Lebensbereiche zu erkunden oder aktiv Verbesserungen in Bereichen zu suchen, die einem sinnvollen Leben im Wege stehen. Demgemäß wird er ermutigt, neue Interessen und Aktivitäten zu entdecken, die mit Freude und Erfüllung assoziiert sein könnten und mit dem Eindruck von Normalität und Wohlbefinden einher gehen. Das können die Bereiche Partnerschaft, Beziehungen, körperliche Erfahrungen, Sexualität und Beruf sein. Dies wiederum kann mit intensiven Veränderungen im Selbstkonzept einhergehen, weswegen eine enge Begleitung durch den Therapeuten und der Rückgriff auf in früheren Phasen erlernten Fähigkeiten und Techniken wichtig sind (bspw. auf das Modell des »alten und neuen Pfades«). Der Patient kann sich realistische und für ihn bedeutungsvolle Ziele setzen, die mit seinen persönlichen Werten übereinstimmen.

7. Abschied

Die letzte Phase konzentriert sich auf den Abschluss der therapeutischen Beziehung, den damit einhergehenden Abschied und die Vorbereitung des Patienten auf das Leben danach.

Der Abschied folgt einer bestimmten Struktur und Regeln, da die Angst vor Verlassenwerden ein intrinsisches Problem des kPTBS-Patienten ist. Er wird darauf vorbereitet, die erlernten Fähigkeiten und Strategien in seinem Alltag anzuwenden. Gemeinsam mit dem Therapeuten werden die erzielten Fortschritte identifiziert, reflektiert und gewürdigt. Zukunftspläne sollen sicherstellen, dass er auch posttherapeutisch an seinen Zielen arbeitet und die erlernten Fähigkeiten nutzt. Bei

Bedarf können Nachsorge- oder Unterstützungsmaßnahmen besprochen und geplant werden.

Der Abschied kann sowohl für den Patienten als auch für den Therapeuten emotional herausfordernd sein. Umso entscheidender ist die angemessene Validierung, um diesen Übergang zu erleichtern.

Über die zwei dargestellten Therapiemodelle hinaus finden sich auch vielversprechende Forschungsergebnisse für die prolongierte Exposition und der kognitiven Umstrukturierung (McDonagh et al., 2005) sowie erste Versuche mit Methoden anderer Therapieschulen, bspw. der IPT (Toshishige et al., 2022). Auch allein remote angebotene Therapie scheint zu helfen (Bongaerts et al., 2022). Zudem gibt es erste Hinweise, dass achtsamkeitsbasierte Interventionen effektiv sein können (auch im online-Setting; Dumarkaite et al., 2022). TF-KVT zeigt auch bei adoleszenten kPTBS-Patienten eine gute Wirksamkeit (Jensen et al., 2022).

Psychotherapie kann somit – aufgrund der aktuellen Studienlage – als Methode der Wahl betrachtet werden. Je nach Bedarf und individueller Indikation ist eine adjuvante medikamentöse Behandlung anzudenken. Bspw. kann bei dissoziativen Symptomen auf die Opioid-Antagonisten Naltrexon (Pape & Wöller, 2015) bzw. Nalmefen (Enning & Schmahl, 2022) zurückgegriffen werden.

Abschließend sei der Leser an die Leitlinien (Cloitre et al., 2012), sowie an Übersichtsarbeiten verwiesen (bspw. Maercker et al., 2022b; Schmidt, 2022).

Cognitive Restructuring and Imagery Modification (CRIM)

Viele Patienten, die in ihrer frühen Biografie sexualisierte Gewalt erfahren haben, leiden unter einem anhaltenden Gefühl des Beschmutztseins. Dieses Gefühl äußert sich in sensorischen Wahrnehmungen und belastenden Vorstellungsbildern, die zu Scham, Ekel und einem reduzierten Selbstwertgefühl führen. Bisherige Behandlungsansätze konnten zwar die PTBS-Symptome reduzieren, nicht jedoch das Gefühl und den Eindruck, beschmutzt zu sein. Steil und andere (2015) beschreiben eine imaginative Kurzintervention zur Behandlung eben dieses Gefühls, die als Cognitive Restructuring and Imagery Modification (CRIM) bezeichnet wird. CRIM besteht aus einer 90-minütigen Therapie- und einer 50-minütigen Nachbereitungssitzung. Die Methode kombiniert kognitive Umstrukturierung und imaginative Interventionen.

Kognitive Umstrukturierung

- *Exploration:* Zu Beginn der Sitzung erkundet der Therapeut die spezifischen Eigenschaften des Gefühls des Beschmutztseins, seine Bedeutung für den Patienten, die Auslöser und die Konsequenzen. Zudem werden die individuellen Überzeugungen des Patienten, beschmutzt zu sein, identifiziert.
- *Internetrecherche:* Der Patient führt eine ca. 10-minütige Internetrecherche durch, um herauszufinden, wie häufig sich menschliche Epidermiszellen in verschiedenen Körperbereichen erneuern. Mithilfe eines Taschenrechners

wird berechnet, wie oft sich die betroffenen Hautzellen seit dem Missbrauch erneuert haben.
- *Disputation:* Die Bedeutung der Informationen zur Haut- und Zellerneuerung wird diskutiert. Der Therapeut übernimmt die Rolle des Advocatus Diaboli und hinterfragt die Überzeugungen des Patienten.

Imagery Modification

- *Psychoedukation:* Dem Patienten wird rational erklärt, dass viele Betroffene zwar verstehen, dass sie nicht mehr beschmutzt sind, aber emotional weiterhin das Gefühl haben, beschmutzt zu sein. Vorstellungsbilder können helfen, diese emotionale Überzeugung zu verändern.
- *Entwicklung eines Vorstellungsbildes:* Der Patient entwickelt ein individuelles Vorstellungsbild, das den Prozess des Abstreifens der alten Haut symbolisiert. Das Bild wird detailliert ausgearbeitet, um die sensorischen Qualitäten zu stärken.
- *Aktivierung und Imagination:* Das Gefühl des Beschmutztseins wird kurzzeitig aktiviert. Der Patient wird durch eine ca. 15-minütige Imagination geführt, in der er sich vorstellt, seine alte Haut abzulegen und eine neue, unberührte Haut zu erhalten.
- *Hausaufgaben:* Der Patient soll für eine Woche täglich die Tonbandaufnahme der Imagination anhören und üben sowie Protokollbögen ausfüllen.

Booster-Sitzung

- *Nachbereitung:* In einer ca. 50-minütigen Sitzung werden die Auswirkungen der Imagination, Schwierigkeiten beim Üben und Möglichkeiten der Integration in den Alltag besprochen. Weitere Zweifel des Patienten werden diskutiert.

CRIM ist eine vielversprechende Kurzintervention zur Behandlung des Gefühls des Beschmutztseins bei PTBS nach sexueller Gewalt in der Kindheit. Die Methode kann in umfassendere PTBS-Behandlungen integriert oder eigenständig eingesetzt werden. Sie hat sich als wirksam erwiesen und könnte auch auf andere belastende Selbstbilder bei PTBS-Patienten nach verschiedenen Traumatisierungen ausgeweitet werden (Jung & Steil, 2013; Müller-Engelmann & Steil, 2017; Steil et al., 2011; Steil et al., 2015).

Es ist insgesamt begrüßenswert, dass die kPTBS Einzug ins ICD-11 gefunden hat und somit Betroffene angemessen diagnostiziert und schließlich behandelt werden können. Nach aktuellem Stand liegen noch wenige spezifische Diagnostikinstrumente vor, jedoch können die beispielhaft oben genannten hierfür adäquat eingesetzt werden. Die zwei überblickshaft dargestellten Behandlungskonzepte berücksichtigen die Spezifika der komplexen im Vergleich zur klassischen PTBS.

4 Ätiologie

Um die vielschichtigen innerpsychischen Auswirkungen des traumatisierenden Geschehens begreifbar und erklärbar zu machen, wurden eine Vielzahl unterschiedlicher ätiologischer Modelle entwickelt. Vier von diesen werden in diesem Kapitel vorgestellt (s. Maercker [2019] für eine weitergehende Darstellung).

4.1 Kognitives Modell

Das kognitive Modell der Entstehung und Aufrechterhaltung einer PTBS nach Ehlers und Clark (2000; s.a. Ehlers, 1999) ist für die psychotherapeutische Behandlung nach dem KVT-Modell zentral. Nach diesem entwickelt sich eine PTBS dann, »wenn die Betroffenen das traumatische Ereignis und/oder seine Konsequenzen so verarbeiten, dass sie eine schwere gegenwärtige Bedrohung und Beschädigung wahrnehmen« (Steil et al., 2013, S. 46). Während also die meisten das Ereignis als in sich abgeschlossen und nur mit umgrenzter Wirkung auf ihr Leben interpretieren, ist bei den Betroffenen, die später eine PTBS entwickeln, das Gegenteil der Fall. Von ihnen wird es als eines wahrgenommen, welches nicht nur während der konkreten Situation, zeitlich und situativ begrenzt, sondern über diese hinaus, weiterhin und zukünftig in das eigene bzw. in das Leben von wichtigen Bezugspersonen, negativ einwirken wird. Diese negativen Interpretationen können sich auf das Ereignis selbst beziehen (bspw. »Es gibt keine Sicherheit!«), auf das eigene peritraumatische Verhalten und Erleben (bspw. »Ich bin selbst schuld, weil ich mich nicht gewehrt habe!«), auf die posttraumatische Symptomatik (bspw. »Ich bin ein leerer Mensch!«) oder in Bezug auf das nachfolgende Verhalten von Anderen (bspw. »Keiner will mit jemandem wie mir zu tun haben!«).

Die Erinnerungen an das traumatisierende Geschehen werden auf andere Weise prozessiert als üblich. Sie sind nicht in die Autobiographie elaboriert (in einem örtlich-zeitlichen Kontext eingearbeitet), sondern gleichsam einzelne Kettenglieder. Weil dem so ist, sind sie sehr leicht durch äußere oder innere Reize triggerbar und haben, sobald sie aktiviert sind, eine Hier-und-Jetzt-Qualität. Primär handelt es sich um prä- oder averbale (nicht versprachlichte), sensorische Inhalte mit einer sehr starken emotionalen Besetzung. Tauchen sie auf, werden sie mit der Valenz der Original-Emotion erlebt. Diesem emotionalen (oder körperlichem) Erleben kann die inhaltliche Erinnerung fehlen, d. h. der Patient erlebt plötzlich und für ihn »aus dem Nichts« einen sehr starken emotionalen Zustand, ohne erinnerbaren situativen Bezug (▶ Abb. 4.1).

Um diesem Eindruck einer permanenten, gegenwärtigen Bedrohung entgegenzuwirken, werden verschiedene kognitive und verhaltensbezogene Vermeidungsstrategien aufgebaut, welche jedoch letztendlich i. S. einer negativen Verstärkung wirken.

Grübeln

Bei vielen Patienten findet sich exzessives Grübeln, hauptsächlich bzgl. der Fragen, warum einem selbst das hat passieren müssen (»Why-me-Frage«) bzw. wie das Ereignis zu verhindern gewesen wäre (s. a. Steil et al., 2013). Grübeln ist das Gegenteil von zielorientiertem Denken und kann nicht zu einer abschließenden Bewertung führen, denn für die verschiedenen Stränge, die »durchgegrübelt« werden, gibt es keine korrigierende Referenz. M. a. W., der Patient kann sich nie wirklich sicher sein, ob bzw. welcher ruminierte Strang letztendlich valide ist. Gleichzeitig gibt dieses Karussell-Denken dem Grübelnden aber den Eindruck von Kontrolle und Selbstwirksamkeit. Die Grübelinhalte beziehen sich nicht auf das konkrete Geschehen, sondern auf Elemente um dieses herum (bspw. was passiert wäre, wenn man ein paar Minuten früher/später als ursprünglich vorgehabt losgegangen wäre). Dadurch, dass das Grübeln auf der kognitiven Ebene verweilt, werden nicht die mit dem Ereignis verbundenen Emotionen aktiviert und können folglich auch nicht verarbeitet werden. Problematische Interpretationen (bspw. es sei die eigene Schuld) werden nicht konstruktiv in Frage gestellt und halten sich dadurch aufrecht; das Traumagedächtnis erfährt keine Anpassung. Erschwerend kommt hinzu, dass Grübeln selbst Gedanken und Gefühle auslöst, die ihrerseits wiederum Intrusionen auslösen können (s. a. ebd.).

Gedankenunterdrückung

Eine weitere maladaptive Strategie ist *Gedankenunterdrückung* und hat ebenso einen paradoxen Effekt, indem sie die Auftretenshäufigkeit verstärkt (»Denken Sie nicht an einen rosa Elefanten!«). Der missglückte Versuch selbst wiederum erzeugt Angst, da er als Zeichen der eigenen Ohnmacht bzw. des Scheiterns missinterpretiert wird.

Selektive Aufmerksamkeit

Patienten entwickeln eine sehr *selektive Aufmerksamkeit* für Reize, die einen Signalcharakter bezogen auf das Erlebte haben (bspw. Bart, Uniform, Witterungsbedingungen, Tageszeit) mit einer sehr niedrigen Schwelle, um sie wahrzunehmen und meist fehlerhaft als Gefahrensignal zu interpretieren, gefolgt von dem Versuch, sie zu vermeiden.

Sicherheitsverhalten

Es wird vermehrt *Sicherheitsverhalten* an den Tag gelegt, um die Gefahr bzw. Wahrscheinlichkeit einer erneuten belastenden Konfrontation zu verringern. Die Variation kann dabei sehr breit sein, angefangen von subtilen (bspw. Blickkontakt vermeiden) bis zu sehr ausgeprägten Verhaltensweisen (bspw. stets eine Waffe mit sich führen, um sich im Notfall verteidigen zu können).

Betäubung oder Umlenkung von Emotionen

Betäubung oder Umlenkung von Emotionen ist ebenfalls eine weit verbreitete Strategie, um mit belastenden Erinnerungen umzugehen. Auch hier ist ein breites Spektrum zu beobachten, angefangen bei Suchtmitteln bis zu dissoziativen Episoden und selbstverletzendem Verhalten. Emotionen, die subjektiv als invalidierend erlebt werden (bspw. Hilflosigkeit, Angst), können eine Umlenkung erfahren und in expressiver und gesellschaftlich akzeptierter Form ausgedrückt werden (bspw. Ärger). Die Abbildung 4.1 veranschaulicht das Modell und die beschriebenen Prozesse grafisch (▶ Abb. 4.1). Empirische Belege (bspw. Ehlers, 2015; Ehlers et al., 2023; Ehring et al., 2008) untermauern die theoretischen Grundannahmen des Modells.

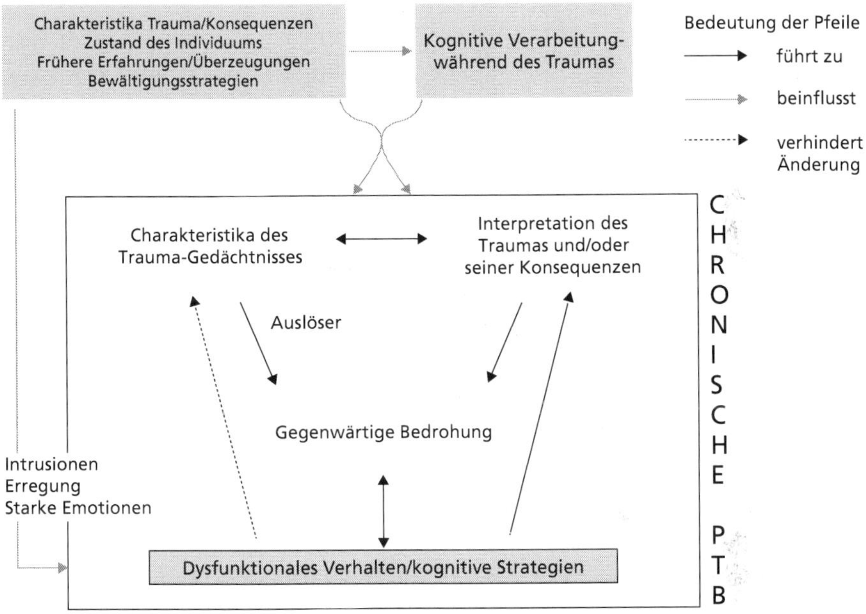

Abb. 4.1: Das kognitive Modell der PTBS nach Ehlers & Clark (2000) (aus: Tagay et al., 2016, S. 73)

Ereigniszentralität

Bernstein und Rubin (2006; 2007) versuchen mit ihrem Konzept der »Ereigniszentralität« dem Umstand Rechnung zu tragen, dass die Erinnerungen an extreme, vielleicht sogar traumatische Ereignisse zu einem zentralen Bestandteil der Lebensgeschichte sowie der narrativen Identität, des narrativen Selbst des Betroffenen werden können. Dies geschieht durch die ihnen immanente Potenz, die sie zu inneren Referenzpunkten für die Organisation von Erfahrungen, zu Wendepunkten für die Lebensgeschichte und zum zentralen Bestandteil der persönlichen Identität werden lassen (s. a. Conen et al., 2022).

Diese Prozesse sorgen dafür, dass die Erinnerungen verfügbar bleiben und wiederholt abgerufen werden, womit auch ein Teil der PTBS-Symptomatik erklärt werden kann. Anders als beim in Abbildung 4.1 eben beschriebenen Modell nach Ehlers und Clark (2000), gehen diese Autoren somit von einer Überintegration der Erfahrung in bestehende kognitive Strukturen aus.

4.2 Duale Repräsentationstheorie

Die duale Repräsentationstheorie (ursprünglich: Brewin et al., 1996; revidiert: Brewin et al., 2010) geht, wie der Name bereits verrät, von einer zweiartigen Repräsentation des traumatischen Ereignisses im Gedächtnis aus (▶ Abb. 4.2). Ursprünglich wurde angenommen, die traumatischen Erfahrungen würden in verbal zugängliche (verbale accessible memory; VAM) und situational/situationsgebunden zugängliche Erinnerungen (situational accessible memory; SAM) abgespeichert (Brewin et al., 1996). Während es im Normalfall zu einer Integration der Inhalte des VAM und des SAM komme, gelinge das aufgrund der Intensität des traumatischen Ereignisses im pathologischen Fall nicht: Leicht triggerbare Inhalte aus dem SAM drängen sich auf und machen sich u.a. als Intrusionen bemerkbar. Durch den Versuch des Betroffenen, diese mittels Vermeidung zu kontrollieren, komme es nicht zu einer Integration und die Symptomatik halte sich aufrecht (▶ Abb. 4.2).

In der revidierten Version wird das Konzept des VAM und SAM durch das der kontextuellen/kontextbasierten bzw. -gebundenen Erinnerung (contextual memory; C-memory) und damit einhergehender sog. C-Repräsentationen (C-rep) und das der sensorischen/empfindungsbasierten Erinnerung (sensation based memory; S-memory) und damit einhergehender sog. S-Repräsentationen (S-rep) respektive ersetzt (Brewin et al., 2010). Anders als beim ursprünglichen Modell, bei dem VAM und SAM unterschiedliche Arten von Informationen darstellten, wird im revidierten Modell davon ausgegangen, dass C-reps und S-reps unterschiedliche Aspekte einer Information (des traumatischen Ereignisses) und Ergebnis deren unterschiedlicher Art der Verarbeitung sind.

Demnach sind C-reps sprachlich zugängliche, veränderbare und willkürlich erinnerbare Gedächtnisinhalte, die zudem raum-zeitlich (i. S. eines vorher, jetzt, nachher) in weitere autobiografische Inhalte elaboriert sind. Neuronal sind diese Repräsentationen mit dem Hippocampus, dem ventromedialen präfrontalen, dem parahippocampalen und dem sensorischen Assoziationskortex verbunden. Im Gegensatz dazu sind S-reps nicht willentlich abrufbar, sie werden unwillkürlich und ohne Kontext durch Trigger im Äußeren aktiviert, da sie sensorische (bspw. auditive, olfaktorische), empfindungsbasierte (bspw. Schmerz, Kälte, Hitze) und affektgeladene (bspw. starke Angst) Informationen enthalten. Neuronal sind diese

Repräsentationen mit der Amygdala, den insularen und sensorischen Arealen verknüpft (▶ Abb. 4.2).

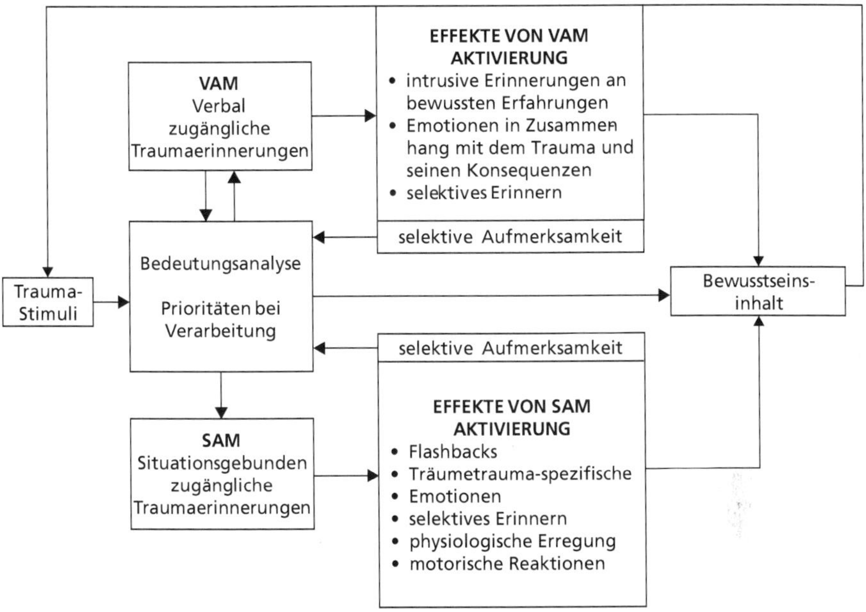

Abb. 4.2: Das Modell der dualen Repräsentationstheorie nach Brewin et al. (2010) (aus: Tagay et al., 2016, S. 85)

Die Theorie geht davon aus, dass der Reassoziationsprozess von S-reps und C-reps, d. h. der Prozess, bei dem beide wieder miteinander verknüpft werden, bei Traumafolgestörungen nicht oder nicht ausreichend stattfindet, was sowohl zu einem schlecht funktionierenden verbalen Gedächtnis wie auch zur Traumasymptomatik führt. In der praktischen Anwendung kann dieses Modell auch einen Erklärungsansatz für die Wirksamkeit von KVT bei Traumafolgestörungen liefern. Wenn der Patient während der Konfrontation seine Aufmerksamkeit bewusst und ohne zu vermeiden auf den Inhalt der Intrusionen lenkt, stärkt das die Verbindung zwischen S-reps und C-reps. Dadurch wird es ihm möglich, die vergangenen Erinnerungen zu verorten und zu erkennen, dass die Bedrohung nicht mehr gegenwärtig ist. Dies wiederum fördert ein Kontrollgefühl und erleichtert das weitere bewusste Erinnern und Verbalisieren weiterer Details. Intrusive (Blitzlicht-)Erinnerungen erfahren dadurch ebenso eine Reduktion wie Albträume. Empirische Belege unterstützen auch dieses Modell (s. Brewin, 2014 für einen Überblick).

4.3 Furchtstrukturmodell

Ist die PTBS eine Gedächtnisstörung? Bereits Pierre Janet hatte diesen Verdacht und sprach von »Gedächtnisphobie«, um die Angst der Patienten vor der Erinnerung an das Erlebte zu beschreiben (s. Maercker, 2013, S. 40). Auch heute gibt es Forscher, die diese Ansicht vertreten (s. Schnyder & Cloitre, 2022) und Modelle, die in der Art und Weise, wie die traumatische Erfahrung im Gedächtnis prozessiert wird, die Hauptursache für die Entstehung und Aufrechterhaltung der Traumasymptomatik sehen.

In diese und in die lerntheoretische Tradition reiht sich auch das Modell von Foa und Kozak (1986) ein, welches die durch die traumatisierende Erfahrung veränderten Gedächtnisstrukturen als Furchtstrukturen bezeichnet. Orientiert am Modell nach Lang (1977; 1979; ► Kap. 5.3.1) wird dieses auf die Verarbeitung von traumatypischen Ereignissen übertragen und angenommen, dass eben nicht allein ein traumatisches Ereignis erlebt und prozessiert wird, sondern eine gesamte Struktur, die aus miteinander verbundenen emotionalen, kognitiven, physiologischen und situativen Elementen besteht. Wird eines dieser Elemente aktiviert, aktiviert es wiederum die gesamte Struktur. Dies ist umso leichter und häufiger, je mehr Elemente diese beinhaltet. Die Intensität der ursprünglich peritraumatischen Situation ist ebenfalls ausschlaggebend für die nachfolgende Symptomausprägung (s.a. Tagay et al., 2016). Im nachfolgenden Beispiel (► Abb. 4.3) findet sich die Furchtstruktur bezogen auf ein traumatisches Ereignis »Autounfall«.

In der Grafik ist gut erkennbar, dass die »hohe Geschwindigkeit«, die »Autobahn« und das »Autofahren« an sich (situative Elemente) untereinander und über das »Autofahren« mit den physiologischen Elementen (Herzrasen, Todesangst) verbunden sind. Diese wiederum sind untereinander verknüpft und mit den kognitiven Elementen des »Schreckens«, der »Gefahr« und dem Eindruck, das Geschehen würde »unendlich lang« andauern.

Die Bildung einer solchen innerpsychischen Struktur ist ein automatischer Prozess, der grundsätzlich nicht pathologisch ist. Im Regelfall wird sie sich im Verlauf der Zeit immer weniger aktivieren und letztlich verblassen. Bei Betroffenen, die eine PTBS entwickeln, ist das jedoch nicht der Fall. Deren Struktur ist aufgrund der Potenz des Erlebten resistenter gegenüber Veränderungen und bleibt weiterhin aktiv bzw. wird immer wieder in Teilen aktiviert und dadurch verstärkt. Die therapeutische Arbeit wird mit praktischer Anwendung dieses Modells darin bestehen, unter kontrollierten Bedingungen die gesamte Struktur zu reaktivieren und dabei Erfahrungen zu ermöglichen, die mit den in ihr abgespeicherten Informationen inkompatibel sind (bspw. es gibt keine Verletzung, niemand kommt um, man wird nicht »verrückt«) somit eine Habituation zu erreichen. Dies wird ausführlich im Kapitel 5.3 beschrieben (► Kap. 5.3).

Zahlreiche empirische Untersuchungen (s. bspw. Foa et al., 1991; Khanna et al., 2017). können die Grundannahmen dieses Modells belegen.

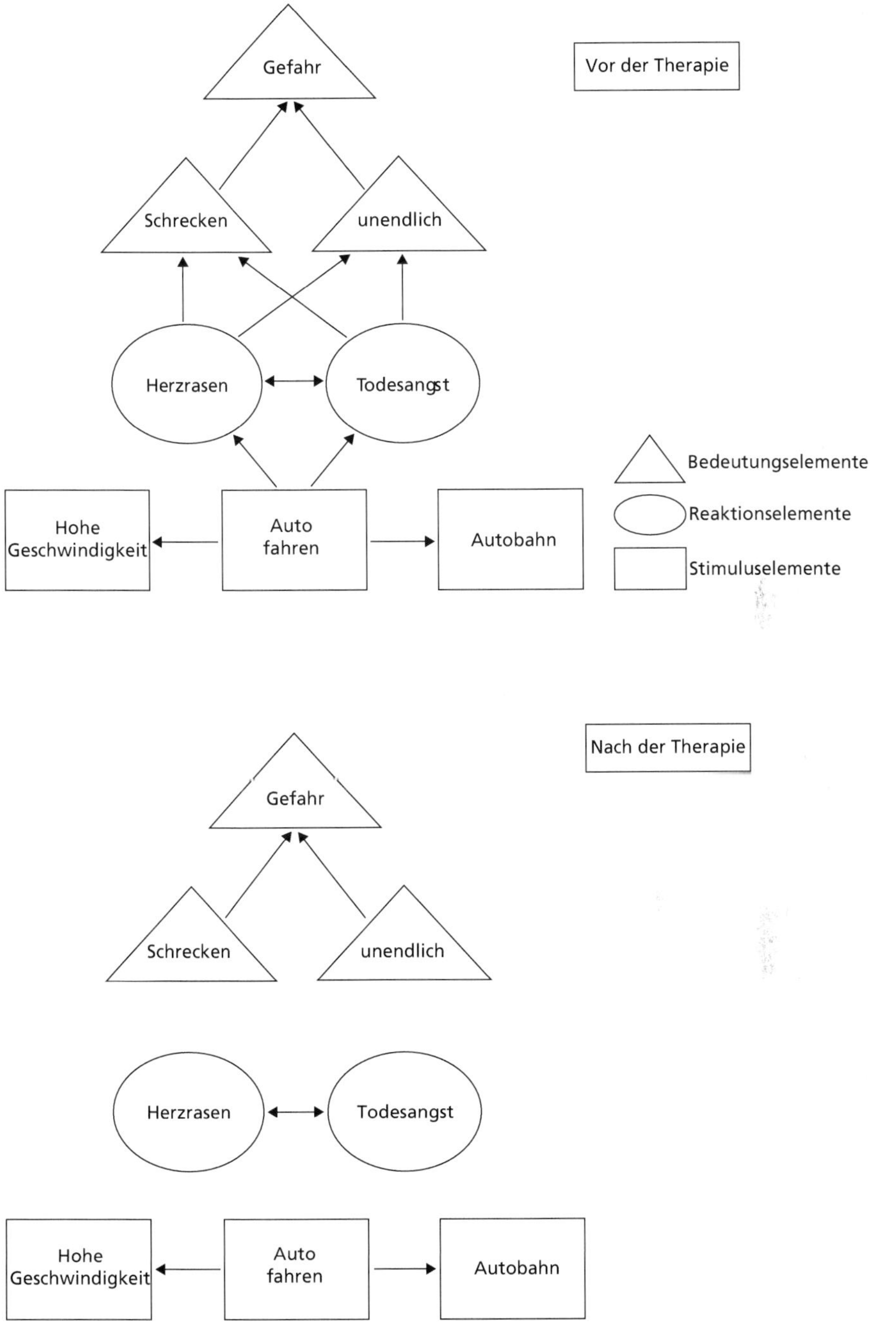

Abb. 4.3: Das Furchtstrukturmodell nach Foa & Kozak (1986) (aus: Tagay et al., 2016, S. 81)

Hat Joseph LeDoux mit seinem Zwei-System-Modell Recht?

Joseph LeDoux (LeDoux, 1994; 2001) hat mit seinem Zwei-System-Modell der Furcht einen bedeutenden Beitrag zum Verständnis der neuronalen Mechanismen bei der Verarbeitung von Angst geleistet. Es beschreibt, wie das Gehirn auf bedrohliche Reize reagiert und wie diese Reaktionen sowohl bewusst als auch unbewusst ablaufen können.

Dieser Theorie zufolge fungiert die Amygdala als zentraler Knotenpunkt für die Verarbeitung von Furchtreaktionen. Sie ist die Schlüsselstruktur, in der eingehende sensorische Informationen (Afferenzen) über potenzielle Bedrohungsreize zusammenlaufen und von der aus die mit Furcht einhergehenden Veränderungen im subjektiven Erleben, Verhalten und der Physiologie ausgelöst werden (Efferenzen). Dabei sind insbesondere deren laterale, basolaterale und zentrale Kerne von Bedeutung. Ersterer erhält sensorische Informationen über äußere Reize und ist an der Assoziation zwischen konditionierten (CS) und unkonditionierten Reizen (UCS) bei der Furchtkonditionierung beteiligt. Diese Informationen werden an den zentralen Kern weitergeleitet, von dem aus weitere Hirnregionen aktiviert werden, die verschiedene Komponenten der Furchtreaktion steuern, wie bspw. Areale im Hypothalamus und Mittelhirn. Der basolaterale Kern empfängt zusätzlich Kontextinformationen aus dem Hippocampus, die die Furchtreaktion modulieren können. Dadurch kann die Intensität der Furchtreaktion je nach Situation verstärkt oder abgeschwächt werden – so wird die Reaktion auf eine tatsächlich gesehene, lebendige Schlange ungleich stärker ausfallen als auf eine in einem Terrarium (s. Horstmann & Dreisbach, 2017).

Besonders hervorzuheben in diesem Modell ist, dass laut LeDoux die laterale Amygdala Reizinformationen nicht allein über den kortikalen Weg erhält, sondern schon bevor diese Information den Kortex erreicht hat und zwar über den Thalamus (LeDoux et al., 1984). Dies konnte er anhand von Experimenten mit Ratten nachweisen, bei denen entweder der auditive Kortex oder das Corpus Geniculatum Mediale des auditiven Thalamuskerns bilateral zerstört wurde. Kam es bei diesen Versuchstieren im Nachgang zu diesem Eingriff zu einer Furchtkonditionierung mit einem Ton (CS) und einem anschließenden Elektroschock (UCS), stellte sich heraus, dass nach Läsion des Thalamuskerns keine Furchtreaktion (CR) auftrat, nach einer im auditiven Kortex hingegen schon.

Dies brachte LeDoux zur Annahme, es gäbe zwei Hauptpfade der emotionalen Verarbeitung, nämlich einer »unteren Route« (low road) über den Thalamus und einer »oberen Route« (high road) über den Kortex (s. Horstmann & Dreisbach, 2017). Dabei ist die untere Route ein schneller (»quick and dirty«), unbewusster Pfad, der sensorische Informationen direkt von den Sinnesorganen zur Amygdala leitet und somit eine sofortige emotionale Reaktion ermöglicht, bevor das Gehirn die Situation vollständig analysiert hat, ermöglicht. Dies ist besonders wichtig für die schnelle Reaktion auf potenzielle Gefahren, da es dem Organismus erlaubt, sofortige Schutzmaßnahmen zu ergreifen.

Die obere Route hingegen ist ein langsamerer, bewusster Pfad, der die sensorischen Informationen zunächst zum Thalamus und dann zur Großhirnrinde leitet, wo sie kognitiv verarbeitet und bewertet werden. Erst nach dieser Bewertung wird die Information an die Amygdala weitergeleitet, was zu einer bewussten emotionalen Reaktion führt. Dieser Pfad ermöglicht eine differenziertere und kontextabhängigere Reaktion auf Bedrohungen (▶ Abb. 4.4).

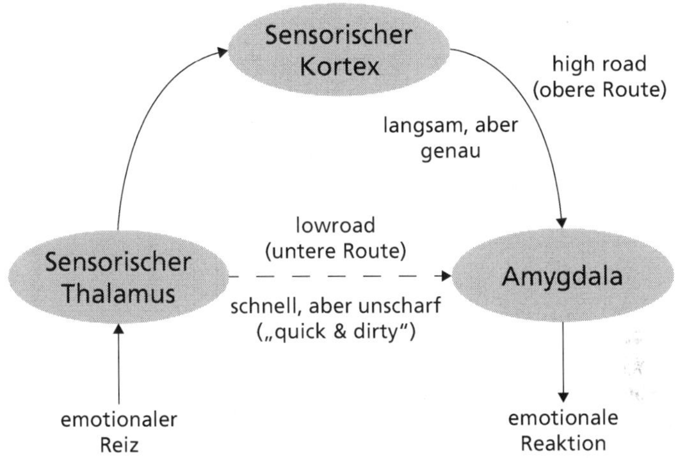

Abb. 4.4: Das Modell von LeDoux (LeDoux, 2001)

LeDoux (1994) betont, dass die Amygdala eine zentrale Rolle bei der Entstehung und Speicherung von Furchterinnerungen spielt. Sie ist nicht nur für die initiale Furchtreaktion verantwortlich, sondern auch in der Lage, emotionale Erinnerungen zu speichern, die unbewusst Einfluss nehmen und sogar die bewussten Erinnerungen überdauern können. Dies erklärt, warum traumatische Erlebnisse oft tief verwurzelt sind und schwer zu überwinden sein können.

Obwohl die Amygdala eine wichtige Rolle in der Pathophysiologie der PTBS spielt (Davis & Hamner, 2024) und LeDoux' Theorie ein sehr gutes Erklärungsmodell für die Patienten im Rahmen der Psychoedukation bietet, hat sie nicht nur Unterstützung erfahren. Insbesondere das Postulat, es gäbe zwei getrennte, voneinander unabhängige, neuronale Systeme (LeDoux & Pine, 2016), eines für die bewusste Erfahrung von Angst und ein anderes für die unbewussten Verhaltens- und physiologischen Reaktionen wird kritisch diskutiert (Fanselow & Pennington, 2017; 2018). Die Kritiker argumentieren, dass Angst am besten als integrierte Reaktion betrachtet werden sollte, die autonome, verhaltensbezogene und kognitiv-emotionale Komponenten umfasst. Diese Reaktionen sind stark korreliert und werden von gemeinsamen Gehirnregionen gesteuert (ebd.). Abschließend wird auch die Übertragbarkeit von Ergebnissen aus Tierstudien auf den Menschen kritisch hinterfragt.

4.4 Multifaktorielles Rahmenmodell

In einem multifaktoriellen Rahmenmodell versucht Maercker (Maercker & Augsburger, 2019) alle Faktoren, welche die Entstehung und Aufrechterhaltung einer PTBS bedingen, zu integrieren. Basierend auf epidemiologischen und weiteren Forschungsbefunden unterscheidet das Modell fünf ätiologische Faktorengruppen, die sich auf einer Zeitachse in ein Vorher (prä), ein Währenddessen (peri) und ein Nachher (post) einordnen lassen (s. Kasten: Das multifaktorielle Rahmenmodell von Marcker).

Das multifaktorielle Rahmenmodell von Maercker (Maercker & Augsburger, 2019)

Prätraumatische Faktoren

- Risiko- und Schutzfaktoren (1)
  - frühere traumatische Erfahrungen
  - junges bzw. hohes Alter zum Zeitpunkt der Konfrontation
  - niedrige Bildung/geringere Intelligenz
  - weibliches Geschlecht
  - Persönlichkeitsfaktoren

Peritraumatische Faktoren

- Ereignisfaktoren (2)
  - Schweregrad des traumatischen Ereignisses
  - Dauer
  - Ausmaß des Schadens
- Unmittelbare Reaktion danach
  - Interpretationsstil
  - dissoziatives Erleben

Posttraumatische Faktoren

- Aufrechterhaltungsfaktoren (3)
  - durch Vermeidung gekennzeichneter Bewältigungsstil
  - Veränderungen in den Kognitionen
- Ressourcen und gesundheitsfördernde Faktoren (4)
  - Möglichkeiten, sich zu öffnen (disclosure)
  - Anerkennung als Überlebender/Opfer durch das soziale Umfeld

Darüber hinaus werden in dem Modell sog. posttraumatische Prozesse (Gedächtnis- und neurobiologische Veränderungen) sowie Resultate (5) in Form von psychischen Störungsbildern, die sich im Nachgang entwickeln, von psychosozialen

Konsequenzen (bspw. im privaten oder beruflichen Bereich) sowie vom Aspekt der persönlichen Reifung (posttraumatic growth) beschrieben.

»Was uns nicht umbringt, macht uns stark!« – Stimmt das?

In den 90er Jahren begannen Forscherteams sich mit der Frage auseinander zu setzen, ob traumatische Erfahrungen auch positive Auswirkungen auf die Betroffenen haben könnten (s. Calhoun & Tedeschi, 2006; Tedeschi & Calhoun, 2004), was sich so auch tatsächlich – mit ein paar Einschränkungen (s. u.) – bestätigen ließ (ebd.). Dieses Konzept der »posttraumatischen Reifung« (engl. posttraumatic growth) äußert sich in Veränderungen in den folgenden fünf Bereichen (Tedeschi & Calhoun, 1996; s. a. Mangelsdorf, 2020):

1. Wertschätzung gegenüber dem Leben
2. Vertiefung sozialer Beziehungen
3. Erhöhung persönlicher Stärke
4. Finden neuer Lebensprioritäten
5. Sinn für Spiritualität

Dieses Konzept hat in den letzten Jahrzehnten viel Aufmerksamkeit in der Traumaforschung erhalten, da es eine alternative, wachstumsorientierte Perspektive auf die Folgen traumatischer Ereignisse bietet und die menschliche Fähigkeit zur Anpassung und Weiterentwicklung selbst unter widrigsten Umständen betont. Posttraumatische Reifung ist jedoch kein universelles Phänomen, denn nicht jede Person erfährt nach einem Trauma positive Veränderungen. Zudem ist es janusköpfig (Zöllner & Maercker, 2006), denn es findet sich, neben der bereits erwähnten konstruktiv-wachstumsorientierten Facette, bei der die Erfahrung zu einer tatsächlichen inneren Reifung geführt hat, auch eine, die eher illusorisch-selbsttäuschend ist. Bei letzterer scheint es dann eher so zu sein, als ob dem Geschehen nachträglich ein Sinn gegeben wird, der eher die Funktion einer Selbstberuhigung und Verleugnung zu haben scheint, was im schlimmsten Fall die Verarbeitung blockieren kann (s. Mangelsdorf, 2020).

Alles in allem ist es mit den unterschiedlichen Erklärungsmodellen möglich, die komplexen Zusammenhänge im posttraumatischen innerpsychischen Geschehen für den jeweiligen Patientenfall im Rahmen der Psychoedukation begreifbar zu machen. Insbesondere scheint es sehr wertvoll, die gerade für Patienten nicht einzuordnenden, instabilisierenden Symptome als »normale«, sprich »zu erwartende«, Reaktionen mit psychologischen (kognitiv, emotional, verhaltensbezogen) und/oder neurophysiologischen Mechanismen erklären zu können. Diese Erklärungen können einen »Hebel« bieten, an dem Veränderungen ansetzen – ein erster Schritt sich zu stabilisieren und Vertrauen in den oftmals herausfordernden psychotherapeutischen Weg zu finden.

5 Therapie

5.1 Übergreifende Aspekte

Vor dem Hintergrund, dass es den meisten Menschen, die ein traumatisches Ereignis erleben, gelingt, dasselbe und dessen Folgen aus sich heraus gut zu verarbeiten, wird es in der Traumatherapie – zumindest aus kognitiv-verhaltenstherapeutischer Perspektive – letztendlich darum gehen, den ins Stocken geratenen bzw. unterbrochenen Genesungsprozess wieder in Gang zu setzen. Dafür wird es nötig sein, die angemessene emotionale Verarbeitung des Erlebten, wie auch eine realistische Sicht auf das traumatische Ereignis und seine Konsequenzen (s. a. Hembree et al., 2013) zu fördern. Womit auch die grundlegende Annahme offenbart wird, weshalb Menschen – aus dieser Perspektive – eine Traumafolgestörung entwickeln: Durch die maladaptive Interpretation und Bewertung des Erlebten und exzessive Vermeidung von mit dem traumatischen Ereignis assoziierten Erinnerungen, Gedanken und Gefühlen wird die adäquate emotionale Verarbeitung verhindert (ebd.; s. a. Ehlers, 1999; Ehlers & Clark, 2000).

5.1.1 Die Familie der TF-KVT-Methoden

Unter dem Schirm der TF-KVT ist eine ganze Familie von Interventionen zu subsumieren, die als gemeinsames Merkmal aufweisen, das traumatisierende Erleben und die daraus entstandene Symptomatik expositionsbasiert zum zentralen Ansatzpunkt in der Therapie zu machen (traumafokussierte Ansätze). In diesem Buch werden die folgenden eingehend dargestellt:

- Verlängerte Exposition (Prolonged Exposure, PE; Foa et al., 2019; ▶ Kap. 5.3)
- Kognitive Verarbeitungstherapie (Cognitive Processing Therapy, CPT; König et al., 2012; ▶ Kap. 5.4)
- Narrative Expositionstherapie (Narrative Exposure Therapy, NET; Schauer et al., 2011; Neuner et al., 2021; ▶ Kap. 5.5)
- Kognitive Therapie der PTBS (Cognitive Therapy PTSD, CT-PTSD; Ehlers, 1999; ▶ Kap. 5.6)
- Imaginatives Überschreiben (Imagery Rescripting (IR); Raabe et al., 2015; 2022; Arntz, 2015; ▶ Kap. 5.6)

Auch wenn die jeweiligen Entwickler dieser Methoden und Techniken die spezifischen Vorteile bestimmter Komponenten ihrer jeweiligen Therapiestrategie betonen (s.a. Schnyder et al., 2015), sprechen Forschungsergebnisse (Benish et al., 2008) für deren Äquivalenz. Zudem sind allen hier besprochenen Ansätzen die folgenden zwei Aspekte doch gemeinsam (s.a. Bryant, 2022; Melani et al., 2024):

- Die emotionale Verarbeitung des Erlebten soll über die direkte oder indirekte Aktivierung des Traumagedächtnisses erfolgen, um nachträglich Sicherheit und eine Bewältigungserfahrung zu vermitteln (Extinktionslernen). Durch die Konfrontation kommt es zwar zu einem »zeitlich begrenzten Leidensanstieg« (Hembree et al., 2013, S. 234), aber dieses kurz andauernde Leiden hat einen langanhaltenden Nutzen.
- Dem Patienten sollen Strategien vermittelt werden, die maladaptiven, katastrophisierenden Interpretationen und Bewertungen der traumatisierenden Erfahrung bzgl. sich selbst, der Umwelt bzw. der Zukunft zu hinterfragen und zu adäquaten/adäquateren Interpretation zu gelangen.

Neuere Befunde diskutieren dabei das sog. Inhibitionslernen als zentralen Wirkmechanismus von Expositionsverfahren und nicht mehr die reine Habituation (s.a. Craske et al., 2014; Craske et al, 2018). Demnach lösen sich pathologische Assoziationen durch Exposition nicht auf, sondern werden durch neu gebildete neuronale Vernetzungen (inhibitorische Netzwerke) gehemmt. Die ursprünglichen Netzwerke bleiben zwar bestehen, werden aber durch neue, antagonistische, ergänzt, was als inhibitorisches Lernen bezeichnet werden kann. Damit das gelingt, müssen das ursprüngliche Netzwerk auf einem mittleren Niveau (nicht zu gering und nicht zu stark) reaktiviert, also aktualisiert, und zudem die neuen Rahmenbedingungen ebenfalls wahrgenommen und prozessiert werden. Um dieses neue Netzwerk schließlich zu konsolidieren, ist eine genügend große Anzahl von Wiederholungen notwendig.

Aktuell wird in der Traumaforschung u.a. an der Verkürzung der Behandlungsdauer (bspw. von i.d.R. 90 min auf 60 min), der Intensivierung (d.h. massierte Anwendung) von traumafokussierten Techniken sowie an neuen Versorgungswegen (online, webbasiert) gearbeitet (s. Herzog et al., 2023 für einen Überblick). Im Vergleich zu nicht-traumafokussierten Ansätzen zeigt sich auch hier eine größere Wirksamkeit (s. bspw. McLean et al., 2022; Murad et al., 2024; s.a. Steil et al., 2024 für einen Überblick).

Auch wenn die auf der KVT fußenden Techniken und Methoden aktuell am besten erforscht und in ihrer Wirksamkeit belegt sind, so gibt es jedoch auch aus anderen therapeutischen Richtungen interessante und z.T. empirisch evaluierte Vorgehensweisen, deren Studium sehr lohnenswert sein kann. Beispielhaft seien hier erwähnt: die Brief Eclectic Psychotherapy (BEP; Lindauer et al., 2005; Nijdam et al., 2020), der kognitiv-psychodynamische Ansatz von Horowitz (2021), der tiefenpsychologische Ansatz von Reddemann und Wöller (2019), hypnotherapeutische Ansätze (bspw. Brom et al., 1989), gestalttherapeutische Methoden (bspw. Butollo & Karl, 2012; Rosner & Henkel, 2010; Maragkos et al., 2006; s.a. Maragkos, 2016), körperorientierte Verfahren (bspw. van Keuk, 2006), EMDR (Shapiro &

Trunk, 2022) sowie psychopharmakologische Ansätze (s. Roepke et al., 2024 für einen aktuellen Überblick).

Exposition oder keine Exposition?

Expositionsbasierte Therapien gelten seit ca. drei Jahrzehnten als die Standardbehandlung (»Goldstandard«) für Traumafolgestörungen. Jüngste Forschungserkenntnisse stellen jedoch sowohl die Wirksamkeit als auch die zentrale Bedeutung der Exposition infrage (s. Rubenstein et al., 2024 für einen Überblick). Kernpunkte der Kritik sind, dass ein Teil der Patienten, die sich einer Expositionstherapie unterziehen, ihre Symptomatik nicht bzw. nicht vollständig verliert sowie die teils hohen Abbruchraten (s. Wampold et al., 2010). So wenden einige Forscher ihren Blick auf nicht-traumafokussierte Interventionen, für die auch Wirksamkeitsnachweise vorliegen (bspw. Gegenwartszentrierte Therapie [Present-Centered Therapy – PCT]; Belsher et al., 2019); Interpersonelle Therapie (IPT; Markowitz et al., 2015); Traumafokussierte Acceptance and Commitment Therapy (TFACT; Harris, 2021)). Vertreter dieser Sichtweise betrachten die Exposition, wie sie bei traumafokussierten Verfahren vorgeschlagen wird, nicht als zentral für die Remission von Symptomen. Sie argumentieren, dass allgemeine Wirksamkeitsfaktoren der Psychotherapie, die spontane bzw. selbstgesteuerte Exposition des Patienten außerhalb des Therapiekontexts sowie die Heterogenität der PTBS-Diagnose bei der Symptomreduktion nicht außer Acht gelassen werden können (s. a. Shea et al., 2020; s. a. Wampold et al., 2010 sowie Murray et al., 2022 für einen kritischen Überblick).

5.1.2 Therapieplanung

Um für den Patienten die bestmöglich wirksame psychotherapeutische Behandlung anzubieten und dem Therapeuten Handlungssicherheit und Präzision in seiner Arbeit zu geben, ist es unumgänglich, von Beginn an das Vorgehen sehr genau zu planen und zu strukturieren. Gleichzeitig wird keine Therapie exakt so ablaufen, wie anfangs angedacht oder in einem Manual beschrieben, somit braucht es – neben der Struktur – auch eine gewisse Flexibilität (s. a. Stangier, 2015). Immer wieder verändern Patienten »aus voller Fahrt« und manchmal aus »dem Nichts heraus« die einst eingeschlagene Richtung. Sie bringen neue Informationen und Probleme mit, zeigen unerwartet Widerstände und machen eine Anpassung der therapeutischen Strategie nötig[32].

Bevor hilfreiche, praktikable und die Therapieplanung erleichternde Eckpunkte vorgestellt werden, soll ein grundlegender Gedanke zum therapeutischen Hintergrund kurz erläutert werden. Die Psychotraumatologie hat, bezogen auf thera-

32 Keller und andere (2023) stellen im Anhang ihres sehr lesenswerten Praxishandbuchs eine ganze Reihe von sehr nützlichen Arbeitsblättern zur Verfügung, um die teils komplexen Facetten einer traumatherapeutischen Behandlung möglichst gut zu berücksichtigen.

peutische Techniken, Methoden und Verfahren, eine »integrative Potenz« (Maercker, 2019, S. 222). Im Vordergrund sollten stets die Belange des Patienten stehen und das Bestreben, ihm die bestmögliche fachliche Unterstützung zu geben, i. S. eines Best-Practice-Ansatzes, basierend auf den aktuell gültigen Leitlinien.

Bis dato ist noch darüber hinaus nicht systematisch untersucht worden, welche Auswirkungen das Traumatisierungsalter hat bzw. das Alter zum Zeitpunkt, in dem die Therapie stattfindet (Maercker, 2019). Aus diesem Grund schlägt Maercker (ebd.) ein Schema vor, das Folgendes vorsieht: Liegt das Traumatisierungsalter in der Kindheit bzw. Jugend, lautet die Empfehlung, im Erwachsenenalter Imagery Rescripting and Reprocessing (Schmucker & Köster 2014; ▶ Kap. 5.7) bzw. Imagery Rescripting (Arntz, 2015; s. Kasten im Kapitel 5.7) und im höheren Alter die Life-Review-Therapie (Maercker, 2002; s. Kasten im Kapitel 5.5) anzuwenden. Ist die Traumatisierung hingegen im Erwachsenenalter geschehen, so kann auf die Imaginative Exposition (Foa et al., 2019; ▶ Kap. 5.3) oder Kognitive Therapie (Ehlers & Clark, 2000; ▶ Kap. 5.6) zurückgegriffen werden bzw. im höheren Alter wieder auf die Life-Review-Therapie (Maercker, 2002; s. Kasten im Kapitel 5.5).

Die nachfolgende Heuristik soll einen möglichst hilfreichen Rahmen für die zu Beginn anstehende Therapieplanung anbieten, der aber nicht als statisch (nomothetisch bzw. dekontextualisiert), sondern als flexibel (idiographisch bzw. kontextualisiert[33]) zu verstehen ist (▶ Kap. 1.3. Sie kann als eine Art therapievorbereitende Checkliste verstanden werden.

Zeit lassen, um den Patienten und sein Beschwerdebild kennen zu lernen

Der Moment, an dem der Patient seine Hand dem Therapeuten zur ersten Begrüßung gibt, ist das Ende einer Etappe, die für ersteren vielleicht sehr einfach, vielleicht aber auch sehr mühsam gewesen sein kann, jedoch für letzteren stets sehr interessant ist. Vielen fällt es sehr leicht, einen Therapeuten aufzusuchen, d. h., mindestens vor sich zuzugeben, dass es allein nicht mehr geht, anderen hingegen (sehr) schwer. Vielen fällt es sehr leicht zu erzählen, was passiert ist, aber einige tragen das Erlebte Jahre, manchmal sogar Jahrzehnte in sich, ohne es jemals vom prä- oder averbalen in einen verbalisierten Zustand und das in der Gegenwart eines fachlich versierten, aber letztendlich doch fremden Menschen, zu bringen. Besonders in diesen Fällen sollte sich der Therapeut seiner Funktion als »Zeuge« bewusst sein. In diesem Moment steht er vielleicht stellvertretend für »die Welt draußen« und hört erstmalig, was einem Mitmenschen Schlimmes passiert ist. Umso wichtiger ist es, der Erzählung mit einer wachen Aufmerksamkeit, einer grenzwahrenden emotionalen Beteiligung und Achtung zu begegnen und nicht zuletzt sich bei ihm für das Vertrauen zu bedanken. Wenn indiziert, ist es sehr hilfreich, die erste Sitzung relativ »frei« zu gestalten und dem Patienten die Möglichkeit zu geben – nach eigenem Ermessen – zu erzählen, was passiert ist bzw.

33 Im Gegensatz zum dekontextualisierten Vorgehen, basiert beim kontextualisierten die Behandlung auf dem individuellen Störungsmodell des Patienten, welches seine spezifischen prädisponierenden, auslösenden und aufrechterhaltenden Faktoren berücksichtigt (s. a. Boszormenyi-Nagy, 1981).

welche Beschwerden er hat. Das multifaktorielle Rahmenmodell (Maercker & Augsburger, 2019; ▶ Kap. 4.4) kann als sehr gutes Kategoriensystem fungieren, in dem der Patient mit seinem Hintergrund individuell abgebildet werden kann.

Retraumatisierung und obligatorische Stabilisierung

In der hier dargestellten Heuristik fällt dieser Punkt zeitlich in die erste Therapiesitzung und somit an die Stelle, wo es angebracht ist, das Thema »Retraumatisierung« kurz zu beleuchten. Als Erstes erscheint es sinnvoll, das Konstrukt zu definieren, wobei auf die sehr treffende Beschreibung von Maercker (2005) zurückgegriffen werden soll, dass nämlich eine Retraumatisierung ein »untherapeutisches ›Aufwühlen‹ der traumatischen Erinnerungen ohne Möglichkeit der psychischen Verarbeitung« darstellt (S. 999). Dieser Definition folgend, kann diese als Invalidierung des Patienten als Person bzw. dessen Erleben oder der traumatogenen Wirkung des Ereignisses selbst verstanden werden, die mit einem Kontrollverlust, vergleichbar mit dem in der Originalsituation, einhergehen kann. M. a. W., eine Retraumatisierung ist ein reales Risiko und kann tatsächlich eintreten, wenn der Patient mit Äußerungen der Art »selbst schuld«, »nicht anders verdient«, »ist nicht so schlimm«, »kann halt passieren«, »einmal ist keinmal« etc. konfrontiert wird. Zu einer Retraumatisierung kann es auch durch bestimmte Erfahrungen in bestimmten Situationen kommen, zu denen die therapeutische genauso gehören, wie solche bei der polizeilichen Vernehmung oder vor Gericht.

Seit Pierre Janet (▶ Kap. 1.2) und bis vor einem guten Jahrzehnt sind die Phasen einer Traumatherapie Stabilisierung, Konfrontation und Integration. Hartnäckig hält sich die Annahme, allein das Erzählen des traumatischen Geschehens würde zu einer Retraumatisierung führen. Im Zuge dessen sei es gleich zu Beginn der Arbeitsbeziehung obligatorisch, den Patienten zu stabilisieren. Phasenweise wurde die Stabilisierungsphase als so unabdingbar betrachtet, dass schon (weniger im Scherz, mehr im Ernst) geäußert wurde, die Phasen einer Traumatherapie seien Stabilisierung, Stabilisierung, Stabilisierung, Stabilisierung, Stabilisierung, Stabilisierung, Stabilisierung, … Konfrontation und Integration. Diese Haltung hat zu z. T. merkwürdigen »Auswüchsen« geführt, bspw. dass Patienten eine Stabilisierung und damit ein Verbot, sich bzgl. des traumatisierenden Erlebten zu äußern, fachlich verordnet wurde bzw. dem Behandlungsteam ein entsprechendes Verbot aufgetragen wurde, den Patienten konkret nach dem zu fragen, was passiert ist. Seit der Publikation von Neuner (2008), die zu einem sehr regen Austausch zwischen den zwei Lagern (s. u.) geführt hat, findet diese absolute Haltung ihre verdiente Relativierung. Dies spiegelt sich nicht zuletzt auch in den aktuellen Leitlinien wider (Schäfer et al., 2019). Für diese absolute Haltung gibt es weder aus der Forschung noch aus der therapeutischen Praxis Evidenz (Jaffe et al., 2015). Trotzdem scheint es, als ob es zwei »Lager« gäbe, die ihre unterschiedlichen Standpunkte teils sogar offen austragen (bspw. Fischer & Becker-Fischer [2008] vs. Neuner [2008] bzw. Cloitre

[2016] vs. De Jongh et al. [2016]). Nach aktueller Forschungslage gibt es keinen Anlass anzunehmen, dass

a) eine Stabilisierung stets obligatorisch einer Konfrontation vorgeschaltet werden muss;
b) eine Expositionsbehandlung stets mit einer Retraumatisierung einhergeht bzw.
c) traumafokussierte Therapieansätze ausschließlich bei Monotraumatisierungen (und nicht bei Traumatyp II) angewandt werden müssen (s. Herzog et al., 2023 und Murray et al., 2022 für einen Überblick). Ganz im Gegenteil, traumafokussierte Therapieansätze, die Exposition beinhalten, sind nicht nur wirksam, sondern auch sicher, d. h., sie führen nicht regelhaft zu einer Destabilisierung oder gar Retraumatisierung des Patienten (s. a. Hoppen et al., 2022). Dies gilt auch für dissoziative Symptome, die ebenfalls per se keinen Ausschlussgrund für eine konfrontative Behandlung darstellen (s. bspw. Hoeboer, et al., 2020; Zoet et al., 2021).

Anstatt sich für eines der beiden Lager entscheiden zu müssen ist es ratsam, Patienten kontextualisiert (s. o.) zu betrachten und das therapeutische Vorgehen entsprechend anzupassen. Eine Konfrontationsbehandlung dem traumatisierten Patienten vorzuenthalten, wie es offenbar nicht selten passiert (s. Gossmann et al., 2023; Lindauer et al., 2022; Pittig et al., 2019), ist aus fachlicher, berufsethischer und juristischer Sicht nicht zu rechtfertigen.

Traumalandkarte

Die Traumalandkarte (s. a. Lühr et al., 2021) ist ein therapeutisches Werkzeug, das dazu dient, eine detaillierte Anamnese der erlebten traumatischen Ereignisse zu erstellen. Sie unterstützt dabei, diese systematisch zu erfassen und zu ordnen, was dem Therapeuten einen Überblick über die verschiedenen Traumata und deren zeitliche Abfolge verschafft. Durch die visuelle Darstellung können Patienten ihre Erlebnisse besser nachvollziehen und verstehen, was dazu beiträgt, die oft als chaotisch und überwältigend empfundenen Erinnerungen zu strukturieren und greifbarer zu machen. Zudem dient die Traumalandkarte als Grundlage für die therapeutischen Gespräche, indem sie es dem Therapeuten ermöglicht, gezielt auf bestimmte Ereignisse einzugehen und deren Auswirkungen auf das aktuelle Leben des Patienten zu besprechen.

Der Aufbau der Traumalandkarte ist sehr einfach: Auf einer Lebenszeitachse werden die traumatischen Ereignisse (z. B. Unfall, Vergewaltigung) benannt und chronologisch eingetragen. Dies hilft, die zeitliche Abfolge und mögliche Zusammenhänge zwischen den Ereignissen zu erkennen. Zudem wird die Belastung jedes Ereignisses mittels SUDs eingeschätzt, was Patient und Therapeut dabei unterstützt, die emotionale Intensität der Erinnerungen zu bewerten.

Die visuelle Darstellung erleichtert die Kommunikation, da komplexe und belastende Erinnerungen klarer und strukturierter besprochen werden können. Patienten können dadurch ein besseres Verständnis für ihre eigenen Erlebnisse und deren Auswirkungen auf ihr Leben entwickeln. Es kann auch hilfreich sein, nicht nur die negativen, sondern auch die positiven Ereignisse zu erfassen. Abschließend unterstützt die Traumalandkarte den Therapeuten bei der Therapieplanung, indem sie aufzeigt, welche Ereignisse besonders belastend sind und möglicherweise vorrangig bearbeitet werden sollten.

Liegt eine »Störung von Krankheitswert« vor?

Nach einem traumatischen Ereignis kann bei den Betroffenen der absolut nachvollziehbare und alles andere als pathologische Eindruck entstehen, zeitweise »anders« und nicht mehr »so wie früher« zu sein. Doch das gilt für sehr viele, vielleicht sogar alle, potenten Ereignisse im Leben eines Menschen. Das Kindergartenkind ist nicht mehr dasselbe, das Schulkind ebenso wenig wie der Pubertierende. Der Student, nun nicht mehr im geschützten Rahmen seiner Eltern, ebenso wenig, wie der nun Verheiratete. Die Frau, nun Mutter, ist ebenso wenig dieselbe, wie der Mann, nun Vater. Selbst die berufliche Beförderung, meist verbunden mit mehr Verantwortung, mehr Entscheidungsbefugnis und mehr Konflikten, wie auch mehr Gehalt, verändert. Solche alltäglichen, zu erwartenden Ereignisse verändern auch die Einstellungen und Werte. Selbstredend sind die Folgen von traumatischen Ereignissen einschneidender, tiefer, existenzieller, doch letztendlich geht es darum, ob der Mensch im Anschluss (nun »ein anderer«) wieder zurück zu seinem Alltag und seiner persönlichen Normalität finden und diese auf eine Weise leben kann, ohne dass das belastende Geschehen oder seine Konsequenzen in seinem Inneren und Äußeren unverrückbar prominent sind. Seitens des Behandlers muss also fachlich stets begründet werden, ob es sich um eine Symptomatik von »klinischem Ausmaß« bzw. eine »Störung von Krankheitswert«, die eine kassenfinanzierte, psychotherapeutische Behandlung rechtfertigt, handelt oder eben nicht.

Ebenso gilt es, das Ausmaß der Belastung beim Patienten möglichst genau zu erfassen und fachlich begründet zu entscheiden, ob ambulante Maßnahmen allein ausreichend sind. Kaum ein Patient findet gleich auf Anhieb einen (passenden) Therapeuten. Die meisten müssen (sehr) lange suchen und machen wiederholt die Erfahrung, dass die Worte »Trauma« und »Traumatisierung« eher abschreckend wirken. Somit passen sie, Anfrage um Anfrage, ihr Beschwerdebild an und berichten (wenn überhaupt) erst während der Probatorik von dem, was wirklich passiert ist und wie sehr sie wirklich darunter leiden.

Sind die nötigen inhaltlichen und formalen Voraussetzungen gegeben?

Psychotherapeutisches Arbeiten benötigt Zeit und die Bereitschaft beim Patienten, diese zu investieren. Nicht nur die Sitzungen selbst brauchen Zeit, sondern und besonders auch die Hausaufgaben – getreu dem Motto »Das Wichtigste in der

Therapie geschieht zwischen den Sitzungen«. Manche Patienten sind zwar therapiemotiviert (s. u.), unterschätzen jedoch das Ausmaß an zeitlichen Ressourcen, welches sie investieren müssen bzw. sind beruflich oder privat (Hausbau, Vater-/Mutterschaft etc.) so stark eingespannt, dass die Behandlung nebenherlaufen muss. Nach Unfalltraumatisierungen können langwierige und komplizierte medizinische Behandlungen indiziert sein, die ebenfalls eine kontinuierliche psychotherapeutische Begleitung nicht möglich machen. Die Konsequenzen sind manchmal offensichtlich (bspw. werden keine Hausaufgaben erledigt oder Vereinbarungen für zwischen den Sitzungen eingehalten) oder etwas subtiler (bspw. hat der Therapeut den Eindruck, mit diesem Patienten stets in der ersten Sitzung zu sein bzw. stets von vorne zu beginnen).

Darüber hinaus muss der Patient ein genügendes Ausmaß an Motivation mitbringen bzw. – falls nicht vorhanden – die Bereitschaft, diese zu entwickeln. Hier gilt es, zwischen der Therapiemotivation und der Veränderungsmotivation zu unterscheiden. Während sich erstere oft findet, kann es bzgl. letzterer nicht so gut bestellt sein.

Die formalen Voraussetzungen bilden einen wichtigen Rahmen und müssen natürlich ebenso gegeben sein. Sie beginnen bei einem gültigen Versicherungsstatus, gehen über zu der Notwendigkeit, nötige Unterlagen beizubringen, und enden bei den Fragebögen, die adäquat bearbeitet werden müssen.

Liegen (relative oder absolute) Kontraindikationen für ein traumafokussiertes Vorgehen vor?

Folgende mögliche Kontraindikationen sollten u. a. beim traumafokussierten Vorgehen berücksichtigt werden (s. a. Schäfer et al., 2019):

- Suizidalität
- Substanzmittelkonsum
- psychotische und/oder dissoziative Symptome
- Selbst- und/oder Fremdgefährdung
- Täterkontakt

Bei den Überlegungen zum konfrontativen Vorgehen sollte jedoch nicht nach allgemeinen Gesichtspunkten vorgegangen werden (bspw. keine Konfrontation bei dissoziativen Symptomen), sondern nach individuellen (kontextualisierten) Aspekten, die individuelle Situation des Patienten berücksichtigend. Die Studienlage spricht dafür: Selbst bei Vorliegen von dissoziativen oder psychotischen Symptomen, Substanzabhängigkeiten oder Borderline-Symptomatik können mit konfrontativen Techniken gute Resultate erzielt werden (van Minnen et al., 2012). Dies gilt sogar für (schweres) selbstverletzendes Verhalten (Harned et al., 2012; Steil et al., 2018). Bezogen auf den Täterkontakt, gilt es auch diesen individuell zu betrachten. Für die Therapie und deren Wirksamkeit macht es einen großen Unterschied, ob der Täter bspw. zweimal im Jahr in einem sicheren Rahmen (bspw. mehrere, dem Patienten wohlgesonnene Familienmitglieder) getroffen wird oder mehrmals in der Woche ohne sichere Begleitung. Im ersten Fall wird eine Therapie eher möglich sein als im zweiten.

Über welche Ressourcen verfügt der Patient?

Es mag verwundern, dass dieses Thema so früh im Behandlungsprozess angeschnitten wird, jedoch zeigt – wie bereits oben erwähnt – die klinische, wie auch die Erfahrung aus der supervisorischen Tätigkeit, dass der Therapeut so vom traumatisierenden Ereignis bzw. dem Symptomausmaß eingenommen sein kann, dass die Frage nach den Ressourcen gar nicht oder zu spät gestellt bzw. zu schnell »abgearbeitet« wird.

Natürlich gibt es Patienten, die über wenige bis kaum Ressourcen verfügen und bei denen es nötig sein wird, diese aufzubauen. Gleichzeitig gibt es aber auch solche, die zwar einige Ressourcen zur Verfügung haben, sie aber aus den verschiedensten Gründen (bspw. Scham, sich einem anderen nicht »antun« wollen und sich eben nicht Freunden anzuvertrauen) nicht aktivieren. Zudem finden sich immer wieder Betroffene, die ihre offensichtlich vorhandenen Ressourcen nicht als solche erkennen bzw. unterschätzen.

Ressourcen sind nie eine Frage der Quantität (bspw. eine große Anzahl an Facebook-»Freunden«), sondern stets eine Frage der Qualität (eine Person, die anwesend und in der Lage ist, wirksam zu unterstützen). Außergewöhnliche Hobbies sind keine »bessere« Ressource als bspw. es zu lieben, spazieren zu gehen, zu Lesen, zu Kochen oder auf einer Bank zu sitzen und sich von einer schönen Landschaft einnehmen zu lassen. Hier darf auch der Therapeut seinen »psychotherapeutischen Rezeptblock« zücken und eine Kleinigkeit an Ressourcen verschreiben! Er darf auch sehr konkret mit seinem Patienten planen, wann in der kommenden Woche er welche von seinen Ressourcen auf welche Weise aktivieren soll.

Für die Therapieplanung ist es wichtig zu verstehen, dass Vermeidung, wenn zu Beginn auch nötig und hilfreich die Ressourcen »angreifen« kann, weil sie den Bewegungsradius (und somit eben die Ressourcen) zusehends einschränken kann.

Ebenfalls gilt es bei der Ressourcenarbeit zu bedenken, dass deren Aktivierung für den Patienten gegen ein inneres Verbot verstoßen kann. Dies findet sich erfahrungsgemäß immer wieder bei Verlusttraumatisierungen, bei denen es für die Hinterbliebenen vor dem Hintergrund des Verlustes nicht gemäß erscheinen mag, sich ihren Ressourcen, d. h. meist angenehmen und Spaß machenden Aktivitäten, zu widmen. Hier kann es sehr wichtig und hilfreich sein, genau das zu explorieren, zu helfen, die inneren Gebote und Verbote explizit zu machen und diese auf ihre Gültigkeit hin zu überprüfen. Sehr oft unterstütz die (meist sehr traurig machende) Frage »Wenn Ihr…jetzt hier wäre und hören würde, was Sie eben gesagt haben, warum Sie nicht mehr…tun, was, denken Sie, würde er/sie sagen?«. Meistens würde die verstorbene Person dem Patienten das (sehr) gönnen, gleichsam ihm die Absolution geben. Sollte sich herausstellen, dass dies nicht der Fall ist, ist das auch ein weiterer, sehr wichtiger, therapeutischer Ansatzpunkt.

Störungsdiagnostik: Mit Bedacht die nötigen diagnostischen Instrumente auswählen

Der Therapeut trifft zwar die fachliche Entscheidung, welche Diagnose(n) er bei seinem Patienten stellen wird, doch können diagnostische Instrumente dabei eine sehr gute Unterstützung sein (▶ Kap. 2.2).

Wie in Kapitel 2.3 bereits aufgeführt, ist die PTBS eine hoch komorbide Störung. Sie erfordert eine sehr gute Breitbanddiagnostik und eine ebenso gute Absprache mit dem Patienten bzgl. der Priorität, was als Erstes behandelt werden soll. Ebenso gilt es hier, dessen Einschätzung gut mit der eigenen fachlichen abzustimmen, denn es kann vorkommen, dass Patienten bestimmte Symptome als aktuell vordringlich therapiebedürftig anbringen, weil Ängste oder Befürchtungen bzgl. der traumatypischen Symptomatik bestehen bzw. vor deren therapeutischen Bearbeitung mittels Konfrontation. Grundsätzlich ist therapeutenseits zu überlegen, wann und wie parallel/simultan (Bearbeitung der Haupt- und komorbiden Symptomatik *gleichzeitig*) bzw. sequenziell/seriell (Bearbeitung der Haupt- und komorbiden Symptomatik *nacheinander*) vorzugehen ist.

Auch als Experte ist es erlaubt, sich diagnostisch unsicher zu sein. Das deutsche Krankenversicherungssystem erlaubt zwar keine Verdachtsdiagnosen allein, aber sehr wohl welche im Gefolge einer Hauptdiagnose, die im weiteren Verlauf – fachlich begründet – verändert werden darf und vielleicht sogar soll. Diagnostik ist auch bei Traumatherapie ein »rekursiv-dynamisches Vorgehen« (Kanfer et al., 2012, S. 261).

Oftmals erzeugt die Konfrontation mit einem traumatischen Ereignis nicht nur die typische Traumasymptomatik, sondern auch eine »Druckwelle«, die das unmittelbare (Familie und enge Menschen) und mittelbare (erweiterte Familie, Arbeit) System des Patienten beeinflusst. Diese Auswirkungen müssen ebenso erfasst und ggfs. zu therapeutischen Targets gemacht werden (▶ Abb. 1.1).

> *Fallbeispiel:* Eine Mutter meldet sich telefonisch, um nach einer Psychotherapie für ihre zwei Kinder (9 und 11 Jahre) zu fragen. Es gehe ihnen seit einigen Wochen nicht gut, sie hätten Schlafstörungen, seien kaum zu bändigen und ihre Schulleistungen hätten sich rapide verschlechtert. Auf die Frage, ob sie eine Art Auslöser identifizieren könne, kann sie keine genaue Antwort geben. Zwar habe sie kurz davor unfreiwillig einen Suizid (eine Passantin habe sich vor ihr vor dem einfahrenden Zug geworfen) beobachten müssen, aber das könne nicht der Grund sein, weil »das eine mit dem anderen nichts zu tun« habe. Auch könne sie sich nicht erklären, warum der seit längerem »gut« laufende Scheidungsprozess nun plötzlich immer problematischer wird. Nach einem persönlichen Gespräch stellt sich heraus, dass auch sie eine PTBS hat und (wie die Kinder) auch therapiebedürftig ist.

Handelt es sich um eine Mono- (Trauma-Typ I) oder eine multiple (Trauma-Typ-II) Traumatisierung und ist diese akzidentell oder interpersonell?

Die Studienlage (Maercker, 2019) ist bzgl. der Frage, ob sich der Therapieplan bei Mono- von dem bei multiplen Traumatisierungen unterscheiden sollte, uneindeutig bzw. es liegen aktuell kaum Daten vor, um diese Frage genau zu beantworten. Laut aktuellem Wissensstand gibt es jedoch zwei Ereignisarten, denen eine sehr starke traumautogene Wirkung inne liegt, nämlich sexualisierte Gewalt und Krieg (ebd.). Ebenso kann die Art des traumatischen Ereignisses (akzidentell vs. interpersonell) das Symptomprofil bestimmen. Von Menschen an Menschen verübte Gewalt scheint tiefgreifender in dessen Struktur einzuwirken, in dem sie auf Einstellungen und Schemata wirkt, als Ereignisse, die »natürlichen« (zufälligen) Ursprungs sind (ebd.). Zudem zeigen sich nach sexualisierter Gewalt häufiger Vermeidungssymptome und Numbing, während bei physischer Gewalt eher Schuldgefühle zu finden sind (ebd.; s.a. Guina et al., 2018). Somit sollte bei der Therapieplanung die Art des Traumas (interpersonell vs. akzidentell, sexualisierte Gewalt, Krieg etc.) berücksichtigt werden, da sich daraus unterschiedliche Symptomprofile und möglicherweise Therapieerfordernisse ergeben können.

Kann sich der Patient an das traumatisierende Ereignis erinnern oder hat er Erinnerungslücken?

Können traumatische Erinnerungen vergessen werden? Chris Brewin, einer der aktuell prominentesten Traumaforscher, hat in einer neueren Arbeit (Brewin, 2019) die Kontroverse für beendet erklärt: »It is widely accepted that traumatic events can sometimes be completely forgotten and then remembered later, although there is little understanding of why this occurs« (S. 448). Desweiteren konstatierte er, dass »recovered memories of trauma may be genuine, false, or a mixture of the two« (S. 443). Sehr kritisch äußert er sich hingegen gegenüber dem Konzept der »unbewussten Verdrängung«, für das er keine wissenschaftliche Evidenz sehe.

Auch wenn wir demnach davon ausgehen können, dass Erinnerungen an traumatische Ereignisse vergessen und wiedererinnert werden können und dass das wieder erinnerte Material erlebnisbasiert, eine Scheinerinnerung oder eine Mischung aus beiden sein kann, ist diese Frage primär vor einem gutachterlichen oder juristischen Hintergrund interessant, weniger für das therapeutische Setting. In diesem wird es allen voran um leidvolle Erlebnisse des Betroffenen gehen, wie er sie eben memoriert und mit der emotionalen Valenz, die er ihnen zuschreibt. M. a. W., sie sind seine eigene Realität, wenngleich sie vielleicht nicht der Wirklichkeit bzw. der Situation, wie sie wirklich stattfand, entsprechen. Mit nochmals anderen Worten: Der Therapeut arbeitet – unabhängig vom Störungsbild – in der Therapie primär mit den Erinnerungen seines Patienten und nicht mit dem, was »wirklich« geschehen ist.

Eine Einschränkung muss erwähnt werden: Wie ist vorzugehen, wenn der Patient zwar alle Symptome einer Traumafolgestörung hat, jedoch keine Erinnerung an das traumatische Ereignis und sich ein solches auch nicht objektiveren (Videoaufnahmen, Zeugenaussagen, Spuren am Körper, Körperflüssigkeiten etc.) lässt? Therapeutisch kann in diesem Fall mit den Beschwerden gearbeitet werden, die der Patient berichtet. Diagnostisch wird es aber das Problem geben, dass kein Traumakriterium vorliegt, somit auch die Diagnose nicht vergeben werden darf.

Ebenen der Beschwerden

Um die Behandlung möglichst gut zu planen, kann der Therapeut möglichst frühzeitig damit beginnen, die Beschwerden des Patienten den folgenden fünf Ebenen zuzuordnen:

a) Kognition (bspw. »Ich allein bin schuld…«; »Ich hätte es wissen müssen…«).
b) Emotion (bspw. Angst-, Schuld-, Schamgefühle).
c) Physiologie (bspw. eine chronifizierte physiologische Anspannung).
d) Verhalten (i.d.R. wird es Vermeidungsverhalten sein).
e) System[34] (bspw. fehlendes Verständnis seitens des Partners oder des Arbeitgebers)

Letztendlich sind das die therapeutischen Targets (Ansatzpunkte), aus denen sich im Verlauf die Behandlungsziele und -methoden ableiten lassen.

Es gibt nicht »die« Traumatherapie

So wichtig es auch ist, sich als Therapeut mit (empirisch überprüften) Manualen auszukennen (Pflicht), so wichtig ist es auch, sich im Verlauf der wachsenden Erfahrung an der individuellen Symptom- und Beschwerdekonstellation des jeweiligen Patienten zu orientieren (Kür; s.a. Sachse, 2017; 2022). Zur Erinnerung (▶ Kap. 2.1.3): Nach DSM-5 gibt es 636 120 mögliche »PTBS-Patienten«, alle mit der gleichen, aber eben nicht derselben Diagnose (Symptomkombination). Ebenso werden Symptomprofile bzw. Subtypen einer PTBS diskutiert, bspw. ein depressiver Subtyp mit erhöhter Dysphorie und Anhedonie oder ein angstbasierter Subtyp mit erhöhtem Wiedererleben und Hypervigilanz (Zoellner et al., 2013). Wichtiger als allgemeine Gebote oder Verbote scheint also zu sein, basierend auf einer individuellen Fallkonzeption einen spezifischen Behandlungsplan ausgearbeitet zu haben, der versucht, möglichst die gesamten bekannten Bedingungen des Patienten zu berücksichtigen und ein durchgehendes Monitoring seiner Symptomatik bzw. deren Veränderung über die Therapie hinweg.

Es ergibt somit keinen Sinn, »die PTBS zu therapieren«. Vielmehr Sinn ergibt, die individuelle Symptomkonstellation, beim jeweils Betroffenen, in dessen indi-

34 Die Ebene des Systems ist weiter unterteilt (▶ Abb. 1.1).

viduellem Bedingungsgefüge zu verstehen (s. a. Brakemeier & Herpertz, 2019) und diese so zu behandeln, dass dieser wieder zurück in seine eigene Normalität finden kann, wenn auch diese (mit Wahrscheinlichkeit) nicht die prätraumatische sein wird.

Entsprechend müssen auch die individuellen Therapieziele festgelegt werden. Dieser Punkt mag auf den ersten Blick merkwürdig erscheinen, könnte man stets erwidern: Es geht um die Reduktion der Symptomatik. Das ist zweifellos korrekt und sehr wichtig, stellt jedoch transdiagnostisch nur die eine Seite der Medaille dar. Gerade chronisch und schwer traumatisierte Patienten, mit einem oftmals sehr eingeschränkten Aktionsradius, haben sich wahrscheinlich schon lange nicht mehr die Frage gestellt, womit sie freudvoll und unbeschwert ihre Lebenszeit verbringen möchten, wenn die Symptomatik nicht mehr bestimmend ist. Es geht folglich um den Abbau der Push-Motivation (von einem schlechten Zustand weg, lerntheoretisch ein Vermeidungsziel) und um den Aufbau von Pull-Motivation (hin zu etwas Erstrebenswertem, lerntheoretisch ein Annäherungsziel) (s. Kanfer et al., 2012). Woran würde der Patient merken, dass die Therapie gut wirkt? Was könnte er mehr tun, was weniger? Welche Gefühle und Gedanken wären abgeschwächt(er) und welche häufiger oder prominenter? Welches Verhalten würde er mehr und welches weniger zeigen? Wie würden sich seine Beziehungen verändern und wie seine Haltung und seine Einstellungen zu sich, zu seiner Welt und zu sich in seiner Welt (s. a. Janoff-Bulman, 1989, 1992)? Besonders der zuletzt genannte Punkt darf nicht aus den Augen verloren werden, denn neben der klassischen traumatypischen Symptomatik und der Komorbidität können sich die Therapieziele auf weitere Bereiche des privaten und beruflichen Lebens (Lebensziele nach dem Selbstmanagement-Ansatz; Kanfer et al., 2012) erstrecken, bis hin zu Fragen religiöser und spiritueller Art.

Einführung der SUDs

Im Regelfall erleben die Patienten die mit den traumatischen Erinnerungen einhergehende physiologische und emotionale Anspannung als äußerst aversiv und als einen Zustand, der kontrolliert und vermieden werden muss. Aus Betroffenenperspektive ist das sehr nachvollziehbar und lerntheoretisch leicht erklärbar: Die starken Reaktionen bei Konfrontation mit einem an das traumatische Ereignis erinnernden Aspekt, haben sowohl eine – im lerntheoretischen Sinne – Reaktionskomponente (bspw. Angst), aber auch eine Stimuluskomponente, die wiederum die Potenz des auslösenden Reizes, i. S. eines Teufelskreises, verstärkt (Inkubation) und dadurch auch die Vermeidungsimpulse. Im Laufe der Zeit übt sich das Vermeidungsverhalten immer besser ein, was dazu führen kann, dass der Patient immer besser weiß, wie er internen und externen Triggern ausweichen kann, aber immer weniger, wie sich die verschiedenen Trigger und seine Reaktionen darauf anempfinden (körperlich), anfühlen (emotional) und sich voneinander unterscheiden.

Die Einführung einer SUDs (subjective units of distress scale), möglichst früh im Therapieverlauf, ist eine sehr gute Möglichkeit, gegen die Vermeidung zu arbeiten sowie das Ausmaß der ausgelösten Belastung und der damit einhergehenden physiologischen und emotionalen Anspannung in ihm genauer zu bestimmen; anstatt vom Triggerreiz weg, soll der Patient schrittweise einüben, seine Aufmerksamkeit auf diesen und die in ihm ausgelösten Reaktionen zu lenken. Dies kann bspw. dadurch erreicht werden, dass er wiederholt und behutsam gebeten wird, bereits während der Probatorik seine Anspannung auf einer Skala von 1–10 einzuschätzen, ohne damit vertieft oder therapeutisch zu arbeiten. Dabei wird ihm (und dem Therapeuten) auffallen, dass diese nicht konstant bei 10 ist (falls dieses Ausmaß je erreicht wurde). Nun kann gemeinsam exploriert werden, welche Faktoren sie erhöhen bzw. verringern. Nicht wenige Betroffene sind erstaunt, wie – entgegen ihrer Befürchtung – die Hinwendung zum ängstigenden Aspekt, die Anspannung reduziert. Diese oft kontraintuitive Erfahrung sollte beim Patienten anschließend geankert werden, bspw. indem er gebeten wird, einen entsprechenden Wenn-dann-Satz zu formulieren und diesen schriftlich festzuhalten und/oder die begleitende körperliche Empfindung genau zu verbalisieren und mit einem Begriff zu betiteln. Im Laufe der Zeit und mit einiger Übung wird es ihm immer leichter fallen, dieses Anspannungsthermometer zu verwenden und bestimmte Gesetzmäßigkeiten bei und in sich zu entdecken.

Wenn das traumatische Ereignis eine identitätsstiftende Funktion bekommt

Ein wichtiger Aspekt, der frühzeitig exploriert werden sollte, ist die potenzielle identitätsstiftende Funktion eines traumatischen Ereignisses und deren Folgen für den Betroffenen. Dies kann den Therapieverlauf erheblich beeinflussen. Eine solche Dynamik kann entstehen, wenn der Betroffene im Nachgang Beschwerden entwickelt hat, die jedoch von offiziellen Stellen nicht anerkannt werden. Dies kann beispielsweise bei berufsbedingten Traumatisierungen (Polizei, Feuerwehr) oder nach Arbeits- und Wegeunfällen der Fall sein, die in den Zuständigkeitsbereich gesetzlicher Unfallversicherungsträger fallen.

Diese Träger sind verpflichtet zu prüfen, ob das Unfallereignis mit hinreichender Wahrscheinlichkeit die Ursache für körperliche und/oder psychische Gesundheitsfolgeschäden war. Problematisch wird es, wenn sogenannte »konkurrierende Ursachen« wie Schadensanlagen oder Vorerkrankungen vorliegen. In solchen Fällen kann das Unfallereignis nicht mehr als rechtlich wesentliche Ursache für den Folgeschaden betrachtet werden. Dies kann zu einer äußerst konflikthaften Konstellation zwischen dem Versicherungsträger und dem Betroffenen führen.

Während der Betroffene die Auffassung vertritt, sein Leiden sei allein unfallbedingt, verweigert der Versicherungsträger die Anerkennung mit dem Argument, es läge ein Vorschaden vor. Dieser Konflikt kann sich bis in die Therapiesituation auswirken, da der Therapeut naturgemäß bestrebt ist, die Beschwerden des Patienten zu lindern. Letzterer jedoch »braucht« diese Beschwerden als »Beweis« für sein unfallbedingtes Leiden; sie bekommen identitätsstiftende Funktion. In solchen Konstellationen ist von einer starken Funktionalität der Symptomatik auszugehen.

Es gibt keine pauschale Lösung für dieses Dilemma. Der Therapeut ist angehalten, eine solche Dynamik frühzeitig zu erkennen und zu entscheiden, wie er sie grenzwahrend und ohne den Patienten zu invalidieren in den Therapieprozess einbaut. Wichtig ist, die Bedeutung des Ereignisses und seiner Auswirkungen auf das Selbstkonzept des Patienten zu explorieren sowie nach möglicherweise reaktivierten biografischen Aspekten Ausschau zu halten. Gleichzeitig gilt es, eine tragfähige Arbeitsbeziehung aufzubauen, innerhalb derer der Patient den Therapeuten als Verbündeten und nicht als Gegner wahrnimmt.

5.1.3 Psychoedukation

Psychoedukation ist ein wichtiger Bestandteil der Behandlung von Traumafolgestörungen. Sie zielt darauf ab, Betroffene über die Natur von Traumata, deren Auswirkungen und möglichen Bewältigungsstrategien zu informieren. Damit wird das Verständnis und die Selbstreflexion gefördert, was wiederum die Resilienz und das Wohlbefinden der Betroffenen und somit letztendlich auch deren Compliance für die psychotherapeutische Arbeit stärken soll. Erreicht wird dies durch:

- Wissensvermittlung: Betroffene sollen verstehen, was ein Trauma ist und wie es sich auf alle Bereiche ihres inneren und äußeren Lebens auswirken kann.
- Normalisierung und Entkatastrophisierung: Die Symptome sollen als normale Reaktionen auf abnormale Ereignisse verstanden werden (s. a. Mitchell & Everly, 1996).
- Förderung der Selbstwirksamkeit: Betroffene sollen in die Lage versetzt werden, auf ihre Symptome selbstständig positiv einzuwirken.
- Entlastung: Die Psychoedukation soll eine erste Form der Entlastung bieten, indem sie über die Informationsvermittlung Ängste und Missverständnisse beim Patienten abbaut.

Im Folgenden werden überblickshaft und ohne Anspruch auf Vollständigkeit einige aus der psychotherapeutischen Praxis stammenden psychoedukative Elemente in direkter, an den Patienten gerichtete Rede vorgestellt (s. Liedl et al., 2018 für ein entsprechendes Manual). Neben einer direkten Form können auch Metaphern eingesetzt werden, um die Inhalte zu vermitteln (s. Priebe & Dyer, 2014).

Was ist ein traumatisches Ereignis und wie kann es sich auswirken?

Ein Trauma ist ein überwältigendes Ereignis, das unsere normalen Bewältigungsmechanismen überfordert. Es kann durch verschiedene Ursachen wie Unfälle, Gewalt oder Naturkatastrophen ausgelöst werden. Jeder Mensch reagiert dabei individuell, selbst wenn viele dasselbe Ereignis erleben. Dies lässt sich dadurch erklären, dass wir Wahrgenommenes stets aus unserer eigenen Perspektive und Biografie heraus betrachten, bewerten und gewichten.

Es gibt typische Symptome, die im Anschluss auftreten können und der Psychotherapie seit langem bekannt sind. Dazu zählen quälende, wiederkehrende

Gedanken, sogenannte Intrusionen. Ebenso können plötzlich lebendige Erinnerungen (Flashbacks) auftreten, die den Eindruck erwecken, man würde das Ereignis erneut durchleben. Auch erschreckende Albträume in der Nacht sind möglich.

Viele Betroffene verspüren den Drang, alles zu vermeiden, was an das Erlebte erinnern könnte – Orte, Personen, Situationen, frühere Aktivitäten, aber auch Gedanken, Erinnerungen und Gefühlszustände. Manchmal verändert sich die Gefühlswelt: Man fühlt sich teilnahmslos, innerlich taub oder verliert das Interesse an ehemals wichtigen, freudvollen Tätigkeiten. Negative Gedanken, Schuldgefühle und eine pessimistische Sicht auf sich selbst und die Welt können die Situation zusätzlich erschweren.

Einigen Betroffenen geht es so, als würde permanent Gefahr drohen – sie sind ständig wachsam und auf der Hut. Schreckhaftigkeit, Schlafstörungen, Konzentrationsprobleme und Reizbarkeit mit Wutausbrüchen können diese Zustände begleiten.

Wichtig ist: All diese Symptome sind normale Reaktionen normaler Menschen auf ein extrem belastendes Ereignis. Sie werden von vielen, wenn nicht den meisten Betroffenen berichtet. Der Psychotherapie sind sie bekannt, und es gibt viele wissenschaftlich überprüfte, wirksame Methoden und Techniken, die helfen können.

Die eingebaute Wiedervorlage-Mappe[35]

Um Ihnen die Natur der aufdringlichen Gedanken und Erinnerungen zu erläutern, über die Sie gesprochen haben, und um zu verdeutlichen, dass diese, trotz Ihres aktuellen Leidens, ein ganz natürlicher Mechanismus sind, möchte ich ein alltägliches Beispiel anführen, das Ihnen möglicherweise bekannt vorkommt.

Stellen Sie sich vor, Sie stehen kurz vor einem entscheidenden beruflichen Meeting, bei dem viel auf dem Spiel steht und Sie eine zentrale Rolle spielen. Wie üblich planen Sie, Ihr Smartphone einige Minuten vorher auszuschalten. In diesem Moment erhalten Sie eine Nachricht von Ihrer Partnerin. Da noch ein paar Minuten Zeit sind, entscheiden Sie sich, die Nachricht zu öffnen: »Wir müssen reden, wenn du morgen zurück bist – es ist wichtig.« Der Drang, sofort zurückzurufen, ist überwältigend, da der Text große Sorgen auslöst, aber die Umstände lassen dies nicht zu. Also schalten Sie Ihr Telefon aus. Wie fokussiert glauben Sie, werden Sie sein können? Wahrscheinlich müssen Sie erhebliche Anstrengungen unternehmen, um das Meeting zu bewältigen, und fühlen sich, als müssten Sie einen besorgten Teil Ihrer selbst von dem Teil trennen, der die Präsentation erfolgreich meistern möchte. Wenn Sie nicht im Mittelpunkt stehen, könnten Sie sich dabei ertappen, wie Sie die Nachricht und mögliche Erklärungen gedanklich durchspielen, was mentale Kapazitäten und Aufmerksamkeit beansprucht. Es ist wahrscheinlich, dass Sie einige Informationen verpassen und improvisieren müssen, wenn Sie plötzlich feststellen, dass eine Frage an Sie gerichtet wurde, deren Kontext Sie nicht vollständig erfasst haben. Mit großer Anspannung sehen Sie der ersten Pause entgegen,

35 Auf diese Metapher sollte nicht zurückgegriffen werden, wenn das traumatische Ereignis mit einem partnerschaftlichen Verlust oder vergleichbaren Umständen einhergeht.

und im schlimmsten Fall erreichen Sie Ihre Partnerin nicht, was Ihre Sorgen und Ängste noch verstärkt. Neben Konzentrationsschwierigkeiten könnten Sie starke Anspannung und vielleicht sogar Reizbarkeit bei sich feststellen. Wenn es Ihnen auch abends nicht gelingt, die Situation zu klären, werden Sie wahrscheinlich schlecht schlafen, vielleicht sogar davon träumen, und am nächsten Tag erschöpft sein. Es wird gleichsam so sein, als ob Ihr Organismus dieses Ereignis auf seine Wiedervorlage-Mappe gelegt hat und es Ihnen so lange anbietet, bis Sie es verstehen oder zumindest richtig einordnen können.

Auch wenn diese fiktive Situation durchaus sehr belastend sein kann, so handelt es sich dabei nicht um ein traumatisches Ereignis im psychotherapeutischen Sinne. Ganz anders verhält es sich bei dem, was Ihnen widerfahren ist, aber die ständig sich aufdrängenden Gedanken haben einen Geschmack von Intrusionen, wie Sie sie mir berichtet haben, nur sind die Ihrigen ungleich stärker und muten existenziell an. Wenn ich Sie richtig verstanden habe, dann dominiert das Erlebte Ihren inneren Raum und verbraucht alle Ressourcen, indem es Sie mehr oder minder zwingt, Ihren Alltag durch diese Linse zu durchleben. Dadurch verliert der Alltag viel von seiner Natürlichkeit und führt zu einem chronischen Zustand starker Erschöpfung. Gleichzeitig ist es aber vom Prinzip her wieder diese Wiedervorlage-Mappe, die Ihnen Ihr Organismus ständig offenlegt, um letztendlich das Geschehen zu verstehen, ihm einen Sinn zu geben und es letztendlich in die eigene biographische Erzählung, dem biographischen Narrativ, zu integrieren. Ein Teil unserer gemeinsamen Arbeit wird genau dieses Ziel haben.

Die Schrankmetapher

Die Art und Weise, wie unser Gedächtnis mit (neuen) Informationen umgeht, lässt sich gut mit einem Kleiderschank und der Art und Weise, wie die Kleidungsstücke darin geordnet sind, vergleichen. Zunächst ist es wichtig, den Unterschied zwischen normalen und traumatischen Erinnerungen zu verdeutlichen. Normale Erinnerungen werden geordnet und konsistent im Gedächtnis abgespeichert und eingearbeitet (elaboriert), sind leicht abrufbar, in die Lebensgeschichte integriert und können bewusst reflektiert werden. Im Laufe der Zeit verblassen sie. Traumatische Erinnerungen hingegen werden unter extremem Stress und hoher Erregung fragmentiert und ungeordnet enkodiert (nicht elaboriert) – oft als sensorische Fragmente, intensive Emotionen und körperliche Reaktionen, ohne zeitlichen oder narrativen Kontext.

Die Schrankmetapher veranschaulicht diesen Unterschied: Normale Erinnerungen gleichen ordentlich gefalteter und sauber verstauter Kleidung im Schrank, die man bei Bedarf herausnehmen kann. Traumatische Erinnerungen sind hingegen wie ungeordnet hineingeworfene Kleidungsstücke. Die Schranktür schließt nicht richtig, und manchmal fallen die »Erinnerungen« plötzlich heraus und überwältigen die betroffene Person.

Ein Therapieziel ist es, diese fragmentierten Inhalte zu verarbeiten und in die Lebensgeschichte zu integrieren – sie in einen narrativen Kontext zu bringen, ähnlich dem Aufräumen und Verstauen der Kleidungsstücke.

Die Schrankmetapher macht komplexe Prozesse verständlich, normalisiert Symptome und fördert die Motivation, Akzeptanz und das Engagement des Patienten in der Therapie. Sie entkatastrophisiert einzelne Traumasymptome und erhöht die Compliance.

Die zwei Gesichter der Vermeidung

Ein Beispiel aus dem Alltag soll Ihnen helfen, die hilfreiche, aber auch die kritische Seite von Vermeidung besser zu verstehen. Sicherlich ist es Ihnen schon einmal passiert, dass Sie umgeknickt sind und sich den Fußknöchel verstaucht haben – im Anschluss mussten Sie hinken. Das Hinken veranschaulicht die ambivalente Funktion von Vermeidung: Einerseits schont es den verletzten Knöchel vor erneuter Belastung und fördert so den Genesungsprozess. Würde man das Gelenk mit derselben Intensität belasten, würde sich die Heilung deutlich verzögern oder die Verletzung könnte sich sogar verschlimmern. Andererseits führt ein zu langes Hinken zu einer Veränderung der Körperstatik. Bestimmte Muskelgruppen müssen sich nun anders als natürlicherweise vorgesehen anspannen, und wenn das zu lange andauert, können an weiter entfernten Körperstellen Verspannungen und schlimmstenfalls Schmerzen entstehen.

Mit der Vermeidung ist es ähnlich: Sie soll verhindern, sich zu früh einer anspruchsvollen Situation zu stellen und die möglicherweise vorliegende Verletzung zu wiederholen oder den Schaden zu vergrößern. Die Vermeidung »zwingt« uns gewissermaßen, uns zu schonen, um wieder zu Kräften zu kommen. Dauert sie jedoch zu lange an, verringert sich zusehends der eigene Aktionsradius. Oft werden die eigenen Ressourcen, also die Aktivitäten, die uns eigentlich Freude bereiten und Kraft geben, gekappt. Dadurch verlieren wir immer mehr an Lebensfreude und Selbstwirksamkeit, was sich sehr negativ auf die eigene Stimmung und die vorhandenen Beschwerden auswirken kann.

Chronische Übererregung

Eine starke Übererregung während eines traumatischen Ereignisses ist eine natürliche Reaktion der Hypothalamus-Hypophysen-Nebennierenrinden-Achse (HHNA). Metaphorisch betrachtet, fungiert dieses System als »Nachbrenner« bzw. »Turbo« des menschlichen Organismus und wird aktiviert, wenn die Bewältigung einer äußerst belastenden Situation außergewöhnliche Ressourcen erfordert. Sobald der Stressor nachlässt oder die Situation gemeistert ist, normalisiert sich die Erregung wieder auf das Grundniveau. Bei extrem bedrohlichen, traumatischen Ereignissen kann es jedoch vorkommen, dass der Organismus die Gefahr als andauernd wahrnimmt. Um nicht erneut überrascht und wehrlos zu sein, bleibt das hohe Erregungsniveau aufrechterhalten. Ein eigentlich temporärer Alarmzustand wird zu einer chronischen Alarmbereitschaft. Dieser Zustand kollidiert jedoch mit alltäglichen Situationen: Eine anhaltende innere Anspannung erschwert es, sich zu konzentrieren, entspannt Zeit mit Freunden zu verbringen, zu lesen oder zu schlafen – Aktivitäten, die Ruhe und Gelassenheit erfordern. Viele Betroffene berichten von einem inneren »Gespaltensein«: Einerseits wissen Sie, dass die traumatische Situation vorbei ist, andererseits verspüren Sie eine andauernde hohe Anspannung, die Sie so handeln lässt, als bestünde weiterhin Gefahr. Ein Patient, dessen Trauma bei Regen geschah, berichtete bspw., dass er zwar wisse, er sei in seiner Wohnung sicher, aber dennoch die Vorhänge schließen müsse, sobald es zu regnen beginnt. In solchen Fällen ist es wichtig aufzuklären, dass ein Teil des Gehirns[36] – hippokampale Bereiche – erkennt, dass die Bedrohung vorüber ist, während ein anderer Teil – amygdaloidale Bereiche – dies noch nicht vollständig akzeptieren kann. Die Therapie zielt darauf ab, die zuletzt genannten Bereiche Schritt für Schritt davon zu überzeugen, dass die Gefahr tatsächlich gebannt ist und höchstwahrscheinlich auch dann nicht mehr auftreten wird, wenn sich der Betroffene in Situationen befindet, die der ursprünglich traumatisierenden ähneln.

Numbing – Emotionale Taubheit

Stellen Sie sich vor, jeder Mensch wäre ein einzigartiges Musikinstrument, dessen Saiten seine Gefühle widerspiegeln. In bestimmten Situationen werden spezifische Saiten angeschlagen und erzeugen dadurch einen charakteristischen Klang – eine emotionale Resonanz.

Wenn jedoch ein Mensch ein außergewöhnlich schreckliches, möglicherweise lebensbedrohliches Ereignis durchlebt, werden diese Saiten derart heftig in Schwingung versetzt, dass die damit einhergehenden Gefühle überwältigend sind. Als Selbstschutzmechanismus entscheidet sich der Organismus im Nachhinein, diese Saiten so stark anzuspannen, dass sie nur noch eingeschränkt Töne von sich geben können. Dieser Vorgang soll verhindern, dass sich ein solch intensives Gefühl der emotionalen Überflutung wiederholt.

Obwohl diese Strategie vor einer erneuten Überwältigung schützt, geht sie mit einem hohen Preis einher: Das emotionale Erleben ist deutlich eingeschränkter und abgeflachter als gewohnt. Für viele Betroffene fühlt es sich an, als hätte ihre innere Welt an Farbe und Intensität verloren. Die Melodie ihres Lebens klingt plötzlich gedämpft und fahl.

Physiologisch bedingte sexuelle Erregung während sexualisierter Gewalt

Während der Ausübung sexualisierter Gewalt kann es zu einer physiologisch bedingten sexuellen Erregung beim Betroffenen kommen. Verständlicherweise ist dieser Aspekt mit großer Scham und Schuld behaftet. Er wird hier besprochen, weil es aus therapeutischer Sicht wichtig ist, ihn zu berücksichtigen, und nicht primär, um ihn proaktiv während der Psychoedukation anzusprechen. Sollte das Thema vonseiten des Patienten zur Sprache kommen, ist es wichtig, sich für das Vertrauen zu bedanken und um Einverständnis zu bitten, ob darauf kurz aus therapeutischer Perspektive eingegangen werden kann. Bei Zustimmung sollte der Therapeut ruhig

36 Selbstredend sind die tatsächlichen neuronalen Prozesse ungleich komplexer. Hier wird – zu Gunsten der Psychoedukation – eine vereinfachende Metapher verwendet.

und bedacht dieses Phänomen auf biologisch-physiologischer Basis erklären, nämlich als Nervenreizung der entsprechenden Körperregion, die nicht der willentlichen Kontrolle unterliegt. Wenn es die Situation erlaubt, kann der Patient gebeten werden, eine Minute lang seinen Unterarm mit einem gewissen Druck und schnellen Handbewegungen zu reiben und dabei willentlich zu versuchen, keine Wärme entstehen zu lassen. Er soll die Erfahrung machen, dass diese Stelle – trotz seines Versuchs – warm wird, weil sie nicht anders reagieren kann. Zudem können physiologisch-medizinische Informationen hilfreich sein, bspw. dass sich die Haut alle 28 Tage erneuert. Liegt das Gewaltgeschehen bspw. ein halbes Jahr zurück, hat sich die Haut sechs Mal erneuert. Das bedeutet, die Haut, die den Kontakt hatte, ist bereits abgestoßen worden und die aktuelle Haut hat nie einen solchen Kontakt erlebt. In der Traumaforschung ist dieses Phänomen erst in Ansätzen untersucht (Vandervoort et al., 2024).

Eine gute Psychoedukation, die stets den individuellen Hintergrund des Patienten, sein spezifisches biopsychosoziales Gefüge berücksichtigt und nicht in abgehobener Fachsprache oder gar dozierend abgehalten wird, spielt eine wichtige Rolle in der Behandlung und Erholung von Traumafolgestörungen, indem fundiertes Wissen über die Natur von Traumata, deren Auswirkungen und mögliche Bewältigungsstrategien vermittelt wird. Auch wenn die Verbreitung von Psychoedukation in keinem Verhältnis zu ihrer empirischen Fundierung steht (s. a. Wessely et al., 2008), so können durch die Vermittlung von Wissen das Verständnis und die Selbstreflexion gefördert werden, was wiederum die Resilienz und das Wohlbefinden der Betroffenen stärken und ihre Compliance für die psychotherapeutische Arbeit erhöhen kann. Psychoedukation bedient sich verschiedener Methoden, einschließlich direkter Informationsvermittlung und der Nutzung von Metaphern, um komplexe Prozesse verständlich zu machen, Symptome zu normalisieren und die Motivation sowie das Engagement der Patienten in der Therapie zu fördern. Sie zielt darauf ab, die Ausprägung der Symptome zu reduzieren und ein tieferes Verständnis für das Traumagedächtnis und dessen Funktionsweise zu schaffen. Durch die Aufklärung über die typischen Symptome und Reaktionen auf traumatische Ereignisse werden Betroffene in die Lage versetzt, ihre eigenen Reaktionen besser zu verstehen und zu managen, was letztlich in einer verbesserten Lebensqualität münden kann.

5.2 Frühe Interventionen

5.2.1 Einleitung und Überblick über frühe Interventionen

Welche Hilfestellung, wenn überhaupt, soll Menschen, die ein traumatisches Ereignis erlebt haben, unmittelbar oder kurzfristig danach angeboten werden? Es wäre sehr zu kurz gegriffen, die psychologischen Auswirkungen isoliert zu berücksichtigen. Wie weiter oben im Text (► Abb. 1.1) bereits beschrieben, müssen solche Geschehen in ihrer Mehrdimensionalität betrachtet und verstanden werden. Die sog. frühen Interventionen (s. a. Qi et al., 2018; Shalev et al., 2019) folgen diesem Verständnis und beziehen, neben den psychologischen und psychotherapeutischen, auch die psychosozialen und pharmakologischen Aspekte mit ein; entsprechend finden sie sich auch in den aktuellen Leitlinien als Ziele einer frühen Versorgung wieder (s. BBK, 2012; Schäfer et al., 2019); s. a. Ehring & Maragkos, 2017; Kröger et al., 2011; Kröger, 2013).

Im Rahmen eines Konsensusprozesses, eingeleitet vom Bundesamt für Bevölkerungsschutz und Katastrophenhilfe (BBK), wurde die Bezeichnung »Psychosoziale Notfallversorgung« (PSNV) festgelegt, um »die Gesamtstruktur und die Maßnahmen der Prävention sowie der kurz-, mittel- und langfristigen Versorgung im Kontext von belastenden Notfällen bzw. Einsatzsituationen« (BBK, 2012, S. 20) zu beschreiben. Als übergreifende Ziele der PSNV werden die Prävention und Früherkennung von psychosozialen Belastungsfolgen und die Bereitstellung von angemessener Unterstützung bzw. Behandlung der Betroffenen genannt (ebd.).

Formen und Ziele von Prävention

Tab. 5.1: Präventionsformen nach Zeitpunkt (Caplan, 1964)

Präventionsform	Zeitpunkt
Primäre P.	vor der Entstehung von Beschwerden
Sekundäre P.	Anfangsstadium der Beschwerden (eine Verschlechterung soll verhindert werden)
Tertiäre P.	Erkrankung ist bereits eingetreten (eine weitere Verschlechterung bzw. das Auftreten von Folgeerkrankungen/Komorbiditäten sollen verhindert werden)

Tab. 5.2: Präventionsformen nach Zielgruppe (Mrazek & Haggerty, 1994)

Präventionsform	Zielgruppe
Universelle P.	Gesamtbevölkerung
Selektive P.	Risikogruppen bzw. Betroffene mit bereits beginnender Symptomatik
Indizierte P.	bereits manifestierte Symptomatik

Im Allgemeinen wird, bezogen auf die *Zeitachse*, zwischen primärer, sekundärer und tertiärer Prävention (Caplan, 1964) unterschieden. Es findet sich jedoch auch eine Unterteilung bezogen auf die jeweilige *Zielgruppe* (Mrazek & Haggerty, 1994) und zwar in universelle, selektive und indizierte Prävention (s. a. Muñoz et al., 1996; s. a. Kröger et al., 2011; Kröger, 2013). Diese Präventionsarten greifen ineinander über und müssen durch weitere ergänzt werden, um einen guten Überblick über mögliche Maßnahmen zu schaffen. Der nachfolgende Kasten stellt beide Unterteilungen überblickshaft dar.

Man stelle sich eine Zeitachse vor, auf der zu einem bestimmten Zeitpunkt ein traumatisches Ereignis stattfindet. Alle Maßnahmen, die davor zur Anwendung kommen, sind ihrer Natur nach primärpräventiv und sollen das Auftreten per se verhindern (was nahezu unmöglich ist) bzw. die entsprechende Zielgruppe auf ein solches vorbereiten. Im Idealfall besteht die Zielgruppe aus der Gesamtbevölkerung (universelle Prävention), welche sowohl mit Maßnahmen der Aufklärung (bspw. Broschüren, Filme) als auch mittels struktureller Maßnahmen (»strukturelle Prävention«; s. a. Bengel et al., 2019, S. 191; bspw. Frühwarnsysteme, Anti-Gewalt-Programme) »behandelt« wird.

Selektive Prävention zielt auf bestimmte Subpopulationen ab, die erwartbar und sicher im Rahmen ihrer Tätigkeit mit außergewöhnlich belastenden Situationen konfrontiert sein werden (bspw. Polizei, Feuerwehr, Soldaten) und führt diese bspw. bestimmten Programmen zu, um sie darauf vorzubereiten (bspw. Trauma Resilience Training bei Soldaten; Arnetz et al., 2009).

Ist das Ereignis bereits eingetreten, befinden wir uns bereits in der sekundären Prävention, die das nachfolgende Auftreten von unerwünschten Folgen verhindern bzw. mildern soll. Hierfür kommen so genannte Frühinterventionen zur Anwendung und beziehen sich auf den nachfolgenden Zeitraum von bis zu drei Monaten (s. a. Bengel et al., 2019; Schäfer et al., 2019). Für die erste Zeit innerhalb dieses 3-Monatszeitraums sind Akuthilfen (bspw. Psychological First Aid (PFA), Hobfoll et al., 2007[37]; 2021; s. u.) vorgesehen, und zwar nach Möglichkeit für alle Exponierten. Jedoch ist auch diese Gruppe heterogen. Die größte Subgruppe wird keine psychischen Folgen davontragen, da ihre persönlichen und sozialen Ressourcen ihre Wirkung entfalten werden. Sind – nach entsprechender Diagnostik – bereits Risikofaktoren erkennbar, greift die selektive (sekundäre) Prävention und wenn es schon zu ersten Problemausprägungen gekommen ist, die indizierte Prävention. Abschließend ist die tertiäre Prävention zu erwähnen, welche alle psychotherapeutischen Maßnahmen beinhaltet, einen bereits manifestierten Folgeschaden zu behandeln bzw. solche, um dessen Chronifizierung zu verhindern.

Um den verschiedenen Zeitpunkten bzw. Zielgruppen Interventionen zuzuordnen, kann das fünfstufige Interventionsmodell von Lasogga (2011a; ▶ Abb. 5.1) hinzugezogen werden, welches im Folgenden beschrieben werden soll.

37 Die deutsche Übersetzung findet sich unter: https://www.degpt.de/archiv/upload/DeGPT-Dateien/Five%20Essential%20Elements%20of%20Immediate%20and%20Mid-Term%20Mass%20Trauma%20Intervention_deutsch.pdf (Zugriff am: 03.03.2025).

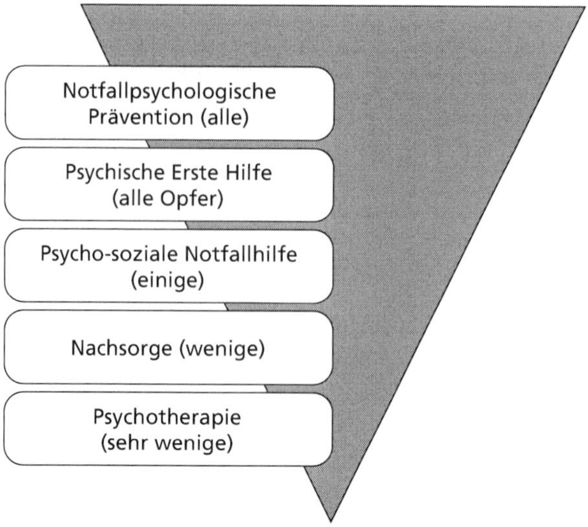

Abb. 5.1: Zielgruppen und Interventionen bei Notfallopfern (nach Lasogga, 2011a)

Stufe 0: Prävention

Hierbei wird zwischen subjektiver (Bezug: Personen bzw. Gruppen) und objektiver (Bezug: organisatorische Maßnahmen, die einen Schaden verhindern oder, sollte er sich ereignen, dessen Folgen minimieren sollen) Prävention unterschieden. Zielgruppen sollen im Idealfall alle sein, da dies aber im Regelfall unmöglich sein wird, gilt es, Subpopulationen zu schulen, die eine höhere Wahrscheinlichkeit haben, mit traumatischen Ereignissen konfrontiert zu werden (bspw. Polizei, Feuerwehr, Soldaten, Piloten, Lokomotivführer). Inhaltlich besteht eine solche Schulung aus Maßnahmen der psychischen ersten Hilfe (s. u.).

Stufe 1: Psychische Erste Hilfe (PEH)

PEH kann von Laienhelfern (bspw. Personen, die selbst das Ereignis erlebt haben bzw. in der Nähe waren) oder professionellen nicht-psychologischen Helfern geleistet werden. Die Inhalte der PEH (international wird von Psychological First Aid (PFA) gesprochen) werden weiter unten im Kasten besprochen.

Psychological First Aid (PFA)

Eine Arbeitsgruppe von 20 namhaften Experten hat den Versuch unternommen, die wissenschaftlichen Erkenntnisse unmittelbarer und mittelfristiger Interventionen bei Massentraumata[38] zusammenzufassen (Hobfoll et al. 2007; s. a.

38 Massentraumata beziehen sich auf traumatische Ereignisse, die eine große Anzahl von

Hobfoll et al., 2021; Kröger, 2013). Mangels wissenschaftlicher Evidenz (evidence based) und vor dem Hintergrund der Unmöglichkeit, die Vielfalt von Katastrophen und Massengewalt-Szenarien abzubilden, bestand das Resultat aus einer fünf Punkte umfassenden Heuristik, gleichsam fünf Schlüsselprinzipien, die als Handlungsempfehlung (evidence informed) zu verstehen sind. Diese sind:

1. Förderung eines Gefühls der *Sicherheit.* Dies beinhaltet, den Betroffenen dabei zu helfen, sich sicher und geschützt zu fühlen und die Kontrolle über ihre Situation wiederzuerlangen.
2. Förderung von *Beruhigung.* Hier geht es darum, die Betroffenen dabei zu unterstützen, Ruhe und Ausgeglichenheit wiederzufinden und Übererregung zu reduzieren.
3. Förderung eines Gefühls von *Selbst- und Gemeinschaftswirksamkeit.* Das bedeutet, den Betroffenen dabei zu helfen, ihre eigenen Fähigkeiten und die Ressourcen ihrer Gemeinschaft wahrzunehmen und zu nutzen.
4. Förderung von *Verbundenheit.* Hierbei soll den Betroffenen geholfen werden, soziale Unterstützung und Kontakte wiederherzustellen und aufrechtzuerhalten.
5. Förderung von *Hoffnung*[39]. Das zielt darauf ab, den Betroffenen Zuversicht und Optimismus für die Zukunft zu vermitteln.

Der Inhalt der Stufe 1 lässt sich in zwei Heuristiken aufteilen, einmal für Laienhelfer (4 Regeln) und einmal für professionelle nicht-psychologische Helfer (Einsatzkräfte; 11 Regeln).

Die vier S-Regeln für *Laienhelfer* umfassen (s. Lasogga, 2011b, S. 74f):

1. »Sage, dass Du da bist und dass etwas geschieht!«
2. »Schirme das Notfallopfer von Zuschauern ab!«
3. »Suche vorsichtigen Körperkontakt!«
4. »Sprich und höre zu!«

Die 11 Regeln für *Einsatzkräfte* lauten (s. Lasogga, 2011b):

1. *Überblick gewinnen:* Zuallererst sollte ein Überblick über die aktuelle Lage verschafft werden. Im Allgemeinen gibt es im Vorfeld erste Informationen, doch diese müssen vor Ort bzgl. ihrer Richtigkeit überprüft werden. Allen voran ist auch auf den Eigenschutz zu achten.

Menschen gleichzeitig betreffen und erhebliche physische, psychologische und soziale Auswirkungen haben.

39 Der Begriff »Hoffnung« kann fälschlicherweise so verstanden werden, als ob »am Ende alles wieder gut wird«. Da dies nicht immer der Fall ist, kann »Perspektive« ein Begriff sein, mit dem gearbeitet werden kann.

2. *Begrüßung:* Der Helfer sollte sich gegenüber der zu betreuenden Person mit Namen und Funktion vorstellen. Im Anschluss soll deren Name erfragt werden. Eine klare, aber ruhige Stimmlage mit normaler Sprechgeschwindigkeit signalisiert Kompetenz und kann beruhigend wirken.
3. *Nonverbales Verhalten:* Neben dem verbalen, spielt auch das nonverbale Verhalten eine sehr wichtige Rolle. Körperkontakt an möglichst neutralen Stellen (Schultern, Arme, Hände; statisch oder dynamisch) und möglichst von Haut zu Haut wird meist als angenehm und beruhigend wahrgenommen. Hierbei sind jedoch die jeweils vorherrschenden situationalen Umstände und der kulturelle Hintergrund zu berücksichtigen. Bei Opfern von (sexualisierter) Gewalt ist Körperkontakt i. d. R. nicht indiziert, ebenso wenn dieser Schmerzen verursachen würde. In jedem Fall sollte dieser auf dergleichen Ebene (sitzend, hockend) stattfinden, in der sich das Opfer befindet, begleitet von Augenkontakt und in dessen Sichtfeld. Eine Decke wird oftmals als schützend und wärmend erlebt.
4. *Kompetenz zeigen:* Verhalten seitens des Helfers, welches von der zu betreuenden Person als »kompetent« wahrgenommen wird, kann sehr beruhigend wirken. Dies ist dann der Fall, wenn in ruhiger Art, Informationen gegeben werden und Handlungskompetenz gezeigt wird.
5. *Informationen:* Informationen beruhigen, in dem sie Orientierung und Sicherheit geben. Hierbei kann es um Art und Ausmaß der Verletzung gehen, sowie bzgl. des Verlaufs. Wenn eine Entwarnung gegeben werden kann, dann ist das zu tun. Ist die Verletzungsschwere nicht klar einzuschätzen, sollte eine klare Aussage entsprechenden Inhalts folgen. Bei Verletzungen, die potenziell oder mit einer gewissen Sicherheit letal sein können, ist die individuelle Situation des Helfers und des Opfers zu berücksichtigen. Auf jeden Fall kann geäußert werden, dass es sich um eine schwere bzw. ernste Verletzung handelt, und gleichzeitig, dass alles versucht wird, um zu helfen. Darüber hinaus können Informationen über bereits bekannte Ursachen und den weiteren Verlauf des Einsatzes gegeben werden.
6. *Zuhören:* Sollte der Betroffene den Wunsch haben zu sprechen, so wird diesem entsprochen. Das Thema wird von ihm selbst bestimmt und kann in solchen Situationen unangemessen bzw. banal wirken. Der Helfer hört nach dem Prinzip des aktiven Zuhörers mit, d. h., er hält den Blick aufrecht, zeigt nonverbale Quittierung (Kopf nicken etc.), versucht das Berichtete aus der Perspektive des Opfers zu betrachten und paraphrasiert, d. h., wiederholt mit eigenen Worten, das Erzählte.
7. *Selbstkontrolle stärken:* Verhalten, welches die Volition des zu Betreuenden stärkt, gibt diesem Kontrolle zurück und wirkt gegen den Kontrollverlust, der mit einem akuten traumatischen Ereignis i. d. R. einher geht. Mit Hilfe von Ja-/Nein-Fragen kann der Betroffene in Entscheidungen involviert werden, auch wenn diese banal anmuten, wie bspw. die Frage, ob eine Decke gewünscht wird. Auch hier ist der individuelle Zustand zu berücksichtigen. Sollte eine Person in einer starken Regression sein, können Fragen nach den eigenen Wünschen ihre Überforderung erhöhen. Hier gilt es, grenzwahrend und im besten Sinne für ihr Wohl stellvertretend Entscheidungen zu treffen.

8. *Psychischen Ersatz organisieren:* Muss die Betreuung unterbrochen werden, sollte die betreute Person nicht allein gelassen, sondern psychischer Ersatz organisiert werden. Hintergrund ist, dass, trotz der sehr kurzen Zeit, ein starker Bezug zum Helfer entsteht, der dann umso destabilisierender wahrgenommen wird, wenn er – auch für kurz – unterbrochen werden muss. Unterbrechungen sollten unbedingt angekündigt und der psychische Ersatz konkret benannt werden. Wenn es möglich ist, dann sollte eine ungefähre Zeitangabe erfolgen, wann der Kontakt wieder aufgenommen werden wird.
9. *Zuschauer:* Zuschauer werden im Regelfall von den Unfallopfern als belastenden Faktor erlebt. Nach Möglichkeit sollten diese aufgefordert werden, den Ereignisort zu verlassen bzw. sich von diesem zu entfernen. In begründeten Fällen kann es aber sinnvoll sein, diese in Hilfsmaßnahmen einzubinden.
10. *Umgang mit Laienhelfern:* Die Tätigkeit der Laienhelfer endet im Regelfall mit dem Ankommen der Einsatzkräfte. Es ist ratsam, eine Art »Übergabe« zu machen und die Laienhelfer um einen kurzen Bericht zu bitten. Ebenso wichtig ist es, sich als professionelle Einsatzkraft zu bedanken, ggfs. auch Anerkennung für das Geleistete zu zollen. Damit soll nicht nur ihnen Unterstützung zu Teil werden, denn auch sie sind durch das Gesehene und Erlebte belastet, sondern auch Ermutigung bei einer weiteren Gelegenheit wieder helfend tätig zu werden.
11. *Verabschiedung:* Die Verabschiedung sollte so organisiert und vonstattengehen, dass es eine Möglichkeit zur erneuten Kontaktaufnahme gibt (bspw. Visitenkarte, Informationsmaterial). Bevor diese vollzogen ist, sollte es auch die Möglichkeit geben, auf offene Fragen einzugehen, so dass für die Betroffenen das Erlebte vorerst einen Abschluss finden konnte.

Darüber hinaus werden von Lasogga (2011b) auch »Todsünden« beschrieben, die es als Helfer zu vermeiden gilt:

1. *Vorwürfe:* gehen oft aus Situationen hervor, in der die Schuldfrage eindeutig zu sein scheint und sind mitunter aus den Erfahrungen, die Helfer im Rahmen ihres Einsatzlebens machen, abzuleiten (bspw. zu schnelles Fahren, ohne passendes Equipment schwierige Bergtouren gehen). Sie wissen genau, welche Folgen bestimmtes Verhalten haben kann und haben nicht die Unbedarftheit von Zivilisten, für die lebensgefährliche Konsequenzen etwas ist, was stets den anderen passiert. Auch persönliche Überlastungszustände können dazu führen, den Betroffenen mit Vorwürfen zu begegnen. Hier gilt es, offen mit und zu sich zu sein und zu prüfen, ob man selbst an einen grenzwertigen Punkt angekommen ist. Abschließend ist zu erwähnen, dass die Schuldfrage stets von Richtern zu klären ist.
2. *Hektik* während eines Einsatzes kann viele Ursachen haben. Uneinigkeit im oder ein nicht eingespieltes Team, keine klaren Hierarchien oder der Versuch, die eigene Hilflosigkeit zu kompensieren können dahinterstehen. Ein solches Klima innerhalb der Hilfsmannschaft wird sehr schnell von den Betroffenen wahrgenommen und als Inkompetenz interpretiert, die im Regelfall die eigene Verunsicherung verstärkt.

3. *Abgestumpftheit* abschließend ist nicht mit Routine zu verwechseln. Routinierte Einsatzkräfte haben die außergewöhnliche Gabe, zügig zu handeln, ohne dabei den Eindruck einer Hast zu erwecken. Abgestumpftheit macht sich bemerkbar, wenn die aktuelle Situation allein aus der eigenen Perspektive (der x-te Einsatz) und nicht aus der des Opfers (erstmalig und somit neu) betrachtet wird. Zudem ist sie – so zeigt es die supervisorische Erfahrung – ein »gutes schlechtes« Zeichen, welches auf einen Burnout-Prozess hinweisen kann.

Stufe 2: Psychosoziale Notfallhilfe

Zeigen Betroffene Reaktionen stärkeren Ausmaßes, so gilt es, psychosoziale Notfallhilfe anzubieten. Diese ist i.d.R. dann indiziert, wenn es sich um einen Suizid oder -versuch bzw. um einen plötzlichen Tod handelt bzw. wenn bestimmte Reaktionen der Betroffenen vorhanden sind (emotionale Taubheit, Entfremdung, dissoziative Symptome etc.; s.a. Kröger et al., 2011; Lasogga, 2011b) und kann auch unmittelbar am Ort des Geschehens (on scene) erfolgen. Gegebenenfalls sind auch Seelsorger zu involvieren.

Stufe 3: Nachsorge

Sind über den ersten Kontakt noch weitere unterstützende Gespräche nötig, befinden wir uns auf Stufe 3, der Nachsorge. Auch diese wird von psychosozialen Nothelfern bzw. Fachkräften (bspw. Notfallpsychologen, Mediziner, Theologen, Sozialarbeiter) geleistet.

Stufe 4: Psychotherapie

Wie bereits im Kapitel 2.3 dargestellt, werden die wenigsten Betroffenen eine behandlungsbedürftige Symptomatik und somit eine psychotherapeutische Betreuung benötigen, die von approbierten Psychotherapeuten geleistet werden muss (► Kap. 5).

5.2.2 Hinweise für die Praxis

Welche Konsequenzen sind für den niedergelassenen Kollegen zu ziehen? Mit hoher Wahrscheinlichkeit wird es dieser nicht mit Betroffenen zu tun haben, die – wie Einsatzkräfte – gleich am Ort des Geschehens betreut werden müssen. Eher werden es welche sein, die unmittelbar danach in ein Klinikum eingeliefert bzw. im Rahmen von Großschäden auch an Praxen von Niedergelassenen vermittelt werden. Für diesen Fall lautet die Empfehlung nach dem Prinzip der psychologischen ersten Hilfe (Kröger, 2013) vorzugehen.

Noch wahrscheinlicher ist es, solche Patienten mit etwas zeitlichem Nachgang im Rahmen einer Akutbehandlung therapeutisch zu begleiten. Wie w. o. bereits ausgeführt, ist es zuallererst sinnvoll, die verschiedenen Zielgruppen voneinander zu unterscheiden (s. a. Trajektoren, ▶ Kap. 2.3). Die meisten Betroffenen werden hinsichtlich ihrer Beschwerden unmittelbar und im Nachgang asymptomatisch bzw. subklinisch, sein. Einige werden subsyndromale Ausprägungen entwickeln und dann voll remittieren. Ungefähr ein Drittel mit dem Vollbild einer PTBS wird vier bis sechs Wochen nach der Exposition wieder vollständig wiederhergestellt sein (Santiago et al., 2013), während ein weiteres Drittel unter einer Chronifizierung leiden wird (Kessler et al., 1995).

Wenn es um frühe Interventionen geht, muss somit unterschieden werden, ob es sich um Maßnahmen handelt, die bei

- asymptomatischen Betroffenen einen Symptomausbruch verhindern können oder
- bei bereits symptomatischen Betroffenen eine Verschlimmerung verhindern bzw. eine Verbesserung bewirken können oder
- bei Betroffenen mit dem Vollbild einer PTBS (oder einer anderen Diagnose) eine Verbesserung, im besten Falle eine Genesung, bewirken können.

Die aktuelle Studienlage (s. Roberts et al., 2019; s. a. Olff et al., 2025 für einen Überblick) kann wie folgt zusammengefasst werden: Es finden sich kaum Belege dafür, dass mehrere Sitzungen umfassende Interventionen, die sich an alle Betroffenen, unabhängig von ihren Symptomen, richten, wirksam sind. TF-KVT[40], Kognitive Therapie ohne Exposition, EMDR, strukturierte Schreibtherapie und internetbasierte angeleitete Selbsthilfe schneiden bei symptomatischen Betroffenen signifikant besser ab als die Warteliste. Nur die TF-KVT und die Kognitive Therapie wurden bei Personen untersucht, bei denen eine akute Belastungsstörung oder eine PTBS diagnostiziert worden war, und deren Wirkung war größer. Die Wirksamkeit von TF-KVT bei symptomatischen Betroffenen, die jedoch nicht das Vollbild dieser Diagnosen erfüllten, ist weniger gut belegt.

Die aktuellen Ergebnisse legen somit nahe, dass psychologische Interventionen, die allen Personen, die einem traumatischen Ereignis ausgesetzt waren, unabhängig von ihren Symptomen angeboten werden, nicht für den routinemäßigen Einsatz empfohlen werden können. Dies u. a. auch vor dem Hintergrund, dass es nicht zu allen Arten von traumatischen Ereignissen Daten gibt. Mehrere Interventionen (s. o.) können bei der Verringerung traumatischer Stresssymptome wirksam sein, wenn sie auf symptomatische Betroffene ausgerichtet sind.

Bislang gibt es auch keine wirksame »Pille danach« (s. a. Olff et al., 2025), um das Auftreten einer PTBS nach einer traumatischen Erfahrung zu verhindern (s. Bertolini et al., 2022 für einen Überblick).

Der »sichere Ort«

Der »sichere Ort« (s. a. Reddemann, 2016) ist eine sehr bekannte und oft eingesetzte Stabilisierungsübung in der Behandlung der PTBS. Sie dient dazu, den

40 Hauptsächlich handelte es sich um PE (▶ Kap. 5.3).

Patienten einen imaginären sicheren Rückzugsort zu verschaffen, an den er sich bei Übererregung oder Belastung zurückziehen kann. Er wird angeleitet, sich einen ihm bekannten, tatsächlichen oder imaginierten Ort vorzustellen, an dem er sich vollkommen sicher und geborgen fühlt. Durch detaillierte Beschreibungen aller Sinneseindrücke wie Geräusche, Gerüche, Texturen etc. wird der sichere Ort so lebendig wie möglich gestaltet. Sobald der Patient ihn klar vor sich sehen kann, wird er aufgefordert, sich dort hineinzuversetzen und die Atmosphäre der Geborgenheit und Sicherheit so klar und intensiv wie möglich tief wahrzunehmen (ihn gleichsam »einzuatmen«).

Diese Übung kann als Ressource dienen, um bei Belastung oder Übererregung einen Zufluchtsort zu haben, an dem sich der Betroffene stabilisieren und beruhigen kann. Sie wird meistens in den frühen Phasen der Traumabearbeitung eingesetzt, bevor die eigentliche Traumakonfrontation beginnt, kann aber auch innerhalb oder außerhalb der Therapiesitzungen jederzeit Anwendung finden, um Angst- und Stressreaktionen entgegenzuwirken. Durch regelmäßiges Üben werden der Zugang zum sicheren Ort verinnerlicht und die Fähigkeit zur Selbstberuhigung gestärkt.

5.3 Prolongierte Exposition (PE)

5.3.1 Grundgedanke

Wie im Kapitel über Epidemiologie bereits dargestellt, werden – statistisch gesehen – die meisten Menschen mindestens einmal in ihrem Leben ein traumatisches Ereignis, so wie die gängigen Klassifikationssysteme es definieren, erleben, jedoch nur ein geringer Anteil eine behandlungsbedürftige Folgestörung entwickeln. M. a. W., während bei den meisten der Prozess der natürlichen Genesung greift, gerät er bei einigen ins Stocken. Um diesen Umstand zu erklären, beziehen sich Foa & Kozak (1986) auf die Theorie von Lang (1977), nach der affektive Bilder am besten als propositionale Strukturen, d. h. als Strukturen, die mit einer Bedeutungszuweisung assoziiert sind und nicht allein als ikonische oder holistische sensorische Repräsentationen zu verstehen sind. Angst, die beim Erleben der traumatisierenden Situation entsteht und persistiert, kann somit als eine kognitive Struktur verstanden werden, die aus mentalen Repräsentationen der gefürchteten Stimuli, der Reaktionen darauf und der Bedeutung, die mit diesen Stimuli und Reaktionen assoziiert ist, verstanden werden (s. a. Hembree et al., 2013). Bei Patienten ist diese Furchtstruktur desorganisiert(er) und enthält maladaptive bzw. pathologische bedeutungsgebende Elemente, durch die eine adäquate Verarbeitung des Erlebten blockiert wird. Tatsächlich ist es so, dass traumatisierte Menschen die punktuellen Erfahrungen während des traumatischen Ereignisses generalisieren und dadurch mentale Repräsentationen von einer »grundsätzlich gefährlichen Welt« sowie gleichzeitig eigener Unfähigkeit bzw. Ohnmacht, darauf angemessen zu reagieren, erschaffen (s. a. Foa & Riggs, 1993). Ziel der Therapie muss es folglich sein, diese Elemente zu organisieren und zu modifizieren, um den natürlichen Verarbeitungsprozess wieder in Gang zu setzen. Um dies zu erreichen, müssen zwei Bedingungen erfüllt sein (Foa & Kozak, 1986):

- die Furchtstruktur muss (re-)aktiviert und
- während dieser (Re-)Aktivierung müssen Informationen präsentiert werden, die den bereits bestehenden (maladaptiven) Informationen konträr sind, so dass eine Korrektur, i. S. einer anderen Bedeutungszuweisung, möglich ist.

Somit lassen sich folgende Ziele bei der PE bestimmen (s. Keller et al., 2023):

a) Veränderung negativer posttraumatischer Reaktionen, Reduktion der belastenden emotionalen und körperlichen Symptome.
b) Abbau des Vermeidungsverhaltens und der Vermeidungsreaktionen.
c) Entwicklung von Habituationseffekten.
d) Bearbeitung (Elaboration) des Traumagedächtnisses und Neubewertung des Erlebten.

Indikatoren, die aufzeigen könnten, dass die Furchtstruktur eine Veränderung erfahren hat, wären somit eine durch die Habituation[41] entstandene Angstreduktion sowie Veränderungen in der Bedeutungszuweisung seitens des Patienten. Zudem müsste dieser besser in der Lage sein, das Erlebte mehr als separates, umschriebenes Ereignis seines Lebens zu betrachten und nicht als repräsentativ für sich bzw. die Welt. Die breite empirische Forschungslage unterstützt diese Annahme (bspw. Riggs et al., 2020), so dass die verlängerte Exposition (PE) zu den Methoden der ersten Wahl bei der Traumabehandlung zählt; dies gilt auch für die Behandlung von kPTBS-Patienten (Hembree & Foa, 2020; ▶ Kap. 5.3.5).

Dem Patienten soll die Möglichkeit gegeben werden, während der imaginativen Exposition, korrigierende Erfahrungen zu machen. Der Vergleich von damaligen und aktuellen Situationsmerkmalen (Diskriminationslernen) ermöglicht eine (adaptive) Neubewertung der Situation und bewirkt dadurch eine Veränderung der Furchtstruktur. Durch die eintretende Habituation wird das Vermeidungsverhalten abgebaut (Keller et al., 2023). Cooper et al. (2017) konnten dabei die folgenden sechs Wirkmechanismen identifizieren:

a) Emotionales Involviert-sein (emotional engagement);
b) Habituation innerhalb der Sitzung (within-session habituation);
c) Habituation an traumaassoziierten Furchtreizen zwischen den Sitzungen (between-session habituation to trauma-related fear);
d) Reorganisation des Traumanarrativs (reorganization of the trauma narrative);

41 S. a. Kapitel 5.1 zur aktuellen fachlichen Diskussion bzgl. des Mechanismus der Habituation.

e) Veränderung der traumabezogenen Überzeugungen (trauma-related belief change);
f) Inhibitionslernen (inhibitory learning).

5.3.2 Aufbau

Zu Beginn sollte geprüft werden, ob alle Voraussetzungen für eine »gute« Psychotherapie vorliegen (▶ Kap. 5.1.2). Der Aufbau ist wie folgt gegliedert (s. a. Ehring, 2019):

1. Diagnostik
2. Psychoedukation
   - Entkatastrophisierung/Normalisierung der Beschwerden
   - Vermittlung eines Entstehungs-/Aufrechterhaltungs- und Veränderungsmodells der Störung
   - Vermittlung des Therapierationals
3. Prüfung der Voraussetzungen für eine gute Traumatherapie/Prüfung sekundärer Kollisionen (▶ Kap. 2.2.1).
4. Kontraindikationen prüfen (s. a. van Minnen et al., 2012)
5. Beschreibung des Therapierationals
6. Erstellen einer Belastungshierarchie für die in vivo-Expositionen zwischen den Sitzungen (Hausaufgaben).
7. Einführung der SUDs.

5.3.3 Durchführung

Sind die oben genannten Voraussetzungen erfüllt, kann mit der konkreten Durchführung der PE begonnen werden. Der Patient wird gebeten, das Ereignis zwischen den zwei Zeitpunkten »letzte sichere Situation davor« und »erste sichere Situation danach« einzurahmen. Im Anschluss wird ihm das Konzept der SUDs erklärt (s. u.) und er soll (nach Möglichkeit) die Augen schließen und sich das traumatisierende Geschehen vor seinem inneren Auge so lebendig wie möglich und mit möglichst allen Modalitäten des Erlebens (Sehen, Riechen, Schmecken, Fühlen, Empfinden, Handlungsimpulse) vorstellen. Dann soll er dieses berichten, und zwar in der ersten Person Singular, so als ob es ihm gerade jetzt passieren würde. Der Therapeut signalisiert durch nicht-verbales (nonverbale Quittierung) und verbales Verhalten (bestätigende, ermutigende, lobende Äußerungen), dass er anwesend ist, den Patienten und dessen Erzählung begleitet und das Erlebte somit »teilt«.

Abschließend folgt eine Nachbesprechung, in der der Patient mitteilen kann, welche Erfahrungen er dabei gemacht hat und der Therapeut Rückmeldung geben kann, was ihm aufgefallen ist bzw. Änderungsvorschläge unterbreiten kann (bspw. im Präsens bleiben, mehr Modalitäten einer bestimmten Art mitteilen, die Augen permanent geschlossen halten etc.). Ist die Schilderung der Situation von kurzer Dauer (ca. 15 Min.), so kann die Prozedur (mehrmals) wiederholt werden.

Die Sitzung wird schließlich aufgenommen und der Patient erhält die Hausaufgabe, jeden Tag die Aufnahme (bei mehreren Aufnahmen, die, mit den »reichhaltigsten« Erlebnismodalitäten) eine Stunde lang anzuhören. Atemübungen können dem Patienten zwischen den Sitzungen, in seinem Alltag, helfen auf sich selbst positiv einzuwirken, wenn er in spannungsgeladene Situationen kommt. In der klassischen Variante wird PE im Rahmen von 8–15 wöchentlichen Sitzungen à 90 Min. dargeboten.

Window of Tolerance

Das Konzept des »Window of Tolerance« (Siegel, 1999) spielt eine wichtige Rolle in der Therapie von Traumafolgestörungen. Es beschreibt den optimalen Erregungszustand, in dem ein Mensch am besten in der Lage ist, Emotionen zu regulieren und mit Stress umzugehen. Innerhalb dessen fühlt sich der Patient weder überaktiviert (Hyperarousal), noch unteraktiviert (Hypoarousal). Für Traumatisierte ist dieses Fenster zu Therapiebeginn oft sehr schmal. Geringfügige Stressoren können sie leicht aus der Toleranzzone bringen und in Zustände von Erstarrung, Dissoziation bzw. oder impulsivem Verhalten verfallen lassen. Ein Hauptziel der Traumatherapie ist es daher, dieses Toleranzfenster Schritt für Schritt zu erweitern. Dazu gehören am Anfang der Behandlung Techniken der Psychoedukation, Ressourcenaktivierung und Fertigkeitentraining im Bereich der Emotionsregulation und Stresstoleranz. Durch Übungen zur Achtsamkeit, Entspannung und Verankerung in der Gegenwart lernen die Patienten, innerhalb ihres Fensters zu bleiben. In der Konfrontationsphase soll behutsam an die Grenzen dieses Bereichs herangegangen werden, denn nur wenn diese Punkte erreicht und dort für eine gewisse Zeit verweilt wird, kann der Patient lernen, den Zustand jeweils auszuhalten und so peu à peu das Fenster zu weiten.

5.3.4 Hinweise für die Praxis

Umgang mit der SUDs

Bevor mit dem Patienten die jeweilige Situation nach den oben beschriebenen Prinzipien bearbeitet wird, sollte dieser mit dem Konzept der SUDs vertraut gemacht werden. Dabei handelt es sich um eine Art »Anspannungsthermometer« und soll dem Patienten die Möglichkeit geben, seine jeweilige Anspannung auf einer Skala einzuschätzen und seinem Therapeuten mitzuteilen. Besonders wichtig ist, dass er merkt, ob und wie sie sich verändert (im Idealfall Erzählung um Erzählung weniger wird). Für den Therapeuten bietet sie auch eine sehr gute Möglichkeit zu erfahren, ob und wie gut die Methode wirkt.

Es kann sehr hilfreich sein, den Patienten zu bitten, während der Exposition wiederholt (ggfs. im Minutentakt) seine SUDs mitzuteilen. Andererseits gibt es aber auch Patienten, deren Redefluss und Lebendigkeit der Vorstellung darunter leiden; sie empfinden die wiederholte Frage nach der SUDs eher als Störung. Um dies zu vermeiden, sollte gleich nach dem ersten Durchgang dieser Punkt besprochen und nach den Erfahrungen des Patienten gefragt werden.

Psychologisch wirken Zahlen, auch wenn sie dasselbe oder ein ähnliches Verhältnis abbilden, unterschiedlich (bspw. eine Skala mit dem Bereich 1–10 bzw. 1–100). Hier kann therapeutenseits im Vorfeld überlegt werden, welchen Aufbau die SUDs am besten für den jeweiligen Patienten haben sollte.

Ganz unabhängig von der Wahl der stärksten SUDs-Ausprägungen (10 vs. 100) ist die Überlegung, welche Zahl für das geringste Ausmaß an Spannung stehen sollte. Oftmals wird der Wert »0« genommen. Hierbei ist jedoch zu bedenken, dass Menschen kaum Situationen erleben, in denen sie eine Anspannung entsprechend dem Wert 0 haben, was dazu führen kann, dass beim Patienten Erwartungen ausgelöst werden, die unrealistisch sind.

In dieselbe Richtung soll der abschließende Punkt gehen, nämlich welcher Zielwert auf der SUDs überhaupt angestrebt werden soll. Die therapeutische Erfahrung zeigt, dass dies mit dem Patienten im Vorfeld zu besprechen ist. Davon auszugehen, dass ereignisunabhängig der SUDs-Zielwert einer bearbeiteten traumatisierenden Situation bei 0 oder 1 liegen soll, ist nicht zielführend. Das würde bspw. bedeuten, ein Patient mit einer Vergewaltigungserfahrung soll sich an diese erinnern können und dabei eine Anspannung von 0 oder 1 verspüren. Dies scheint nicht nur wenig realistisch, es entspräche auch nicht der erlebten Belastung.

Massiert oder graduiert

Handelt es sich um ein Monotrauma, wird die zu konfrontierende Situation im Regelfall dieses sein. Die Einschränkung deswegen, weil es manchen Patienten sehr schwerfällt, die Situation zu schildern, so dass es sinnvoll sein kann, sie um ein paar Anspannung induzierende Elemente abzuschwächen.

Hat der Patient mehrere traumatisierende Ereignisse erlebt, sollte – nach Möglichkeit – mit demjenigen begonnen werden, welches für ihn zu diesem Zeitpunkt mit dem größten »therapeutischen Nutzen«, der größtmöglichen Symptomentlastung, verbunden ist. Dies kann das Schlimmste sein, wenn das jedoch nicht möglich ist, sollte auf dasjenige ausgewichen werden, welches ein Belastungsausmaß hat, mit dem der Patient noch zurechtkommt. Hierbei können Distraktoren (s. u.) sehr gute Dienste erweisen, um die Intensität therapeutisch indiziert abzuschwächen.

Arbeit mit Distraktoren

Distraktoren sind Elemente, die während der Konfrontation eine Abschwächung der Anspannung bewirken. Mit Bedacht eingesetzt, können sie sehr gute und vor allem sehr hilfreiche Werkzeuge sein, die es ermöglichen, kaum als erzählbar anmutende Situationen doch zu berichten und sie somit zum Konfrontationsobjekt zu machen. Solche Distraktoren können bspw. sein: ein Igelball in der Hand des Patienten, ein Gleichgewichtsbrett (balance board), auf dem selbiger steht, während er die Situation i. S. einer PE wiedergibt, ein Tau, an dem Therapeut und

Patient permanent ziehen, die Hand des Therapeuten an der Schulter oder zwischen den Schulterblättern des Patienten (natürlich nur mit dessen expliziter Zustimmung) o. ä. Der einfachste Distraktor, der nahezu immer wirkt, aber oft übersehen wird, ist die Stimme des Therapeuten bzw. der Therapeut selbst. Auch hiermit kann in der Therapiesituation experimentiert werden.

Anhören der (an Erlebensmodalitäten reichhaltigsten) Aufnahme als therapeutische Hausaufgabe zwischen den Sitzungen

Vor dem Hintergrund, dass das Wichtigste zwischen den Therapiesitzungen passiert, ist die eingehende und ausführliche Besprechung der therapeutischen Hausaufgaben essenziell. Dies beinhaltet die Tage, an denen die Hausaufgabe durchgeführt wird (idealerweise täglich), sowie die Uhrzeit (bspw. nicht abends vor dem zu Bett gehen, weil vielleicht tagsüber die Hausaufgabe vermieden wurde), die Umstände, die idealerweise herrschen sollen (bspw. nicht störbar und allein in einem Zimmer) sowie die konkrete Ausgestaltung der Situation (bspw. mit oder ohne Distraktor, offene oder geschlossene Augen) und nicht zuletzt das Festhalten wichtiger Notizen (bspw. Einsichten, Erinnerungen, Fragen, die jeweilige SUDs), um dies in der nächsten Therapiestunde besprechen zu können.

5.3.5 Wirksamkeitsnachweise

Die Effektivität von PE ist in einer ganzen Reihe von randomisierten kontrollierten Studien und Metaanalysen belegt worden (s. Galovski et al., 2021; McLean & Foa, 2024 für einen Überblick). Der durchschnittliche, mit PE behandelte Patient schnitt besser ab als 86 % der Patienten in den Kontrollbedingungen (Powers et al., 2010). Die erreichte therapeutische Verbesserung ist über 5–10 Jahre stabil (Resick et al., 2012), erstreckt sich über unterschiedliche Traumaarten (s. Bryant et al., 2008) und umschließt komorbide (van den Berg et al., 2015), wie auch assoziierte Symptome (McLean et al, 2019). Im Gegensatz zum Vorschlag der NICE-Leitlinien (NICE, 2018), wird PE auch relativ zeitnah nach Konfrontation mit einem tE mit gutem Erfolg angewandt (Haugen et al., 2023). Abschließend sei noch auf die entsprechende App (PE-Coach; Reger et al., 2023) verwiesen.

5.4 Kognitive Verarbeitungstherapie

5.4.1 Grundgedanke

Die von Patricia Resick entwickelte Kognitive Verarbeitungstherapie (Cognitive Processing Therapy; CPT; Resick & Schnicke, 1992; s. a. König et al., 2012; Resick et al., 2024a) basiert auf dem sozial-kognitiven Modell, gehört ebenfalls zur Familie der KVT-Methoden und wurde ursprünglich für die Behandlung von Opfern sexualisierter Gewalt entwickelt. Wie bei PE (▶ Kap. 5.3) wird postuliert, dass der natürliche Verlauf nach traumatisierenden Erlebnissen in eine Erholung münden wird und eine Traumafolgestörung sich erst dann entwickelt, wenn dieser Prozess ins Stocken gerät. Anders als bei der PE liegt der Schwerpunkt nicht in der Exposition, sondern auf der Veränderung der maladaptiven Kognitionen, wobei auch auf die vor dem traumatischen Ereignis vorherrschenden Überzeugungen Bezug genommen wird. Somit wird eine PTBS als eine durch Vermeidungsstrategien und problematische Bewertungsprozesse bedingte Störung der Nicht-Erholung verstanden.

Grundsätzlich sind Menschen stets bestrebt, ihre kognitiven Schemata aufrecht zu erhalten und eine gute Balance zwischen diesen und neuen Erfahrungen, die als neue Informationen verstanden werden können, herzustellen. Zwei Strategien stehen zur Verfügung, wenn es gilt diejenigen neue Informationen, die in einer (krassen) Diskrepanz zu den bestehenden Schemata stehen, zu integrieren: Über Assimilation kann das Ereignis so interpretiert werden, dass es ins Schema passt oder über Akkommodation das Schema so verändert werden, dass es mit der neuen Information kompatibel wird. Im Alltag können beide Strategien sehr funktional sein. So kann bspw. (über Assimilation) die gute Beziehung zum besten Freund weiterhin aufrechterhalten werden, auch wenn er sich ständig verspätet (»…er ist so…«) bzw. eine Beziehung beendet werden, wenn (über Akkommodation) wiederholt die Erfahrung gemacht wird, dass besagter Freund nie da ist, wenn man ihn braucht.

Traumatische Ereignisse sind in diesem Sinne auch Informationen, jedoch von extremem Ausmaß und zu den Schemata meistens diskrepant. Assimilation ist nur über eine starke Verzerrung, bspw. in Form von Selbst- oder Schuldvorwürfen (»… ich allein bin dafür verantwortlich…«) oder mentalem Ungeschehenmachen (»…, wenn ich mich nur gewehrt hätte…«), möglich. Dadurch wird zwar einerseits eine direkte Auseinandersetzung mit dem Geschehen verhindert, was die Symptome aufrechterhält, aber andererseits die vorherrschenden Überzeugungen (bspw. die Welt ist gerecht, sicher und vorhersehbar) beschützt und bestätigt. Assimilation ist somit der Versuch, das traumatische Ereignis auf eine Weise zu interpretieren, die es ermöglicht, es mit den bereits bestehenden Überzeugungen in eine Übereinstimmung zu bringen. Das eben kurz angesprochene, so genannte »Gerechte-Welt-Denken« (just-world hypothesis), dass die Welt grundsätzlich gerecht ist und jeder das bekommt, was er verdient, ist ein häufiges Beispiel von Assimilation. Demnach passiert guten Menschen Gutes und schlechten Menschen Schlechtes. Da traumatische Ereignisse eine negative Konnotation haben, geht der Betroffene davon aus, dass er etwas Schlechtes getan hätte bzw. für etwas Schlechtes bestraft würde (»Wäre ich nicht allein unterwegs, wäre ich auch nicht vergewaltigt worden.«). Zu dieser Form assimilativen Denkens gehört auch der Rückschau-Fehler (hindsight bias; ▶ Kap. 5.6.3), bei dem Vergangenes auf der Grundlage von aktuellen neuen Informationen bewertet wird, welche jedoch damals gar nicht bekannt sein konnten, was zu »falschen« Schlussfolgerungen führt. Diese Strategie ist somit der Versuch, das traumatische Ereignis im Nachhinein kontrollierbar und vorhersehbar zu machen. Dabei wird aber das tatsächlich Erlebte ebenfalls nicht verarbeitet.

Akkommodation wäre in diesem Falle die adaptive Strategie (bspw. »...ich bin grundsätzlich wehrhaft, aber es gibt Situationen, die meine Möglichkeiten übersteigen...«). Jedoch haben traumatisierte Patienten die Tendenz, ihre Überzeugungen zu sehr und ins Extreme anzupassen und gehen somit in die Über-Akkommodation. So kann ein Mensch zur Überzeugung gelangen, die Welt sei ein völlig unsicherer und unberechenbarer Ort (»...Vertrauen führt immer zur Enttäuschung...«; »...ich kann mich auf mich grundsätzlich nichts verlassen...«), während er davor eine ganz entgegengesetzte Haltung innehatte. Alternativ dazu können bereits vorbestehende negative Schemata (»die Welt ist gefährlich«, »es kann niemandem getraut werden« etc.) durch das Geschehen eine Bestätigung erfahren und somit in ihrer Gültigkeit »bewiesen« werden. In der Konsequenz beider Verarbeitungsweisen treten starke Probleme in Form von Ängsten, Rückzug oder Misstrauen auf, was sich wiederum negativ auf die zwischenmenschlichen Beziehungen auswirken kann.

Während bei Assimilation der Fokus auf der Vergangenheit liegt, bezieht sich die Über-Akkommodation auf die Gegenwart und die Zukunft. Beide Prozesse führen zu sog. »Hängepunkten« (stuck points), womit zum Ausdruck gebracht wird, dass genau an diesen Punkten, die Verarbeitung ins Stocken geraten ist.

Die CPT unterscheidet zudem zwischen »natürlichen« und »gemachten« Gefühlen. Erstere entstehen als natürliche Folge des Erlebten und sind adaptiv (bspw. Angst und Wut bei Gewalt, Trauer bei Verlust). Letztere hingegen sind Ergebnis von Interpretations- und Bewertungsprozessen. Natürliche Gefühle würden im Zeitverlauf und wenn sie bzw. ihre auslösenden Situationen nicht vermieden werden, nachlassen. Gemachte Gefühle werden durch Kognitionen aufrechterhalten und können teils sehr lange persistieren. So wird bspw. Wut auf den Täter, wenn sie ein natürliches Gefühl ist und zugelassen wird, an Intensität verlieren. Handelt es sich jedoch um Wut i. S. eines gemachten (sekundären) Gefühls, bspw. wenn der Betroffene das damit assoziierte Ereignis nicht akzeptieren kann (»...das darf nicht sein...«), kann sie teils Jahre lang anhalten.

Zusammenfassend sind die Grundgedanken der CPT, dass die Betroffenen versuchen das traumatische Geschehen in ihre bereits vorhandenen Grundüberzeugungen zu assimilieren, die sich aus positiven oder negativen Überzeugungen über sich selbst, andere und die Welt zusammensetzen. Weiters wird postuliert, dass problematische vergangene Bewertungen zu übergeneralisierten maladaptiven Schemata und Grundüberzeugungen über das Selbst, andere und die Welt nach der Traumatisierung führen bzw. solche bestätigen können.

5.4.2 Aufbau

Die deutsche Adaptation (König et al., 2012) beinhaltet 15 Sitzungen, denen jeweils zahlreiche Arbeitsblätter zugeordnet sind, und somit drei mehr als das US-amerikanische Original. Die Sitzungen haben folgende Schwerpunktsetzung:

1. Psychoedukation
2. Ziele und Hängepunkte

3. Die Bedeutung des Ereignisses
4. ABC-Blätter und Alltagsbewältigung
5. Gedanken und Gefühle identifizieren
6. Die Erinnerung an das Trauma
7. Hängepunkte finden
8. Hilfreiche Fragen
9. Problematische Denkmuster

In den Sitzungen 10–15 werden die nach der CPT zentralen Themenbereiche bearbeitet, die häufig mit maladaptiven, dysfunktionalen Überzeugungen einhergehen:

10. Sicherheit
11. Vertrauen
12. Macht und Kontrolle
13. Wertschätzung
14. Intimität und Selbstfürsorge

Die abschließende 15. Sitzung ist der Reflexion und dem Abschluss gewidmet.

Basierend auf Studien (Resick et al., 2008) mit dem Ziel, die Wirksamkeit einzelner Komponenten von CPT zu erfassen (dismantling studies), wurde in der aktuellen Version der kognitiven Komponente mehr Gewicht beigemessen als der narrativen (s. Galovski et al., 2021). Somit wurde das anfangs obligatorische Kapitel des Behandlungsprotokolls, in dem eine narrative Exposition in schriftlicher Form stattfand (»written exposure«), zum fakultativen Kapitel, das optional eingesetzt werden kann. Zudem wurde diese »written exposure« in »written account« umbenannt, da es nicht der gängigen Definition von Exposition, i. S. einer wiederholten Konfrontation mit dem Ziel der Habituation, entsprach. Die alleinig kognitive Form der CPT wird dabei »CPT-C« (C für cognitive) genannt und der optionale narrative Teil »WA« (written account); wird die CPT mit dem WA kombiniert, so wird dies als »CPT+A« bezeichnet.

5.4.3 Durchführung

Wie bereits erwähnt, wurde – aufgrund der Möglichkeiten, die das deutsche Gesundheitssystem bietet – in der deutschen Adaptation (König et al., 2012; König & Rosner, 2014) das Manual um drei Sitzungen erweitert. Diese Erweiterung bezieht sich auf die Auseinandersetzung mit den Therapiezielen (Sitzung 2), mehr Zeit für die ABC-Arbeitsblätter (Sitzung 4) und eine eigens für die Beendigung und die Rückfallprophylaxe reservierten Sitzung (Sitzung 14). Ebenso haben einige Arbeitsblätter eine leichte Überarbeitung erfahren und neue Arbeitsblätter wurden hinzugefügt (bspw. zur Psychoedukation).

Die eben dargestellten Behandlungssitzungen lassen sich im US-amerikanischen Original fünf Behandlungsphasen zuordnen (s. Galovski et al., 2021). In einer vorbereitenden Phase 1 wird die PTBS- und komorbide Diagnostik durchgeführt sowie weitere für die Therapie relevante Informationen eruiert (bspw. Suizidalität, Suchtmittelgebrauch). In der Phase 2 (Sitzungen 1–3) folgt die Psychoedukation über PTBS sowie eine Einführung bzgl. der Rolle von Gedanken und Emotionen anhand der kognitiven Theorie. Phase 3 (Sitzungen 4–5) besteht darin, sich entgegen den Vermeidungstendenzen mit den Erinnerungen an das traumatisierende Geschehen auseinander zu setzen und die damit einhergehenden natürlichen Emotionen zu spüren und auszudrücken. Ebenso werden die Hängepunkte (s. o.) identifiziert, die in der Phase 4 (Sitzungen 6–7) mit Hilfe des sokratischen Dialogs und darauf aufbauenden Hausaufgaben bearbeitet werden. Die abschließende Phase 5 (Sitzungen 8–12) ist den w. o. beschriebenen zentralen Themen Sicherheit, Vertrauen, Macht/Kontrolle, Wertschätzung und Intimität gewidmet. Hier gilt es auch, sich mit der Zukunft auseinander zu setzen wie auch mit der Rückfallprävention.

5.4.4 Hinweise für die Praxis

Die CPT ist eine sehr robuste Methode (▶ Kap. 5.4.5), so dass der Therapeut angehalten und eingeladen ist, die Länge der Therapie nicht nach dem Manual zu bestimmen, sondern nach den Notwendigkeiten und individuellen Konstellationen seines Patienten. Somit kann die Therapie früher beendet oder um weitere Sitzungen ergänzen werden, ohne deren Effektivität zu schmälern (Galovski et al., 2012).

Vorsicht ist dann geboten, wenn es sich um Patienten handelt, die akute bzw. sehr stark ausgeprägte psychotische, Sucht-, depressive, dissoziative oder Paniksymptome aufweisen. Hier gilt es, CPT dann einzusetzen, wenn diese Beschwerden nicht mehr prominent sind. Auch wenn es aktuell keine konkreten Kriterien dafür gibt, welcher Patient speziell vom optionalen Modul WA (s. o.) profitieren wird, gibt es Hinweise, dass dies bei vorhandener dissoziativer Symptomatik der Fall sein kann (s. Galovski et al., 2021).

5.4.5 Wirksamkeitsnachweise

Die Wirksamkeit und Effektivität der CPT ist in verschiedenen Patientengruppen (Opfer sexualisierter Gewalt, Kriegsveteranen, aktive Soldaten) und Formaten (Einzel-, Gruppensetting, eHealth) nachgewiesen worden; auch bzgl. etwaiger Komorbiditäten (s. Galovski et al., 2020; Galovski et al., 2021 sowie Resick et al., 2024b für einen Überblick). Zudem wurden vom klassischen CPT-Protokoll abweichende Varianten untersucht und als wirksam befunden (ebd.), bspw. CPT-C (»cognitive only«, d. h. ohne das Element der Verschriftlichung des Geschehens), CPT-SA (»sexual assault«, d. h. speziell für Überlebende von sexueller Gewalt, MCPT (»modified CPT«, d. h. mit variabler Sitzungsanzahl bezogen auf ein vorher festgelegtes Therapieziel). Auch im Vergleich zu PE zeigt sich die CPT effektiv. Resick und andere (2002) konnten in einer randomisierten kontrollierten Studie herausfinden, dass beide Interventionen im Vergleich zur Kontrollbedingung zu einer signifikanten Abnahme der Trauma- und depressiven Symptomatik führten.

Jedoch reduzierten sich Schuldgefühle, gesundheitsbezogene Sorgen, Hoffnungslosigkeit und Suizidgedanken stärker unter der CPT-Bedingung (s. Galovski et al., 2022). Die Erfolge waren auch 5–10 Jahre später konstant. In einer deutschen Studie (Butollo et al., 2016) wurde CPT mit der dialogischen Exposition (Butollo & Karl, 2012) verglichen, wobei sich beide Interventionen als gleich wirksam erwiesen.

5.5 Narrative Expositionstherapie (NET)

5.5.1 Grundgedanke

Die Narrative Expositionstherapie (NET; Schauer et al., 2011; 2024; Neuner et al., 2021) ist ein traumfokussierter, biografisch-aufarbeitender (Schauer et al. 2017) Therapieansatz, der hauptsächlich für Opfer von wiederholten traumatischen Erfahrungen (bspw. Krieg, Folter, Misshandlungen in der Kindheit) entwickelt wurde. Im Gegensatz zu anderen Methoden steht hier nicht allein das Index-Trauma im Fokus, sondern die wichtigsten emotionalen Erfahrungen der gesamten Lebensspanne (Lebensspannenansatz) des Patienten.

Das ursprüngliche Konzept ist die Testimony Therapy (Cienfuegos & Monelli, 1983)[42] eine Therapieform, um Opfern politischer Gewalt und Verfolgung während der Pinochet-Diktatur (1983–1990) in Chile zu helfen, ihre traumatischen Erfahrungen zu verarbeiten. Leitend war die Idee, dass das Teilen der Geschichte des Traumas und das Empfangen von Zeugnissen und Unterstützung von anderen Überlebenden und Angehörigen heilend und befähigend sein können. Entsprechend wurden die Patienten ermutigt, ihre Geschichte zu erzählen und aufzuzeichnen, wobei der Fokus auf den emotionalen und kulturellen Bedeutungen der Erfahrung lag.

In dieser Tradition der Menschenrechtsarbeit sieht sich die NET auch heute noch, entsprechend gibt es weder ein kommerzielles Bestreben noch ein Zertifizierungssystem. Die Methode kann selbstverständlich von erfahrenden Psychotherapeuten erlernt werden, jedoch wird betont, dass sie stets auf die individuellen Belange und Bedürfnisse des jeweiligen Patienten angepasst werden muss. Entsprechend ist NET auch nicht sozialpolitisch neutral, sondern sieht sich in der Anwaltschaft für Menschen, die Opfer von Menschenrechtsverletzungen und Gewalt geworden sind. Weiters betrachtet sie sich als kontext- und kulturübergreifende sowie als maximal pragmatische Methode, da sie ursprünglich in Regionen zur Anwendung kam, die über kein gut strukturiertes und ausgebautes Gesundheitssystem verfügten. Wie von der WHO für Regionen mit entsprechender Not-

42 Aus Sicherheitsgründen wurde die Arbeit ursprünglich unter diesen Pseudonymen veröffentlicht. Die richtigen Namen der beiden Psychologinnen lauten Elizabeth Lira und Eugenia Weinstein.

wendigkeit vorgeschlagen, lässt sich NET im Rahmen eines Task-shiftings auch von ausgebildeten Laientherapeuten erlernen und mit guter Wirksamkeit anwenden.

Die NET steht wissenschaftlich in der Tradition der Gedächtnistheorie der Interacting Cognitive Systems (ICS; Teasdale & Barnard, 1993) sowie der darauf aufbauenden dualen Repräsentationstheorie (dual representational theory; Brewin et al., 1996). Zudem gibt es klare Bezüge zu den Netzwerktheorien (Foa & Kozak, 1986; Lang, 1979). Demnach werden Erinnerungen in zwei Gedächtnissysteme abgespeichert: in einem Bedrohungsnetzwerk (»heißes Gedächtnis«) und in einem Kontextspeicher (»kaltes Gedächtnis«). Während diese beiden Speicher im Normalfall füreinander zugänglich sind und zusammenarbeiten, kommt es aufgrund der Vehemenz der traumatisierenden Situation zu deren Aufspaltung (Dissoziation[43]), was die Entstehung und Aufrechterhaltung der Traumasymptomatik bedingt. Die folgenden drei Betrachtungsebenen werden von der NET bzgl. der Entstehung und Aufrechterhaltung der Traumasymptomatik unterschieden (s. Abb. 5.2):

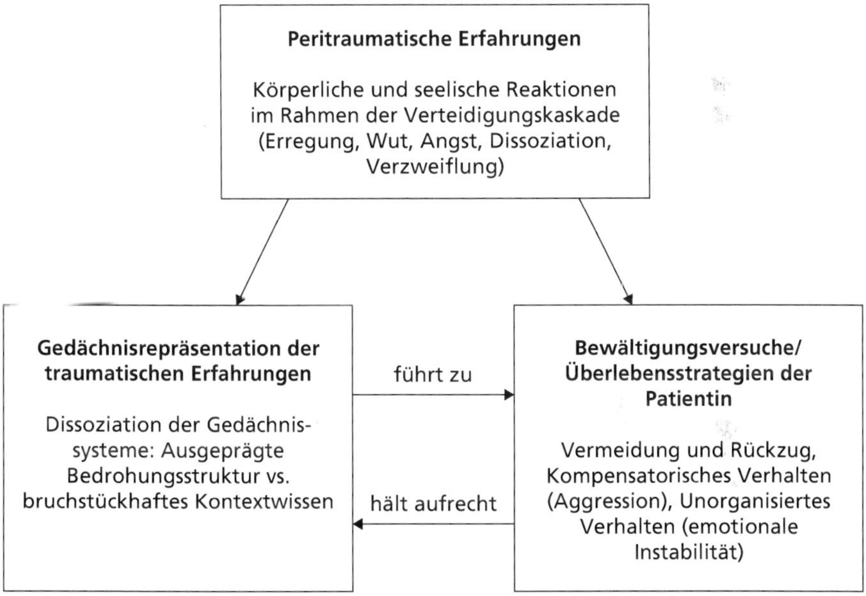

Abb. 5.2: Störungsmodell der NET (Neuner et al., 2021)

a) Peritraumatische Erfahrungen

Die peritraumatischen Erfahrungen, d. h. das emotionale, kognitive, physiologische Erleben sowie Verhalten während des traumatisierenden Geschehens, sind im Re-

43 Der Begriff »Dissoziation« wird in diesem Modell tatsächlich in diesem Sinne verwendet und zeigt einmal mehr seine Polyvalenz mit den daraus resultierenden Schwierigkeiten bei seinem Gebrauch in Theorie und Praxis.

gelfall so vehement, bedrohlich und für den Betroffenen so außerhalb der gewohnten und gewöhnlichen menschlichen Erfahrung, dass sie nicht integriert werden können und auch im Nachgang nichts von ihrer Potenz verlieren. Ganz im Gegenteil: Sie bleiben meistens besonders gut im Gedächtnis und um diese äußerlich und innerlich auch weiterhin fernzuhalten, wird auf z.T. starke Vermeidungsstrategien zurückgegriffen.

Mit Hilfe der Theorie der Verteidigungskaskade (s. Neuner et al., 2021) wird die Stressreaktion in ihrem zeitlichen und phasenhaften Ablauf, abhängig von der Bedrohungsintensität, der Nähe zum Bedrohungsreiz und den Möglichkeiten zu reagieren sehr genau beschrieben (s. Abb. 5.3).

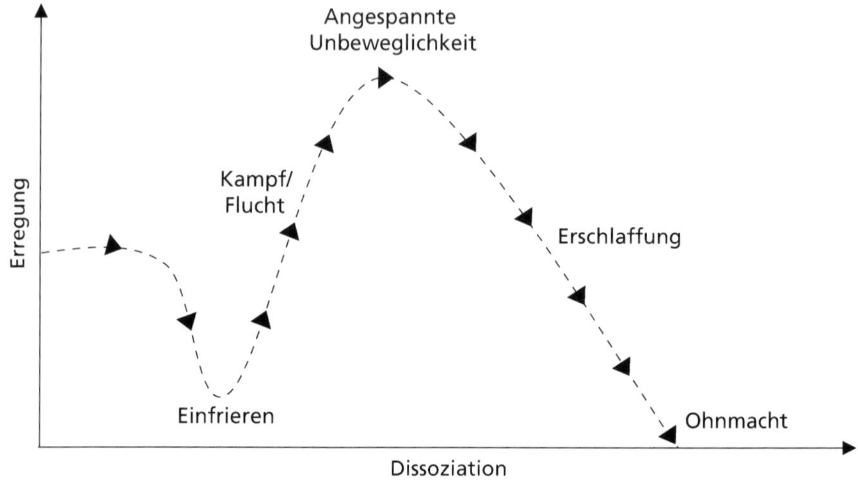

Abb. 5.3: Verteidigungskaskade (modifiziert nach Neuner et al., 2021, S. 8)

Zu Beginn kommt es zu einer sehr starken, nur ein paar Sekunden anhaltenden, Orientierungsreaktion (Freezing), die durch ein Absenken der Erregung und starke Aufmerksamkeitsfokussierung nach außen gekennzeichnet ist. In dieser Phase soll entschieden werden, ob die Bedrohung ein Ausmaß erreicht, welches Kampf (einhergehend mit Ärger oder Wut) oder Flucht (einhergehend mit Furcht) erforderlich macht. Die Erregung steigert sich in der nachfolgenden zweiten Phase (Kampf-Flucht-Reaktion), um in der dritten Phase (tonische Immobilität; angespannte Unbeweglichkeit; Todstellreflex) ihren Höhepunkt zu erreichen. Die Besonderheit in dieser Phase liegt darin, dass beim Organismus zwei kontrastierende Reaktionen gleichzeitig vorliegen: einerseits eine sehr starke physiologische Erregung bei gleichzeitiger motorischer Erstarrung. Aus evolutionsbiologischer Perspektive ergibt dies jedoch durchaus Sinn: Der Jäger könnte durch das Totstellen getäuscht und dazu bewogen werden, abzulassen und in dem Moment könnte die starke motorische Erregung eine Flucht erleichtern. Es folgt die Phase der Erschlaffung, die im Extremfall in die letzte Phase (Ohnmacht und ggfs. Dissoziation[44]) übergehen kann, einem Zustand, der durch ein extremes Absinken der Erregung gekennzeichnet ist. Die Betroffenen zeigen sich darin von den aktuellen Bedingungen stark entbunden, als ob sie sich aufgegeben haben.

b) Abspeicherung des traumatisierenden Erlebens im Gedächtnis (Gedächtnisrepräsentation)

Das Bedrohungsnetzwerk (heißes Gedächtnis) kann als Sonderform eines assoziativen Netzwerkes verstanden werden, das die traumatischen Erfahrungen abspeichert. Diese geschieht jedoch – nach wie vor aufgrund der Potenz der Ereignisse – ohne raum-zeitlichen Kontext. Es bildet sich somit eine Struktur aus sensorischen, kognitiven, emotionalen und physiologischen Komponenten, die wie »Kugeln an Fäden« eng miteinander verbunden sind; sie stellen eine Art Abbildung der Reiz- und Reaktionsmerkmale der traumatisierenden Erfahrung(en) dar. Werden – wie bei komplex traumatisierten Patienten sehr häufig – mehrere solcher Erfahrungen durchlebt, überschneiden sich die Bedrohungsnetzwerke, weil sie – auch wenn inhaltlich verschieden – doch viele sensorische, kognitive, emotionale und physiologische Ähnlichkeiten aufweisen. Im Nachgang können äußere und innere Trigger diese aktivieren und dies i. S. eines »Durcheinanders«, das für den Patienten erstmal nicht versteh- oder nachvollziehbar ist, was wiederum angstverstärkend wirkt. Anders als normale assoziative Netzwerke zeichnen sich Bedrohungsnetzwerke durch ihre Größe und Zeitstabilität sowie durch sehr starke Verbindungen zwischen den einzelnen Elementen aus. Durch diesen Umstand kann erklärt werden, dass sie so leicht aktivierbar sind und die Betroffenen über Flashbacks klagen. Besonders hervorzuheben ist, wenn solche Erfahrungen wiederholt in der Kindheit passieren, dass sich so genannte generische Netzwerke bilden, die eine Art grundlegende Reaktionsbereitschaft auf bestimmte Reize darstellen.

Neben dem Bedrohungsnetzwerk existiert jedoch, wie bereits geschrieben, auch ein sog. Kontextspeicher (kaltes Gedächtnis). Menschen lernen nämlich nicht nur einfache Reiz-Reaktions-Verbindungen, sondern betten diese in den jeweiligen Kontext ein. Dieses Kontextlernen ist aus mehreren Gründen sehr wichtig: Erstens bestimmt der jeweilige Kontext die Qualität einer gelernten Reiz-Reaktions-Verbindung; je nachdem kann diese eine Gefahr bedeuten oder eben nicht. Der zweite Grund hat mit dem Extinktionslernen zu tun. Wird eine gelernte Reiz-Reaktions-Verbindung, die in einem Kontext mit Gefahr assoziiert ist, in einen ungefährlichen Kontext wiederholt, so kann sie an Potenz verlieren, ein Umstand, der in der KVT bei der Konfrontation genutzt wird und sehr wirksam ist (Extinktion).

Der Kontextspeicher besteht nicht nur aus der raum-zeitlichen Verbindung von Erfahrungen. In der NET wird betont, dass das autobiografische Gedächtnis die kognitive Struktur, der konzeptuelle Rahmen, ist, in der Erinnerungen chronologisch, thematisch und raum-zeitlich geordnet sind. Im Normalfall ist das wie die

44 S. Fußnote 46, wobei Neuner und andere (2021) explizit betonen, dass es nicht nur in dieser Phase zu dissoziativen Phänomenen kommen kann.

Bibliothek des Menschen zu verstehen, die er selbst nach bestimmten Ordnungsprinzipien aufgebaut hat und die durch Kohärenz (sinnvolle Bedeutungszusammenhänge) gekennzeichnet ist. Bei traumatisierten Menschen kann diese Bibliothek eine mehr oder minder starke Unordnung aufweisen, was die traumatypische Symptomatik bedingt. Die Ursache dafür liegt in der menschlichen Neurobiologie: Assoziatives Lernen wird durch die Neurotransmitter Adrenalin und Noradrenalin verstärkt, während Stresshormone das Kontextlernen hemmen. Traumaerinnerungen gehen mit einer sehr starken Bedrohung und gleichzeitig wenig Kontext einher. Kontextwissen kann im Idealfall die mit einer Traumaerinnerung einhergehende subjektive Bedrohung hemmen, weil dies aber durch die Vermeidung nicht zugelassen wird, bleibt diese Erinnerung entkontextualisiert und wirkt somit mit ihrer »Hier-und-Jetzt«-Qualität weiter. Mit anderen Worten: »Diese Unverbundenheit von assoziativem Lernen und Kontextlernen ist die Grundlage für die Symptome der PTBS« (Neuner et al., 2021, S. 16).

c) Bewältigungsversuche der Betroffenen

Die Bewältigungsversuche sind als Überlebensstrategien zu verstehen und lassen sich prototypisch in Flucht (bspw. Vermeidungsstrategien, Grübeln, Gedankenunterdrückung; eher mit Angst- und depressiven Störungen assoziiert), Kompensation (bspw. Aggression, Delinquenz; eher mit Erfahrungen von Invalidierung und Erniedrigung assoziiert) und Desorganisation (bspw. Reizbarkeit, emotionale Instabilität, Selbstverletzung; eher mit einer Borderline-Persönlichkeitsstörung assoziiert) unterscheiden. Allesamt sind es (kurzfristig) sehr wirksame Strategien, die jedoch die Symptomatik letztendlich aufrechterhalten, somit chronifizieren und nicht zuletzt komorbiden Störungen mitbedingen.

Nach aktueller Forschungslage ist die NET dann indiziert, wenn die PTBS (unabhängig von der Art der Traumatisierung) die Primärdiagnose ist und therapeutisch behandelt werden soll, auch wenn erste Ergebnisse darauf hindeuten, dass durch dieses therapeutische Vorgehen ebenso depressive und dissoziative Symptome gebessert werden, wie auch Patienten mit einer komorbiden BPS (auch ohne vorherige Stabilisierung) bzw. komplexen Traumafolgestörungen davon profitieren. Ebenso kann die NET bei subsyndormaler Ausprägung angewandt werden, wenn der Leidensdruck des Patienten zu groß ist (s. Neuner et al., 2021 für einen Überblick).

5.5.2 Aufbau

Das klassische Therapierational sieht 6–14 Sitzungen jeweils mit 90 Min. vor. Je nach Situation und Thematik kann davon abgewichen werden. Wie bei jeder Konfrontationssitzung empfiehlt es sich, genügend Zeitpuffer (120 Min.) vorzuhalten. Die Autoren empfehlen, die Anzahl der Sitzungen von vorneherein zu begrenzen, um etwaigen Vermeidungstendenzen seitens der Patienten vorzubeugen. Hier die einzelnen Phasen im Überblick:

- Diagnostik und probatorische Phase
- Sitzung 1: Psychoedukation
- Sitzung 2. Aufbau der Lebenslinie (max. eine Doppelsitzung)
- Sitzung 3: Auftaktphase
- Sitzung 4. Patient beginnt chronologisch mit seiner Erzählung; narrative Exposition der ersten wichtigen Lebensereignisse.
- Sitzung 5–11: Das Narrativ der jeweils letzten Sitzung wird vorgelesen, ggfs. korrigiert; das chronologisch nächste Ereignis wird narrativ exponiert.
- Sitzung 12: Abschlussreflexion der Lebenslinie und der Narration; ggfs. die Lebenslinie anpassen.

5.5.3 Durchführung

Wie bei den anderen traumatherapeutischen Ansätzen geht es auch bei der NET darum, die traumatisierenden Geschehnisse im Nachhinein räumlich und zeitlich zu kontextualisieren, zu versprachlichen, zu strukturieren und sie in eine kohärente Erzählung (Narrativ; Bedrohungsstruktur und Kontextspeicher werden wieder assoziiert) zu überführen, so dass durch die damit erreichte, veränderte Gedächtnisrepräsentation eine Reduktion der traumatypischen Beschwerden erzielt werden kann (kalte sollen an die heißen Erinnerungen angebunden werden). Da komplex traumatisierte Patienten im Regelfall mehrere traumatisierende Ereignisse erlebt haben, gibt es kein so genanntes Index-Trauma, welches im Vordergrund steht, sondern (und das gilt als Alleinstellungsmerkmal der NET) die gesamte Lebensspanne (s. o.). Durch das grenzwahrende und Sicherheit gebende Beziehungsangebot des Therapeuten wird dem Patienten zudem die Möglichkeit gegeben, positiv-korrigierende Beziehungserfahrungen zu machen.

Nach einer ausführlichen Diagnostik beginnt die psychotherapeutische Arbeit klassischerweise mit der Psychoedukation. Dabei wird das Therapierational eingehend beschrieben und erklärt, zudem wird die informierte Entscheidung (informed consent) des Patienten eingeholt. Wichtig ist, die Inhalte so zu präsentieren, dass sie für den individuellen Patienten und seine persönliche Situation nachvollziehbar sind. Dabei kann auf verschiedene Medien (Ratgeber, Metaphern [bspw. die Schrankmetapher] etc.) zurückgegriffen werden, wobei jedoch die Inhalte einer klaren chronologischen Struktur folgen.

Diese beginnt mit der Rückmeldung und Besprechung der Diagnostik, was beim Patienten eine Normalisierung seiner Symptomatik bewirken soll. Es folgt die eigentliche Psychoedukation, in der sehr genau auf die zwei weiter oben im Text beschriebenen Gedächtnismodelle eingegangen wird. Daran schließt sich die Darstellung des Therapierationals nach der NET, gefolgt von möglichen Risiken und Nebenwirkungen der Therapie.

Die Psychoedukation ist nicht mit einer Sitzung abgeschlossen, sondern auf sie wird bzw. es muss auf sie in der Therapie immer wieder zurückgegriffen werden, wenn es zu bestimmten Schwierigkeiten (bspw. während der Expositionsphase) kommt.

Als nächstes soll in einer Sitzung, die nicht länger als eine Doppelsitzung sein soll, die Lebenslinie des Patienten aufgebaut werden. Dabei wird ein Seil (ca. 3 m Länge) auf den Boden gelegt. Der Anfang steht für die Geburt und das nicht aufgewickelte Ende für die (ihrer Natur nach ungewisse) Zukunft des Patienten. Nun werden mit Platzhaltern besondere Lebensereignisse markiert. Unterschiedlich große und farbige Blumen stehen für positive, (große oder kleine) Steine für negative, Kerzen für Verlust- und Stöcke für Gewaltereignisse. Jedes Ereignis bekommt einen Titel, ein Datum und wird einem Lebensalter des Patienten zugeordnet, ohne dass es zu diesem Zeitpunkt eingehender beschrieben wird. Diese Lebenslinie wird als vorläufig betrachtet und kann im Verlauf der Therapie verändert werden. Auch geht es nicht darum, alle wichtigen Ereignisse im Leben des Betroffenen exakt zu identifizieren, sondern die, welche eine besonders wichtige Bedeutung[45] haben und das so genau, wie es dem Patienten aktuell möglich erscheint. Sobald die Lebenslinie fertiggestellt ist, wird sie fotografiert und bestenfalls in Form einer digitalen Skizze überführt, so dass sie ggfs. im Therapieverlauf verändert werden kann. Pro Therapiesitzung sollen nicht mehr als zwei Ereignisse besprochen und wenn weniger als 40 Min. Zeit verbleiben, soll nicht mit der Besprechung eines (weiteren) Ereignisses begonnen werden. Jede Sitzung wird in folgende Phasen eingeteilt:

Auftaktphase: Hier werden kurz Themen besprochen, die in der Zeit seit der letzten Sitzung aufgekommen sind, sowie der aktuelle körperliche und psychische Zustand des Patienten.

Vorlesen: Das Narrativ der letzten Sitzung wird dem Patienten in der Ich- und Vergangenheitsform vorgelesen und ggfs. korrigiert/ergänzt. Wichtig ist, dass dieser dabei sehr aktiv zuhört; der Therapeut achtet möglichst genau, ob und wie sich dessen Zustand dabei möglicherweise ändert.

Narration: Das chronologisch nächste Ereignis wird narrativ exponiert. Für jede Narration gilt, dass sie jeweils mit einem gut erinnerbaren Moment, mit guter raum-zeitlicher Einbettung beginnen und enden soll. Obwohl positive und negative Ereignisse exponiert werden sollen, liegt der Fokus auf den traumatischen Ereignissen. Anders als bei der PE (▶ Kap. 5.3) bleibt der Patient während seiner Erzählung in der Vergangenheitsform. Allerdings sollen so viele Details möglichst aller Erlebnismodalitäten (gesehen, gefühlt, gerochen, geschmeckt, empfunden) so gut wie möglich beschrieben werden, wobei der Therapeut darauf achtet, dass sich inhaltliche und kontextuelle Fakten abwechseln.

Höhepunkt: Innerhalb eines traumatisierenden Geschehens gibt es Momente, die mit einer besonders starken Belastung einhergehen. Diesen emotionalen Höhepunkten wird besondere Aufmerksamkeit gegeben, wie auch den so genannten Wendepunkten, d. h. Momenten, bei denen es zu einem Wechsel in der Gefühlslage des Patienten gekommen ist. Diese werden in ihrer genauen Beschaffenheit (was wurde gedacht, gefühlt, empfunden, getan) exploriert, verbalisiert und kontextualisiert. Um dies zu erreichen kann es hilfreich sein, mit der Sprechgeschwindigkeit zu experimentieren, bspw. diese (bis hin zu Zeitlupe) zu verlangsamen. In

45 Auch diese Bedeutung kann sich im Verlauf der eingehenden Bearbeitung der einzelnen Ereignisse (in beide Richtungen) verändern.

der therapeutischen Beziehung versucht der Therapeut die klientenzentrierten Variablen (Empathie, Kongruenz, unbedingte Wertschätzung) zu realisieren.

Abschluss: Abschließend wird mit dem Patienten die subjektive Bedeutung des bearbeiteten Ereignisses reflektiert, ohne dass dabei auf konkrete Techniken der Kognitiven Therapie zurückgegriffen wird.

Zwischen den Sitzungen werden die Narrative des Patienten vom Therapeuten selbst oder einer Hilfsperson zusammengefasst. Zu Beginn der nächsten Sitzung werden sie dem Patienten langsam und in der Ich-Form vorgelesen und ggfs. korrigiert.

In der abschließenden Sitzung wird (s. o.) die Lebenslinie, vielleicht nun verändert, erneut gelegt und der Patient wird eingeladen, über seine Hoffnungen und Ziele in der Zukunft zu sprechen. Auch diese bekommen einen Platzhalter (Blumen), der auf das Knäul gelegt wird. Die erarbeiteten übergreifenden Bedeutungen werden nochmal eingehend besprochen und abschließend werden zwei Exemplare der fertiggestellten Narration (von allen Beteiligten) unterschrieben. Eines wird dem Patienten gegeben und eines behält der Therapeut.

5.5.4 Hinweise für die Praxis

Das ausführliche Studium der NET-Manuale ist sehr lohnend, unabhängig davon, ob diese Methode angewandt wird oder nicht. In diesen wird einerseits eine sehr respektvolle, grenzwahrende und wertschätzende Haltung gegenüber den Patienten transportiert. Andererseits wird auch klar gemacht, dass Traumatherapie gleichzeitig eine gewisse Disziplin und Stringenz auf beiden Seiten braucht.

Der Aufbau der Lebenslinie kann eine sehr gute Technik sein, um die Erhebung der biographischen Anamnese zu unterstützen. Nicht selten sind die Patienten ob der Anzahl der erlebten schrecklichen Ereignisse entsetzt, aber gleichzeitig auch erstaunt, dass es auch positive Erlebnisse in ihrem Leben gab (manchmal wenige, manchmal mehrere), die nicht so prominent in Erscheinung treten wie die schmerzhaften.

Im Manual (Neuner et al., 2021) wird explizit darauf hingewiesen, dass NET auch ein Modul innerhalb eines übergreifenden Therapiekonzepts sein kann. Dies verbunden mit dem Hinweis, NET als Erstes anzuwenden, denn durch ihre Lebensspannenperspektive schafft sie hervorragende Grundlagen für eine etwaige weitere Bearbeitung von spezifischen Anliegen des Patienten. Auch wenn es aktuell keine empirische Evidenz dafür gibt, so kann der Therapeut versuchen, sofern er es fachlich vertreten kann, zusätzlich Techniken anzuwenden, die bestimmte Situationen explizit und direkter konfrontieren (bspw. PE; ▶ Kap. 5.3).

Für die NET liegen aktuell zwei Manuale vor, ein kompaktes in deutscher (Neuner et al., 2021) und ein ausführliches (Schauer et al., 2024) in englischer Sprache. Letzteres ist in weiteren acht Sprachen übersetzt. Zudem existieren auch Varianten für die therapeutische Arbeit mit Kindern (KIDNET), mit traumatisierten Gewalttätern (FORNET) und sogar mit traumatisierten Gemeinschaften (NETfacts).

Die Lebensrückblick-Therapie (LRT)

Ebenfalls zur Familie der narrativen Interventionen gehört die Life-Review-Therapy (Lebensrückblick-Therapie; LRT; Butler, 1963). Sie bietet bei der psychotherapeutischen Behandlung von Patienten im Senium, erstmal unabhängig von der zugrundeliegenden Symptomatik, die Möglichkeit, ihre Lebensgeschichte zu rekonstruieren, vergangene Ereignisse zu verarbeiten und einen Sinn in ihrem Leben (wieder) zu finden. Dafür wird auf strukturierte Weise das gesamte Leben therapeutisch rückblickend erinnert, strukturiert und (um)bewertet (s. Böttche et al., 2019).

Maercker (2002; s. a. Knaevelsrud et al., 2012; Maercker & Zöllner, 2002) hat das Therapierational der LRT auf die Belange einer PTBS adaptiert und die Integration des Traumas in die Lebensgeschichte sowie die Stärkung positiver Bewältigungserfahrungen in den Vordergrund gelegt. Es werden verschiedene Techniken genutzt, wie bspw. der Einsatz von Erinnerungsstücken, Familienbäumen und geleitetes Vorstellen, um Erinnerungen zu evozieren und zu bearbeiten bzw. zu integrieren. Die folgenden drei Annahmen (Maercker & Zöllner, 2003) sind leitend:

a) *Lebensbilanz:* Die traumatisierenden Erlebnisse überschatten die positiven Erfahrungen, was zu einer unausgewogenen und undifferenzierten Lebensbilanz führt.
b) *Traumagedächtnis*: Ungenügende bzw. fehlende Elaboration des traumatischen Ereignisses im Gedächtnis (▶ Kap. 4.1).
c) *Sinnfindung:* Ältere Menschen verfügen über verschütt gegangene Reifungs- und Bewältigungskompetenzen, die in der Therapie reaktiviert werden können.

Die gesamte Therapie umfasst die folgenden 12–15 Sitzungen (Maercker & Zöllner, 2003, S. 219):

1. »Einführungsgespräch
2. Diagnostisches Interview
3. Besprechung körperlicher und anderer psychischer Probleme und der Lebenssituation
4. Diskussion des Vorgehens (therapeutisches Rationale) und der Ziele
5. Kindheit bis Schulzeit
6. Kindheit bis Schulende
7. Jugend

Trauma

8. Erwachsenenalter: Partnerschaft/Familie
9. Erwachsenenalter: Arbeitsleben
10. Rentenalter
11. Integration und Bewertung«

Die Bearbeitung des traumatischen Ereignisses geschieht vorwiegend narrativ auf der Basis eines offenen Diskurses zwischen Patient und Therapeut.

Die Sitzungen 12–15 enthalten weitere zusätzliche therapeutische Bausteine, wie bspw. die Bearbeitung bestimmter kognitiver Einstellungen. Zum Ende folgt eine abschließende Sitzung, in der der psychotherapeutische Prozess und die gesetzten Ziele nachbesprochen und evaluiert werden, gefolgt von einer abschließenden Diagnostik.

Zusammenfassend lässt sich sagen, dass die Lebensrückblicktherapie ein vielversprechender und wirksamer (Forstmeier et al., 2023) Ansatz zur Behandlung von PTBS und Depressionen bei älteren Menschen ist. Sie ermöglicht es den Betroffenen, ihre Lebensgeschichte zu rekonstruieren, vergangene Ereignisse zu verarbeiten und einen neuen Sinn in ihrem Leben zu finden.

5.5.5 Wirksamkeitsnachweise

Mehrere RCTs haben die hohe Wirksamkeit der NET belegt (bspw. Lely et al., 2019; Siehl et al., 2020; s. a. Neuner et al., 2021 für einen Überblick). Eine Studie von Neuner et al. (2004) zeigte eine signifikante Reduktion der PTBS-Symptome bei Überlebenden von Kriegs- und Foltertraumata durch den Einsatz von NET. Langzeitstudien belegen zudem, dass die positiven Effekte über Jahre hinweg anhalten (Siehl et al., 2020). Im Vergleich zu anderen Therapieformen, wie der KVT, erweist sich NET als mindestens ebenso wirksam und bietet spezifische Vorteile für Patienten mit multiplen und komplexen Traumata (Bichescu et al., 2007). Folglich wird NET in nationalen (Schäfer et al., 2019) und internationalen Leitlinien (APA, 2017) als traumafokussierte Methode empfohlen.

5.6 Kognitive Therapie der PTBS

5.6.1 Grundgedanke

Die Kognitive Therapie der PTBS (Ehlers, 1999; Ehlers & Clark, 2000; Ehlers & Wild, 2022; Steil et al., 2013) basiert auf dem kognitiven Modell (► Kap. 4.1). Somit stehen die individuelle Bedeutungszuschreibung und Interpretation des traumatischen Ereignisses bzw. seiner Konsequenzen sowie Merkmale des Traumagedächtnisses im Zentrum der Betrachtung.

Erinnerungen an das Erlebte sind demnach per se normal und die meisten Menschen werden im Nachgang welche aufweisen, ohne dass sie diese als störend wahrnehmen. Bei Patienten jedoch werden diese Erinnerungen, weil sie ihnen bestimmte negative Bedeutungen (bspw. »Ich werde verrückt!«; »Ich bin selbst an allem schuld!«; »Ich werde nie wieder so wie früher!«) zuweisen, als belastend erlebt. Um diese Belastung zu reduzieren bzw. um ihr zu entgehen, wird Verhalten gezeigt, welches verallgemeinert als Vermeidung bezeichnet werden kann. Diese Strategie wirkt kurzfristig zwar beruhigend und spannungsreduzierend, jedoch verhindert sie langfristig sowohl die emotionale Verarbeitung und Habituation an die Erinnerungen als auch eine Veränderung und Überprüfung der dahinterstehenden negativen Bewertungen.

Neben kognitiver (bspw. Ablenkung) und verhaltensmäßiger Vermeidung (bspw. Orte umfahren) sowie Sicherheitsverhaltensweisen (bspw. nie ohne Pfefferspray unterwegs sein), können noch eine ganze Reihe weiterer kognitiver Strategien diese Funktionen übernehmen: exzessives Grübeln, Why-me-Frage, Gedankenunterdrückung, selektive Aufmerksamkeit, Umlenkung/Betäubung von Emotionen etc. Der Grad der Vermeidung wird durch die katastrophisierenden Interpretationen oder durch die negative persönliche Bedeutung der Symptome vermittelt.

Folglich persistiert die Überzeugung einer ernsthaften, noch bestehenden Bedrohung und somit auch das Wiedererleben mit den begleitenden Erregungssymptomen und den starken Emotionen (Wut, Angst, Schuld, Scham etc.). Mit jeder Erinnerung werden diese persönlichen Bedeutungen des Traumas und seiner Konsequenzen (re-)aktiviert, zugleich aber auch die o.g. aufrechterhaltenden kognitiven Strategien und Verhaltensweisen. Durch diese Vermeidung wiederum werden die emotionale Verarbeitung, die Habituation an die Erinnerungen und die Überprüfung bzw. Veränderung von kritischen Kognitionen verhindert.

5.6.2 Aufbau

Die psychotherapeutische Behandlung nach diesem Modell fußt auf einer individuellen Fallkonzeption und konzentriert sich folglich auf die Veränderung von Kognitionen bzw. kognitiven Prozessen, die für die individuelle Problemkonstellation des Patienten unmittelbar relevant sind. Folgende drei Behandlungsziele stehen im Vordergrund[46]:

- Veränderung der übermäßig negativen Bewertungen des traumatischen Ereignisses bzw. seiner Folgen.
- Diskriminationsanalyse der Trigger, Elaboration der Traumaerinnerungen in das autobiographische Gedächtnis und dadurch Reduktion von Wiedererleben.
- Abbau von Sicherheitsverhaltensweisen und kognitiven Strategien, die den Eindruck einer aktuellen Bedrohung aufrechterhalten.

Ausgehend vom zuletzt genannten Eindruck einer aktuellen Bedrohung, wird somit das allgemeine Modell auf die individuellen Belange und situativen Bedingungen des jeweiligen Patienten zugeschnitten, indem die Elemente identifiziert werden, welche diesen aufrechterhalten.

Wie beim klassischen kognitiven Arbeiten ist auch in der Traumatherapie das *geleitete Entdecken* ein zentrales Element. Wahrnehmungen, Vorstellungen und Interpretationen des Patienten werden zunächst als Hypothesen betrachtet, die

46 Unter www.oxcadatresources.com finden sich zahlreiche Materialien und Videos (Zugriff am: 03.03.2025).

einer Realitätsprüfung unterzogen werden sollen. Mittels *sokratischen Dialogs* wird der Patient behutsam ermutigt, ein möglichst breites Spektrum an Beweisen für oder alternative Interpretationen gegen seine Annahmen, Wahrnehmungen und Interpretationen in Betracht zu ziehen. Sein Problem wird aus verschiedenen Perspektiven betrachtet, und es wird versucht, seine Überzeugungen zu relativieren, um die angenommene Bedrohung zu reduzieren. Dies kann zu neuen Erkenntnissen führen, die jedoch stets durch Erfahrungslernen untermauert werden müssen. So machen bspw. die meisten Patienten die Erfahrung, dass der Versuch, bestimmte Gedanken nicht zu denken, diese verstärkt. Ein Verhaltensexperiment, das diese Einsicht in Erfahrungswissen überführt (z. B. »Denken Sie nicht an einen rosa Elefanten!«), wirkt anders. Einsicht allein wird starke emotionale Zustände oft nicht verändern können, jedoch ggfs. die tatsächlich gemachte Erfahrung durch ein Verhaltensexperiment.

Die problematischen Bewertungen des Patienten hängen sehr stark mit den Momenten während des traumatisierenden Geschehens zusammen, die für ihn von zentraler Bedeutung sind (»hot spots«). Sie hinterlassen einen so intensiven Eindruck, dass sie ein starres Koordinatensystem etablieren, von dem aus er im Anschluss an das traumatisierende Erleben sich bzw. seine Umwelt wahrnimmt und bewertet. Aus einer starken, situativen Erfahrung, die oft unzusammenhängend und in ihrem Detailreichtum eingeschränkt ist, werden allgemeine Regeln abgeleitet und auf nachfolgende Situationen unüberprüft übertragen.

Die eben genannten Elemente bilden das Grundgerüst, von dem aus die therapeutischen Interventionen eingesetzt werden.

5.6.3 Durchführung

Therapievorbereitend und nach einer fundierten und ausführlichen Diagnostik werden die Beschwerden und Therapieziele des Patienten erfasst. Gleichzeitig werden mittels Psychoedukation die Symptome normalisiert und entkatastrophisiert, wobei bereits jetzt auf das Kernelement kognitiver Arbeit zurückgegriffen wird, nämlich die ungenügende Prozessierung und Elaboration dieser Erfahrung ins autobiographische Gedächtnis.

Nach Möglichkeit soll in den ersten Sitzungen ein Kurzbericht entweder in Form eines Narrativs oder als imaginatives Nacherleben des traumatisierenden Geschehens und der am stärksten belastenden Erinnerungen verfasst bzw. mitgeteilt werden, wobei der Therapeut versucht, die Bedeutungszuweisungen möglichst genau zu explorieren[47]. Von zentralem Interesse sind die Inhalte der Intrusionen und die damit einhergehenden Gedanken und Gefühle sowie die Strategien, die der Patient bis dato angewandt hat, um mit seinen Beschwerden umzugehen. Regelhaft werden das Varianten von Vermeidung sein (Unterdrückung von Gedanken, Sicherheitsverhaltensweisen, Numbing, Rumination, Suchtmittel; s. o.). Mit Hilfe von Experimenten (s. o.) wird demonstriert, wie paradox solche Strategien wirken

47 Ggfs. kann das Posttraumatic Cognitions Inventory (PTCI; dt. Fragebogen zu Gedanken nach traumatischen Ereignissen; Foa et al., 1999) unterstützend angewandt werden.

und wie dadurch die Symptomatik persistiert, also das Gegenteil vom Erhofften erreicht wird. Zur Veranschaulichung kann die folgende Tabelle mit dem Patienten erarbeitet werden:

Tab. 5.3: Tabelle zur Veranschaulichung der verschiedenen Wirkungen von Vermeidung.

	kurzfristig	**langfristig**
positive Folgen		
negative Folgen		

Eine gute Hausaufgabe kann sein, den Patienten einzuladen, sich die Aufnahme der Sitzung erneut anzuhören bzw. bis zur nächsten Sitzung intrusive Gedanken kommen und gehen zu lassen (bspw. auch über eine Metapher wie »Wolken am Himmel«).

Aus den so generierten Informationen entwickelt der Therapeut die individuelle Fallkonzeption, welche die folgenden drei Kernbotschaften enthält:

- Die aktuellen Beschwerden lassen sich durch die Art und Weise erklären, wie das traumatische Ereignis und/oder seine Konsequenzen im Gedächtnis prozessiert werden sowie durch die Bedeutungszuweisung des Patienten. In der Therapie wird daran gearbeitet, das Erfahrene nachträglich adäquat zu verarbeiten, so dass es nicht mehr in Form von Intrusionen auftaucht, sondern in das autobiographische Gedächtnis implementiert wird. Die Erinnerungen sollen und werden bleiben, jedoch sind sie dann eindeutig als vergangen zu erkennen, ohne die aktuelle Situation zu bestimmen.
- Die Art und Weise, wie der Patient das Ereignis und seine Konsequenzen erinnert, beeinflusst seine Sicht auf sich, der Welt und sich in der Welt. Interne oder externe Trigger werden als Ankündigung von Bedrohung (miss)interpretiert und aktivieren Verhaltensweisen, die peritraumatisch adäquat, in der aktuellen Situation jedoch nicht zielführend sind. In der Therapie werden diese Sichtweisen auf eine umsichtige und kooperative Art gemeinsam hinsichtlich ihres Wahrheitsgehaltes und ihrer Auswirkungen überprüft und durch adaptive ersetzt.
- Der Patient hat Strategien entwickelt, um mit dieser wahrgenommenen Bedrohung umzugehen, die kurzfristig vielleicht wirksam sind, langfristig jedoch die Symptomatik verfestigen. Ziel der Therapie wird es sein, einen passenden Umgang damit zu finden und ebenso passende, d. h. hilfreichere, Verhaltensweisen zu entwickeln.

Diese Kernbotschaften wurden hier allgemein dargestellt, in der Praxis müssen sie auf die individuellen Inhalte des Patienten angepasst werden. Das in Abb. 4.1 vorgestellte Modell kann dem Therapeuten dabei helfen, indem seine Bestandteile mit den Inhalten des Patienten befüllt werden. Dieses dem Patienten zu zeigen, kann bei manchen hilfreich sein, für einige ist es jedoch zu komplex und verwirrend. Ratsamer ist, konkrete Teufelskreise zwischen Symptomen, Sicherheitsverhaltensweisen und deren Auswirkungen auf die Symptomatik zu demonstrieren.

Traumatische Ereignisse können bei den Betroffenen die Überzeugung etablieren, sie hätten sich permanent verändert oder seien jemand anders geworden, und führen dazu, wichtige Aktivitäten im Leben aufzugeben. Letzteres ist dann wiederum eine Bestätigung, dass man tatsächlich ein anderer geworden ist. Der Therapeut eruiert mit seinem Patienten, welche Bereiche seines Lebens er wieder zurückgewinnen möchte und welche blockierenden Gedanken ihn daran hindern. Rollenspiele können hier ebenso helfen, wie auch Verhaltensexperimente (bspw. sich tatsächlich zu trauen, Pausen einzulegen oder einzufordern und zu prüfen, ob die befürchteten Konsequenzen eingetreten sind).

Darüber hinaus folgt die therapeutische Arbeit den Prinzipien der Kognitiven Therapie (Beck & Emery, 1985), deren Grundlage der sokratische Dialog (s. o.) ist. Der Patient soll über die Zusammenhänge zwischen Gedanken und Gefühlen aufgeklärt werden. Seine Annahmen, Überzeugungen und Befürchtungen werden auf konstruktive Weise überprüft, indem Belege dafür und dagegen gesammelt werden. Verhaltensexperimente können ebenso helfen, deren Gültigkeit zu prüfen. Umfragen im Bekanntenkreis und imaginative Techniken tun auch ihr eigenes. Darauf aufbauend kann er im Folgenden adaptive Interpretationen generieren.

Die bisher genannten und beschriebenen Interventionen können in dem Sinne als »allgemein« bezeichnet werden, als dass sie – natürlich die individuellen Besonderheiten berücksichtigend – auch bei Patienten mit anderen Diagnosen angewandt werden würden. Darüber hinaus kommen aber auch spezielle traumabezogene kognitive Interventionen zur Anwendung:

- Zentrales Element ist die *Aktualisierung des Traumagedächtnisses*, d. h. die spezifische Art und Weise, wie traumatische Erlebnisse im Gedächtnis abgespeichert werden. Diesen fehlt beim willentlichen Abrufen meistens Inhalt und eine gewisse Ordnung sowie Informationen, die den Bedeutungsrahmen positiv verändern könnten (bspw., dass die Gefahr tatsächlich vorbei ist, man überlebt hat). Entsprechend muss das Traumagedächtnis durch die Erinnerung an die hot spots aktualisiert werden, indem seine Lücken durch ergänzende Informationen gefüllt und die persönlichen negativen Bedeutungen relativiert werden (s. a. Steil et al., 2013). Dies kann dadurch erreicht werden, dass der Betroffene sich aktiv die hot spots vorstellt und die aktualisierten Informationen verbalisiert (bspw. »Ich weiß, dass ich überlebt habe!«; »Ich weiß jetzt, dass es gut und sinnvoll war, mich nicht zu wehren!«). Diese neue Information soll im Anschluss erkennbar in das schriftliche Narrativ integriert und vom Patienten laut und mehrmals vorgelesen werden. Weiters wird der Betroffene eingeladen, sich einen Hotspot so lebhaft wie möglich vorzustellen und Handlungen auszuführen, die während der Originalsituation nicht möglich waren (bspw. vermutete verletzte Körperteile abzutasten und festzustellen, dass sie nicht bzw. nicht schwer verletzt sind) bzw. sich lebhaft Situationen vorzustellen, in denen aktuelle Informationen repräsentiert sind (bspw. wie der Täter dingfest gemacht wurde) (ebd.).
- Beim *Diskriminationslernen* versuchen Therapeut und Patient erst einmal gemeinsam, sowohl innerhalb der Therapiesituation als auch im Außen, mögliche Auslöser für die Traumaerinnerungen zu identifizieren und erarbeiten in einem zweiten Schritt die Unterschiede zwischen eben diesen Auslösern und dem je-

weils aktuellen Kontext. Der Patient reagiert zwar auf die Situation im Hier-und-jetzt, aber sein innerer Bezug ist das Erleben im Dort-und-damals; als ob die aktuellen Trigger eine Zeitreise in die Vergangenheit verursachen. Die Aufgabe, vor der er steht, ist sich zu vergegenwärtigen, dass er auf die erinnerte Situation reagiert und nicht auf die aktuellen Begebenheiten, auch wenn diese große Ähnlichkeiten aufweisen.

Der Hindsight Bias

Der Hindsight Bias (Fischhoff, 1975), auch Rückschaufehler genannt, ist eine kognitive Verzerrung, bei der Menschen nach dem Eintreten eines (traumatischen) Ereignisses glauben, sie hätten dessen Ausgang vorhergesehen oder vorhersehen können, obwohl dies tatsächlich nicht der Fall war. Diese Verzerrung kann in der Traumatherapie, insbesondere bei der Bearbeitung von Schuldthemen, eine bedeutende Rolle spielen (»Ich hätte es kommen sehen müssen«).

Therapeutisch sollte zu Beginn psychoedukativ gearbeitet und der Betroffene über diese Verzerrung und ihre Auswirkungen aufgeklärt werden, so dass er sie erkennen und relativieren kann. Bereits dies kann dazu beitragen, nicht gerechtfertigte Schuldgefühle lindern.

Eine detaillierte und objektive Rekonstruktion des Ereignisses kann helfen, die tatsächlichen Handlungsmöglichkeiten und -grenzen zu verdeutlichen. Der Therapeut kann bspw. den Patienten bitten, eine Zeitreise zurück bis kurz vor dem eigentlichen Geschehen zu machen, verbunden mit der Aufforderung, alles zu vergessen, was in der Zwischenzeit geschehen ist. Im Anschluss kann der Patient nun die Handlungsstränge durchspielen, die er sich im Jetzt vorwirft, damals nicht getätigt zu haben. Somit kann er prüfen, ob diese, immer bezogen vor dem Hintergrund dessen, was er damals hat wissen und nicht wissen können, tatsächlich umsetzbar gewesen wären oder nicht. Dadurch können die Gedankenmuster hinterfragt und realistischere Perspektiven entwickelt werden, was wiederum die verzerrte Wahrnehmung bzgl. Vorherseh- und Unvermeidbarkeit korrigieren kann. Im Idealfall kann das die Selbstvorwürfe und das Gefühl der Schuld reduzieren. Letztendlich kann sich nur der Patient selbst die Absolution geben und dadurch Selbstmitgefühl und Selbstakzeptanz entwickeln.

5.6.4 Hinweise für die Praxis

Bei Gewalt- oder Unfalltraumatisierungen kommt es häufig zu ereignisbedingten körperlichen Folgeproblemen (meistens in Form von Schmerzen) mit einem bidirektionalen Einfluss auf die Traumasymptomatik. Hier gilt es, die körperlichen Symptome in das Therapierational zu implementieren und dieses ggfs. anzupassen (bspw. Schmerzmanagement, Entspannungsübungen, kürzere Konfrontationssitzungen), aber auch deren Funktionalität (bspw. Rentenbegehren) zu prüfen. Liegen prätraumatisch medizinische Erkrankungen vor, die auf die Therapie, insb. die

Konfrontation, Einfluss nehmen können (bspw. kardiologische Probleme), ist eine ärztliche Rücksprache dringend erforderlich.

Physische Verletzungen gehen oft mit einer subjektiven Überzeugung gesteigerter Verletzbarkeit bzw. Verwundbarkeit einher, die wiederum Rückzugstendenzen bzw. Kontrollverhalten bedingen oder fördern können. Ergänzend zur kognitiven Arbeit (»Wie oft müssen Sie kontrollieren, um wirklich sicher sein zu können, dass Sie genug kontrolliert haben?«), kann hier mit Verhaltensexperimenten (s.o.) gearbeitet werden, mit deren Hilfe der Patient seine Befürchtungen prüfen und im günstigsten Falle aufgeben kann. Liegen sichtbare physische Verletzungen vor, so kann dies Vermeidungstendenzen bedingen oder solche verstärken. Hier gilt es, die dahinter liegenden Überzeugungen (bspw. unansehnlich, hässlich, abstoßend zu sein) zu überprüfen und ggfs. kognitiv, u.U. auch mit Unterstützung von Videoaufnahmen, anzugehen.

Bei multiplen Traumatisierungen kann eine Lebenslinie (ähnlich wie bei der NET; ► Kap. 5.5) einen guten Überblick für Therapeut und Patient geben. Es empfiehlt sich auch hier, nicht nur die negativen, sondern auch die positiven Ereignisse zu markieren, da erstere aufgrund ihrer negativen Potenz letztere übertünchen können. Für den Patienten (und seinen Blick auf sein Leben) kann es aber sehr förderlich sein, sich auch die positiven Erfahrungen ins Gedächtnis zu rufen und in diesem präsent zu halten. Die therapeutische Arbeit kann mit dem Ereignis beginnen, welches am belastenden ist. Gleichzeitig sollten negative Grundüberzeugungen, die sich über mehrere Ereignisse hinweg finden bzw. sich in der Folge immer wieder erlebter Traumatisierungen aufgebaut haben, bearbeitet werden. In solchen Fällen kann es sehr hilfreich sein, die therapeutische Arbeit möglichst den konkreten Anforderungen (bspw. Aufbau eines sozialen Supportsystems, Suche nach einer geeigneten Arbeit, konkrete zwischenmenschliche Probleme, Tagesprotokolle mit einem Logbuch über positive zwischenmenschliche Erfahrungen) anzupassen.

Dissoziation per se ist nach diesem kognitiven Ansatz keine Kontraindikation für traumatherapeutisches Arbeiten. Milde Formen, d.h. solche mit intakter Realitätskontrolle, können psychoedukativ und normalisierend angegangen werden. Ergänzend kann geprüft werden, wie sie der Patient interpretiert und mit Bedeutung versetzt (bspw. »Ich werde verrückt…«; »Ich lebe in einer anderen Welt…«). Schwereren Formen sollte mit einer Anpassung des therapeutischen Vorgehens begegnet werden (Triggeranalyse und -diskrimination; Verankerung im Hier und Jetzt (bspw. mittels Körperübungen); antidissoziative und reorientierende Skills). Die Arbeit an der Elaboration der Erinnerungen sollte in solchen Fällen graduiert geschehen, ggfs. mit Stimuluskontrolle und unter Einbezug von wichtigen Bezugspersonen, sowie stets mit Bedacht drauf, die Realitätskontrolle bzw. den aktuellen situativen Bezug zu wahren (ein Narrativ bspw. sollte in solchen Fällen schrittweise erarbeitet werden). Liegen Symptome der komplexen PTBS vor, so ist zu prüfen, ob der Patient vor der Trauerarbeit mit Emotionsregulationstechniken vertraut gemacht werden soll (s.a. Cloitre et al., 2020a).

Die Komorbidität ist grundsätzlich und bereits bei der Anfangsdiagnostik (s. Kapitel2.2) zu berücksichtigen. Zuallererst ist zu prüfen, ob sie sekundär und somit im Gefolge einer Traumafolgestörung auftaucht (bspw. sekundäre Depression,

Sucht- oder Angstsymptomatik) oder ob sie, weil sie lange angedauert oder eigenständig ist, das Störungsbild dominiert. Im ersteren Fall ist davon auszugehen, dass die komorbide mit der Hauptsymptomatik im Verlauf einer wirksamen Therapie rückläufig werden wird. Im letzteren Fall gilt es zu prüfen, ob das Therapierational angepasst und die komorbide als eigenständige Störung zu betrachten und zu behandeln ist. Es mag erstaunen, aber die supervisorische Erfahrung zeigt, wie eine PTBS- unter anderen Angstdiagnosen (oft einer Panik- oder Zwangsstörung) untergehen kann, wenn das gemeinsame Element, die Vermeidung, nicht eindeutig und möglichst genau differenziert und einer Hauptdiagnose zugeordnet wird. Bei entsprechender Komorbidität gilt es somit den Patienten sehr genau anhand konkreter Situationen und entsprechender Reaktionen zu befragen.

5.6.5 Wirksamkeitsnachweise

Eine Reihe von qualitativ hochwertigen empirischen Studien weisen sowohl die theoretischen Annahmen des Modells als auch seine Wirksamkeit bei Erwachsenen und Kindern nach (s. Ehlers & Wild, 2022 für einen Überblick). Über 70 % der Patienten sind im Anschluss symptomfrei und die Effektstärke (intent-to-treat) liegt bei 2,5. Die Zahlen reduzieren sich, wenn Patienten in Routinebedingungen untersucht werden. Hier zeigen sich 60 % remittiert und die Effektstärke liegt bei 1,25 (ebd.). Hervorzuheben sind zudem die geringen Drop-out- sowie Raten an Patienten mit einer Symptomverschlechterung nach der Behandlung.

5.7 Imagery Rescripting and Reprocessing (IRRT)

5.7.1 Grundgedanke

Der Einsatz von Imagination, um bewusste und unbewusste kognitive Prozesse zu verändern, ist Jahrtausende alt (s. Edwards, 2011). Es lassen sich Berichte aus schamanistischen, wie aus Praktiken in altägyptischen und antiken griechischen[48] Tempeln finden; ebenso Techniken der mediativen Visualisierung im Buddhismus und im Christentum (bspw. Ignatius von Loyola; ebd.). Die pathogene Wirkung von maladaptiven Überzeugungen und persönlichen Bedeutungszuschreibungen ist also seit ebenso langer Zeit bekannt wie die heilende Wirkung der Vorstellungskraft und von inneren Bildern.

IRRT ist eine auf Imagination bzw. imaginativen inneren Bildern basierende, traumafokussierte Methode für ursprünglich Trauma-Typ-II-Traumatisierungen.[49]

48 Die betroffene Person lag auf einer Liege (gr. κλίνη) und wurde von einem Therapeuten (θεραπευτής) begleitet, woraus sich die Worte »Klinik« und »Therapeut« ableiten.

49 Es existieren mittlerweile Manuale für die IRRT-Behandlung von Traumatyp-I-Traumatisierungen (Schmucker et al., 2008), von anhaltender Trauer (Köster & Schmucker, 2016),

Die belastenden Bilder der auslösenden Situation(en) sollen aktiviert, konfrontiert und schließlich verändert werden. Dies geschieht durch die Bearbeitung der maladaptiven Bedeutungszuschreibungen und Überzeugungen sowie der damit einhergehenden Schemata. Den Rahmen dafür stellt der intrapersonelle Dialog zwischen dem heutigen Erwachsenen-Ich und dem damaligen Kind-Ich des Patienten dar, welches das traumatisierende Geschehen hat erleben müssen. Dadurch bekommt er die Möglichkeit, seine vermiedenen Emotionen und aufgrund der Erlebnisse entwickelten maladaptiven Grundüberzeugungen erstmal zu aktivieren und durch eigenes Tun aus der heutigen, erwachsenen Perspektive zu verändern. Die Aufgabe des Therapeuten besteht hauptsächlich darin, diesen Dialog nach dem sokratischen Prinzip zu moderieren und den Patienten dabei zu unterstützen seine eigene, ihm entsprechende Form der nachträglichen Auseinandersetzung zu finden.

5.7.2 Aufbau

Das klassische IRRT-Protokoll (Schmucker & Köster, 2014; Schmucker & Köster, 2022) sieht drei Phasen vor, wobei die erste nochmal in zwei weitere aufgeteilt wird (s. u.). Zu Beginn (Phase 1a) wird die gesamte belastende Szene zwischen dem damaligen Kind und dem Täter visuell und affektiv wiedererlebt (ähnlich wie bei PE; ▶ Abb. 5.3). In der folgenden Phase 1b wird erneut die Szene durchlebt, jedoch bis zum schlimmsten Moment (Hotspot) und das erwachsene Ich betritt die imaginierte Bühne. Das Umschreiben beginnt mit der Phase 2, in der das erwachsene Ich den Täter entmachtet und Bewältigungsbilder entwickelt. Die abschließende Phase 3 ist dem Kümmern, der Beruhigung und dem Trost des kindlichen Anteils durch das erwachsene Ich gewidmet.

5.7.3 Durchführung

Phase 1 (Exposition)

Zu Beginn berichtet der Patient (Phase 1a) die Szene, welche er für die Bearbeitung ausgewählt hat, mit geschlossenen Augen, in der Ich-Form und so, als würde sie aktuell erlebt werden. Dabei ist er eingeladen, alle begleitenden Gefühle, Gedanken und körperlichen Zustände ebenfalls zu verbalisieren. Der Therapeut begleitet diesen Prozess möglichst supportiv (»unterstützende Präsenz«, Schmucker & Köster, 2022, S. 354) und prüft die emotionale Anspannung regelmäßig auf einer SUDs.

Gleich im Anschluss an diesen Bericht (Phase 1b) und mit weiterhin geschlossenen Augen geht der Patient nun erneut an den Ausgangspunkt der betreffenden

---

für die Rückfallbearbeitung bei Sucht (Fleckenstein & Leiberg, 2019) sowie für die Arbeit mit negativen Selbstschemata (bspw. »Selbsthassschema«; Schmucker & Köster, 2019), aber auch bei Depressionen und Ängsten (Köster & Köster, 2019).

Szene zurück und gibt diese noch einmal wieder, bis zu dem Moment, an dem – im Beisein des Täters – die Belastung ihren Höhenpunkt erreicht hat.

Phase 2 (Aufbau der Bewältigungsbilder)

Ist der Moment der höchsten Belastung erreicht, fragt der Therapeut, ob der Patient sich in der Lage sieht, die berichtete Szene in der Imagination und in seiner heutigen Gestalt zu betreten. Sofern er das bejaht, wird er gebeten zu beschreiben, was er konkret sieht und welchen Handlungsimpuls er verspürt. Diesen soll er dann in der Imagination in die Tat umsetzen und das Geschehen dabei so genau wie möglich beschreiben, wie auch die Auswirkung auf den Täter und dessen Reaktion. Dieser Prozess wird so lange begleitet, bis der Täter aus Sicht des Patienten entmachtet oder zumindest neutralisiert (bzw. es zu einer Versöhnung gekommen) ist, was meistens an der Reaktion des Täters erkannt werden kann (bspw. beschämt, verängstigt zu sein oder um Entschuldigung zu bitten).

Phase 3 (Selbsttröstung/-beruhigung)

Die nun folgende dritte Phase wird mit der Frage des Therapeuten eingeleitet, ob das Kind das bisher Geschehene hat wahrnehmen können. Nun wird der Patient eingeladen, mit dem Kind Kontakt aufzunehmen und gefragt, was diesem mitgeteilt werden soll bzw. was es braucht. Auch dieser Prozess wird vom Therapeuten unterstützt, bis er zu einem natürlichen Abschluss gekommen ist. Im Idealfall ist das Kind am Ende durch den Erwachsenen beruhigt und die beiden Persönlichkeitsanteile miteinander versöhnt.

Den Abschluss dieses Prozesses kann der Therapeut mittels der folgenden sechs Abschlussfragen prüfen (Schmucker & Köster, 2014, S. 103):

- »Gibt es sonst noch etwas, was Sie dem Kind sagen oder mit ihm tun wollen, bevor wir diese Begegnung abschließen?
- Gibt es noch etwas, was das Kind von Ihnen braucht?
- Wünschen Sie sich noch etwas von dem Kind?
- Möchte das Kind Ihnen noch etwas sagen oder geben?
- Gibt es sonst noch etwas, was geschehen sollte in dem Bild, bevor wir das abschließen?
- Mit welchem Abschlussbild möchten Sie diese Begegnung jetzt beenden?«

Sind alle Phasen durchlaufen, wird das gesamte Geschehen (primäres Erleben) nachbesprochen (sekundärer Prozess), mit dem Ziel einer möglichst guten Verankerung beim Patienten. Dies kann geschehen, während Therapeut und Patient sich die Aufnahme (Audio oder Video) der Sitzung noch einmal gemeinsam anschauen bzw. anhören. Durch genaues Nachfragen und Explorieren nach dem Prinzip des sokratischen Dialogs kann der Patient die Inhalte der Interaktion noch einmal durchgehen, sie besser verstehen, bestimmte, markante Punkte verankern und somit das ganze Geschehen integrieren. Ebenso kann es eine gute Hausaufgabe für den Patienten sein, sich die Aufnahme noch einmal allein anzusehen bzw.

anzuhören, dabei seine (emotionalen) Reaktionen zu notieren und den begleitenden Anspannungsgrad.

Imagery Rescripting (ImRs)

Neben dem klassischen IRRT hat Arntz (Arntz, 2012; 2015) eine Variante entwickelt, in der das ursprüngliche Protokoll eine Veränderung erfahren hat: Nach dem das Erwachsenen-Ich die Szene betreten und den Täter konfrontiert hat, wird diese Szene erneut durchgespielt, nur diesmal aus der Perspektive des Kind-Ichs. Somit kann dieses nun »selbst« nacherleben, wie es ist, wenn das Ereignis nicht eintritt und es, neben der Konfrontation mit dem Täter, Trost, Zuwendung und Beruhigung erfährt. Diese zusätzliche Perspektive soll eine nachhaltigere Veränderung der traumabezogenen Schemata bewirken (s. a. Maercker, 2019).

Zudem findet sich in dieser Variante die Möglichkeit, dass der Therapeut selbst die Szene betritt und sich für das Kind-Ich des Patienten einsetzt, gleichsam die Konfrontation und Auseinandersetzung mit dem Täter als Modell durchführt. Im Regelfall wird diese Szene sechs Mal durchgespielt und im Anschluss ist der Patient eingeladen, das, was der Therapeut gemacht hat, ebenfalls sechs Mal zu tun.

5.7.4 Hinweise für die Praxis

Wie w. o. im Text bereits erwähnt, möchte die IRRT für den Patienten einen Rahmen bieten, innerhalb dessen er nachträglich die Erfahrung von Handlungsmacht, Wirksamkeit und Kontrolle im damaligen Geschehen machen kann. Das Ereignis selbst kann und soll nicht verändert werden, wohl aber die Art, wie der Patient von sich, seinem Handeln oder Nicht-Handeln, Erleben und Nicht-Erleben denkt, sowie mögliche maladaptive Schemata. Mitunter ist es entscheidend, wie es dem Therapeuten gelingt, das Therapierational zu beschreiben. Zu Komplikationen kann es dann kommen, wenn der Patient den Eindruck bekommt, das Geschehen solle »rückgängig« gemacht werden.

Sollte sich herausstellen, dass es für den Patienten in der Imagination schwierig ist, den Täter zu entmachten, bspw. weil die Angst ihm gegenüber zu groß ist oder der Täter als zu mächtig wahrgenommen wird, so kann mit Hilfe von kognitiven Methoden (bspw. sokratischer Dialog) der Patient unterstützt werden. Der Therapeut kann bspw. erneut darauf hinweisen, dass es um ein Handeln in der Vorstellung und im Konjunktiv geht, es nicht der wirkliche Täter, sondern dessen Bild in der Fantasie des Patienten ist bzw. indem dieser eingeladen wird, das zu tun, was möglich wäre, wenn er den Mut und die Kraft dazu tatsächlich hätte. Ebenso ist es möglich, auf Hilfsmittel oder Hilfspersonen zurückzugreifen, die bei der Auseinandersetzung mit dem Täter zur Seite stehen. Aus der Erfahrungspraxis hat sich eine Stufung entwickelt, nämlich bestmöglich dem Patienten selbst die Konfrontation des Täters zu ermöglichen und wenn das nicht umsetzbar ist, ihn einzuladen, sich mittels selbst gewählter Fantasiewesen helfen zu lassen und wenn das auch seine momentanen Kapazitäten übersteigen sollte, kann der Therapeut (s. Kasten »ImRs« w. u.) diese Funktion übernehmen.

In einigen Fällen kann es zu Komplikationen in der dritten Phase kommen, beim Austausch zwischen dem heutigen (erwachsenen) und dem damaligen Kind-Ich und zwar in beiden Richtungen: Für den Erwachsenen kann es schwierig sein, das Kind bzw. dessen Verhalten von damals zu akzeptieren, andererseits kann das Kind-Ich sich nicht mit dem Erwachsenen versöhnen wollen. Solch eine Konstellation ist – nach Ansicht der Autoren (Schmucker & Köster, 2022) – ein Hinweis auf ein »Selbsthassschema« (S. 356) und sollte gesondert bearbeitet werden.

Mögliche Kontraindikationen für IRRT sind – vergleichbar mit den anderen hier vorgestellten Interventionen – bspw. eine anhaltend traumatisierende, bedrohliche Situation, akute Selbstgefährdung (auch in Form von selbstverletzenden oder Suchtverhalten), akut psychotische oder dissoziative Symptome und Störungen sowie fehlende stabile Alltagsbedingungen (Schmucker & Köster, 2022).

Abschließend noch ein Hinweis aus der supervisorischen Erfahrung: Es kann hilfreich sein, mit dem Patienten vor Durchführung der Sitzung nicht nur die konkrete, zu bearbeitende Situation zu besprechen, sondern auch die Art, wie er den Täter konfrontieren möchte, sozusagen das Skript, welches inszeniert werden soll. Einige Betroffene haben so erniedrigende Erfahrungen machen müssen, dass sie die IRRT-Sitzung dafür nutzen möchten, sich an dem Täter – wenn auch nur in der Fantasie – zu rächen. Dieser Wunsch – so verständlich er auch aus Sicht des Patienten sein kann – steht nicht im Einklang mit dem eigentlichen Ziel des imaginativen Neuschreibens, nämlich im Nachgang die Möglichkeit zu bekommen, anders zu handeln als in der Originalsituation. Im Ergebnis wählen sie dann Entmachtungsskripte, die extrem sind (bspw. mit einem Beil die Genitalien abzuhacken). Wenngleich der Patient eingeladen ist, Skripte auszuprobieren und auch zu verändern, wenn sie nicht so wirken, wie gewünscht, kann es vorkommen, dass er sich in solch einem Fall als »schlimmer als der Täter« erlebt. Wird ein solches Skript im Vorfeld vorbesprochen, können die Motive des Patienten genau exploriert, er selbst über mögliche Folgen aufgeklärt und ggfs. eine motivbefriedigende Alternative gefunden werden. Ebenso kann durch die Vorbesprechung klarer werden, ob der Patient stabil genug ist, sich dem Täter auf die gewünschte Weise entgegenzustellen.

Imagery Rehearsal bei Alpträumen

Alpträume, d. h. Träume, die mit einer sehr starken, negativen affektiven Aktivierung (bspw. Ekel, Trauer, Wut) einhergehen, von solch einer begleitet werden und meist zum Erwachen führen (Thünker & Pietrowsky, 2021), gehören psychopathologisch zu den Parasomnien und können bei zahlreichen psychischen Störungen (bspw. Affektive Störungen, Schizophrenien) vorkommen. Anders als bei solchen idiopathischen Alpträumen, sind sie bei der PTBS, als posttraumatische Alpträume, ein sehr häufiges und zentrales Merkmal des Clusters Wiedererleben (s. a. Nie et al., 2023; Zhang et al., 2022).

Idiopathische Alpträume sind, auch wenn sie bei Affektiven oder Angststörungen auftreten können, nicht durch diese ursächlich verursacht, sondern deren Begleiter. Inhaltlich finden sich verschiedene, erlebnisbasierte oder der Fantasie entstammende Themen (Verluste nahestehender Personen, Attacken verschiedenster Art, Verfolgung, Fallen, Lähmung etc.) und sie treten im Regelfall während des REM-Schlafs, in der zweiten Nachthälfte auf. Posttraumatische Träume[50] basieren hingegen auf real erlebte, eben traumatische Ereignisse, können auch in NREM-Phasen über die Nacht verteilt auftreten, starke bis sehr starke physiologische Reaktionen bedingen und den Schlaf unterbrechen. Dabei wird i.d.R. die erlebte Situation exakt oder abgewandelt geträumt und die Orientierung unmittelbar nach dem Erwachen ist gut (wenn auch die Stimmung oftmals verängstigt), mit guter Erinnerung an den Trauminhalt. Sie beginnen innerhalb der ersten drei Monate nach einem traumatischen Ereignis und finden sich bei über 80 % der Betroffenen. Zudem sind sie ein hartnäckiges Phänomen, welches lebenslang persistieren kann (Nie et al., 2023).

Psychotherapeutisch wird auf die Imagery Rehearsal Therapy (Vorstellungs-Wiederholungs-Therapie; Krakow & Zadra, 2010) zurückgegriffen.[51] In einem ersten Schritt wird dabei der gesamte Traum aufgeschrieben. Dann wird im zweiten Schritt der Patient eingeladen, sich vorzustellen, er würde sich in der Traumsituation anders verhalten, wobei es wichtig ist, aktive (und nicht passive) Verhaltensalternativen zu wählen. Im abschließenden dritten Schritt muss das neue Traumskript täglich für mind. 5–10 Minuten laut vorgelesen werden (s. Thünker & Pietrowsky, 2021 für ein sehr praxisnahes Manual). Die Behandlung der traumatypischen Symptome scheint dabei nicht mit der von Schlafstörungen zu kollidieren (Bottari et al., 2023).

Darüber hinaus kann mit Hilfe von KVT-Verfahren eine deutliche Verbesserung von Insomnien im Allgemeinen (CBT–I; s. Walker et al., 2022) und eine Reduktion der Häufigkeit und Intensität von Alpträumen im Besonderen erreicht werden, was allein mit Entspannungsverfahren bzw. dem Niederschreiben des Geträumten nur begrenzt möglich ist (s.a. Augedal et al., 2013). Die Datenlage in Bezug auf die psychopharmakologische Behandlung von Alpträumen ist uneinheitlich. Ältere und eine aktuelle Metaanalyse (Zhang et al., 2022) weisen Prazosin[52] als Medikament der Wahl aus, jedoch finden sich auch dem widersprechende Forschungsbefunde (s. Keller et al., 2023 für einen Überblick).

50 PTBS-Patienten, die unter posttraumatischen Albträumen leiden, können zusätzlich auch idiopathische Albträume haben, d.h., die Grenzen sind fließend.

51 Die Deutsche Gesellschaft für Schlafmedizin und Schlafforschung (DGSM) hat eine Kurzanleitung für diese Technik zur freien Verfügung gestellt: https://www.dgsm.de/fileadmin/dgsm/Arbeitsgruppen/traum/Alptraeume_Was_kann_ich_dagegen_tun.pdf (Zugriff am: 03.03.2025).

52 Im deutschen Markt nicht erhältlich, weswegen auf Doxazosin bzw. Terazosin ausgewichen wird (s.a. Keller et al., 2023).

5.7.5 Wirksamkeitsnachweise

Die Wirksamkeit von IRRT konnte in einigen randomisiert-kontrollierten Studien nachgewiesen werden (s. Schmucker & Köster, 2014 für einen Überblick). Arntz und andere (2007) konnten bspw. zeigen, dass ImRs und Exposition in sensu gleich effektiv bezogen auf die Reduktion von PTBS-Symptomen waren, wobei ImRs bei nicht angstbezogenen Gefühlen (Schuld, Scham, Wut) überlegener war. Zudem erwies es sich als die Intervention, die von den Therapeuten bevorzugt wurde, mit einer signifikant geringeren Abbruchrate (51 % vs. 25 %). Eine leichte, jedoch nicht signifikante Überlegenheit ließ sich auch im Vergleich zu EMDR finden (Alliger-Horn et al., 2015). In zwei naturalistischen Studien, einmal mit kriegstraumatisierten Soldaten (Alliger-Horn et al., 2016) und einmal mit Patienten, die im Kindesalter sexuelle oder körperliche Gewalt erlebt hatten (Raabe et al., 2015;2022), konnte ebenso eine Symptomreduktion, vor allem traumabezogene Schuld- und Schamgefühle, gezeigt werden. Generell zeigen die Forschungsergebnisse, dass IRRT eine vergleichbare Wirkung wie etablierte Interventionen hat und dann besser abschneidet, wenn bei den Untersuchten Schuld, Scham und Wut, also nicht angstbezogene Emotionen prominent sind.

5.8 Therapeutische Hindernisse

In den bisherigen Kapiteln wurde ein umfassender Überblick über verschiedene empirisch evaluierte therapeutische Ansätze und Techniken, die in der TF-KVT zur Behandlung von Traumafolgestörungen eingesetzt werden, gegeben. Angefangen bei den übergreifenden Aspekten der Therapieplanung und Psychoedukation, über die frühen Interventionen, Prolongierte Exposition (PE), Kognitive Verarbeitungstherapie (CPT), Narrative Expositionstherapie (NET) bis zur Kognitiven Therapie der PTBS und Imagery Rescripting and Reprocessing (IRRT). Jede dieser Methoden wurde beschrieben, einschließlich ihrer Grundgedanken, des Aufbaus, der Durchführung, praktischer Hinweise und Wirksamkeitsnachweise.

Die Psychotherapie von Menschen mit Traumafolgestörungen kann jedoch durch verschiedene Hindernisse erschwert werden. Diese können sowohl auf Seiten der Patienten als auch der Therapeuten liegen und erfordern spezifische Strategien und Anpassungen, um den Therapieerfolg zu gewährleisten. In diesem Kapitel werden einige davon zusammenfassend beschrieben und jeweils Vorschläge gemacht, wie damit therapeutisch umgegangen werden kann. Es handelt sich dabei um Erfahrungswerte aus der Arbeit mit Patienten und der supervisorischen Begleitung von Therapeuten. Sie sind als Ergänzung zu den Ausführungen im Kapitel 5.1.2 zu verstehen.

Persönliche Konstrukte
Das peritraumatische Erleben bzw. der posttraumatische Umgang des Patienten

mit sich und/oder dem Ereignis kann persönliche Konstrukte bei ihm und beim Therapeuten tangieren. Bspw. kann ein Patient sich während des Ereignisses ganz anders erleben als er es in seinen Selbstschemata abgespeichert hat. Ein Mann, mit der Überzeugung, er sei stark und wehrhaft, kann sich in einer Gewaltsituation hilflos und ohnmächtig, bis zu einem mental defeat (Ehlers et al., 2000), fühlen. Diese Inkompatibilität mit bestehenden Schemata (s.a. Horowitz, 2021) geht regelhaft mit einem negativen Gefühlserleben einher (bspw. starke Schuld- und Schamgefühle). Einige Patienten wählen starke Vermeidung als kurzfristig sehr wirksame Strategie, damit umzugehen, die letztendlich zu einem großen Therapiehindernis werden kann. Genauso können sich jedoch auch beim Therapeuten hinderliche persönliche Konstrukte finden (s. Kasten »Vorsicht Falle« w. u.).

Die Aktivierung von persönlichen Konstrukten kann per definitionem nicht verhindert werden. Jeder Betroffene wird ein traumatisches Ereignis wahrnehmen, es bewerten und darauf reagieren, wie nur er es aufgrund seiner Individualität kann und wie es nur ihm eigen ist. Das einzige Mittel, welches er einsetzen kann, ist seine Self-Awareness, d.h. seine Fähigkeit, sich aus einer Metaperspektive zu betrachten und zu bemerken, *wie* er reagiert, ohne automatisiert den damit möglicherweise einhergehenden Handlungsimpulsen zu folgen. Betrachtet der Therapeut seinen Patienten aus dieser Perspektive, so hat er die Aufgabe, ihm bei diesem Prozess der Selbstbetrachtung zu unterstützen. Betrachtet der Therapeut sich selbst aus dieser Perspektive, so hat er die gleiche Aufgabe, nur diesmal ist er selbst das Objekt seines Kümmerns.

Starke Schuld und Scham beim Patienten

Mit dem zuvor dargestellten Aspekt der persönlichen Konstrukte eng verwandt ist ein weiterer Punkt: die Aktivierung von Schuld- bzw. Schamschemata im Rahmen traumatischer Erfahrungen (s.a. Lammers, 2016). Im Kapitel 2.1 wurde bereits erläutert, dass eine PTBS nicht primär auf Angst, sondern auf anderen Leitaffekten wie Schuld, Scham oder Ekel basieren kann. Wie bereits erwähnt, kann es für den Patienten ein unüberwindbares Hindernis darstellen, sich mit seinen Erlebnissen auseinanderzusetzen, wenn diese unerträglichen Emotionen drohen.

Auch hier liegt es in der Verantwortung des Therapeuten, transparent und validierend mit dem Patienten und dessen Vermeidungsimpulsen umzugehen, diese in ihrer Funktionalität anzuerkennen und psychoedukativ zu erklären. Durch Normalisierung und Entkatastrophisierung sowie dem Aufzeigen von Bewältigungsmöglichkeiten kann der Patient ermutigt werden, erste Schritte gegen die Vermeidung zu unternehmen. Oftmals erweist sich dies – im lerntheoretischen Sinne – als der beste Verstärker, um sich mit Schuld- und Schamthemen, die häufig biographisch bedingt sind, auseinanderzusetzen und zu verstehen, wie sie durch aktuelle Erlebnisse reaktiviert werden.

Entfremdung und sich un- oder missverstanden fühlen

Viele Patienten fühlen sich nach traumatischen Erlebnissen nicht mehr als Teil der menschlichen Gemeinschaft. Einerseits haben sie Gewalt in einem Ausmaß erfahren, das zuvor unvorstellbar war. Andererseits sind ihre eigenen, subjektiven Reaktionen darauf möglicherweise ebenso neu und verunsichernd. Infolgedessen kann sich der innere Kompass, die innere Referenz des Betroffenen für das, was innerlich und äußerlich »normal« ist, verschieben; er fühlt sich entfremdet. Wenn er sich jemandem anvertraut, erlebt er möglicherweise, wie hilflos dieser darauf reagiert. Ebenso wenig nachvollziehbar ist für viele Betroffene, wie viel Bedeutung ihre Mitmenschen vermeintlichen Kleinigkeiten beimessen. Auch wenn dies prätraumatisch für sie ebenso war, ist es aus ihrer posttraumatischen Perspektive nicht mehr verständlich. Wenn der Traumatisierte jedoch seine Mitmenschen und sich selbst nicht mehr verstehen kann, wie soll er dann von einem Fremden, der der Therapeut letztendlich auch ist, verstanden werden?

Dieser Zweifel ist berechtigt und der Therapeut sollte ihn aufgreifen, ohne sofort mit Begründungen und guten Argumenten zu reagieren. Zunächst gilt es, den Patienten und seinen Zustand zu validieren, sich für die Offenheit und das Vertrauen zu bedanken und zu signalisieren, dass er dieses Thema ernst nimmt und vor allem, dass es »normal« (für viele Betroffene üblich) ist. Eine psychoedukative Erklärung, warum dies geschieht (Veränderung der Referenz, s. o.), kann – neben der Validierung, Normalisierung und Entkatastrophisierung – hilfreich sein. Abhängig von den Umständen kann auch eine dosierte Selbstöffnung seitens des Therapeuten (bspw. ein kurzer Bezug zu einem ähnlichen oder gleichen persönlichen Erleben) eine erste Brücke bauen. Anschließend kann dem Patienten angeboten werden, ein paar Sitzungen abzuhalten und zu prüfen, ob er den Eindruck hat, dass der Therapeut ein gutes Gegenüber ist. In den meisten Fällen hilft diese transparente und wertschätzende Art dem Patienten sehr, die therapeutische Arbeit aufzunehmen.

Zugehörigkeit zu einer bestimmten therapeutischen Schule

Auch wenn die Ansätze der TF-KVT derzeit am besten hinsichtlich ihrer Evidenz untersucht sind, gibt es (▶ Kap. 5.1.1) auch weitere Manuale aus anderen Therapieschulen, die für diese Zielgruppe entwickelt wurden. Unabhängig davon, welcher von diesen Therapieschulen sich der Therapeut zugehörig fühlt, sollten das Wohl und die Bedürfnisse des Patienten im Vordergrund stehen. Neben der gesetzlichen Verpflichtung (§ 630e BGB), den Patienten zu Beginn über mögliche Behandlungsalternativen aufzuklären, gebietet es auch der psychotherapeutische Sachverstand, die Krankheitsüberzeugungen des Patienten sowie seine Annahmen und Wünsche, wie seine Beschwerden am besten gelindert oder geheilt werden können, zu berücksichtigen. Es kann sehr hinderlich sein, wenn sich Therapeut und Patient bezüglich der eingesetzten Methoden nicht einig sind und einer versucht, den anderen von seinem eigenen Standpunkt zu überzeugen, gleichsam sich gegenseitig zu missionieren. Eine auf Aufklärung basierte, ergebnisoffene und wertschätzende Kommunikation über die Rahmenbedingungen und das Rational der Therapie kann nicht nur die Therapiebeziehung stärken, sondern auch die ersten Weichen für ein möglichst positives Ergebnis stellen.

Kulturelle Faktoren

Der kulturelle Hintergrund des Patienten sollte stets bei der Planung und Durchführung einer (Trauma-)Therapie berücksichtigt werden (s. a. Gavranidou & Abdallah-Steinkopff, 2007; Kizilhan, 2017; von Lersner & Kizilhan, 2017). Dabei ist individuell vorzugehen, da sowohl Patienten als auch Therapeuten möglicherweise in der Kultur des jeweils anderen ausreichend zu Hause sein können. Ist dies aber nicht der Fall, sollte sich der Therapeut zumindest mit den Grundlagen des kulturellen Hintergrunds seines Patienten vertraut machen und gegebenenfalls die Unterstützung eines Sprachmittlers in Anspruch nehmen.

Das ist deswegen nötig, weil die Art und Weise, wie, was, wem und wann berichtet wird, kulturell überformt sein kann. Dies kann einen erheblichen Einfluss auf das Verständnis, die Verarbeitung und die Bewältigung traumatischer Erlebnisse haben. Verschiedene Kulturen haben unterschiedliche Konzepte und Umgangsweisen mit Trauma. Bspw. wird in westlichen Gesellschaften Trauma oft individualistisch betrachtet, während in nicht-westlichen Kulturen kollektive und gemeinschaftsorientierte Ansätze dominieren können. In vielen nicht-westlichen Kulturen sind psychische Erkrankungen stark stigmatisiert und ethnokulturelle Unterschiede können zu Variationen in der Psychopathologie und der Interpretation von Symptomen führen.

Fehlt dem Therapeuten das Verständnis für diese kulturellen Unterschiede, kann dies ein großes Hindernis für eine erfolgreiche Therapie darstellen. Verfügt er hingegen über dieses Wissen, kann dies helfen, Missverständnisse zu vermeiden, die Therapie effektiver zu gestalten und die Resilienz der Patienten zu stärken.

Fallbeispiel 1: In einer Supervisionssitzung berichtet die Therapeutin, wie sie beim Kennenlernen gleich zu Beginn ihrer Patientin ein Kompliment bezogen auf deren Armband macht. Die Patientin zieht daraufhin das Armband aus und gibt es der Therapeutin. Diese wiederum ist irritiert und fragt die Sprachmittlerin, was es mit dieser Handlung auf sich hat. Es stellt sich heraus, die Patientin hat das Kompliment als Aufforderung verstanden, der Therapeutin Schmiergeld[53] (»Bakschisch«) für die Sitzung zu geben.

Fallbeispiel 2: Die Patientin meldet sich telefonisch beim Autor und es ergibt sich gleich bei der Begrüßung folgender Dialog:
Th: »Maragkos, Hallo?«
Pat: »Hallo Hr. Maragkos, hier spricht Frau…!
Th: »Hallo Fr.…! Wie geht es Ihnen?«
Pat: »Sehr gut, Hr. Maragkos, vielen Dank der Nachfrage! Und Ihnen?«
Th: »Auch sehr gut, Frau…Danke! Was kann ich für Sie tun, Fr. …?«
Pat: »Es geht mir nicht gut, Hr. Maragkos…!«

Schlechtes Timing

Eine unzureichend vorbereitete psychotherapeutische Behandlung kann kein optimales Timing haben. Gleichzeitig ist es oft notwendig, den Therapieplan und damit das Timing der Interventionen anzupassen. Es gilt daher, eine ausgewogene Balance zwischen Struktur und Flexibilität zu wahren.

Zu einem bestimmten Zeitpunkt wird das traumatisierende Ereignis zwangsläufig thematisiert werden. Geschieht dies zu früh, kann es den Patienten über-

53 In einigen Kulturen wird ein solches Kompliment als Aufforderung verstanden, das jeweilige Objekt, welches gefällt, bei der Verabschiedung als Geschenk zu überreichen.

fordern. Erfolgt es hingegen zu spät, könnte der Patient möglicherweise weniger davon profitieren.

Ähnliches gilt für regressives Arbeiten in der Traumatherapie. Besonders bei stark belasteten Patienten ist davon zunächst abzuraten. Zwar können – sofern der Patient dafür empfänglich ist – mit großer Vorsicht biografische Bezüge und entsprechende Affektbrücken angedeutet werden. Dies kann dem Patienten helfen, seinen aktuellen Zustand in einen biografischen Kontext zu setzen und besser zu verstehen. Regressives Arbeiten ist jedoch keine Option, solange der Patient nicht eine gewisse innere Stabilität erreicht hat und dies ausdrücklich wünscht.

Gemäß der Weisheit »Ohne Ziel ist jeder Schuss ein Treffer« sollte der Therapeut sein Therapiekonzept sorgfältig durchdenken und es mit dem Patienten besprechen, sodass beide einen roten Faden haben, dem sie folgen können. Die eingesetzten Techniken sollten in dieses übergeordnete Therapiekonzept eingebettet sein.

Vorsicht Falle! Aktionismus – Konfluenz – Stellvertretende Schuld

Das innerpsychische System von Traumatisierten verliert häufig an »Momentum«. Während psychisch stabile Menschen den Anforderungen und Herausforderungen ihres Alltags etwas entgegensetzen können, leiden Patienten darunter. Ihr innerpsychisches System ist überfordert und kann im Extremfall zum Stillstand kommen. Vor diesem Hintergrund sollen hier drei Aspekte hervorgehoben werden, die für die therapeutische Begleitung wichtig sein können (s. a. Butollo & Karl, 2012; Ehring & Maragkos, 2017).

In der psychotherapeutischen Situation kann es vorkommen, dass das innerpsychische System des Therapeuten als Ersatzaggregat fungiert, um dem innerpsychischen System des Patienten »Starthilfe« zu geben. Eine Möglichkeit für den Therapeuten besteht darin, durch seinen Aktionismus die Energie zuzuführen, die der Betroffene selbst nicht aufbringen kann. Aktionismus umfasst dabei eine Vielzahl von direkten und indirekten Verhaltensweisen. Oft sind es Kleinigkeiten, wie dem Patienten zu »erlauben«, zu spät zu kommen, die Sitzung zu überziehen, ihm bei außertherapeutischen Problemen zu helfen oder formale Vorgaben (bspw. fehlende Versichertenkarte) nicht ernst zu nehmen. Der Aktionismus des Therapeuten ersetzt den fehlenden Antrieb des Patienten und zehrt damit an seinem eigenen Energieniveau.

Konfluenz ist ein aus der Gestalttherapie stammender Abwehrmechanismus und bezeichnet das Verwischen oder Zusammenfließen von Grenzen – in diesem Fall der Grenze zwischen Therapeut und Patient (s. a. Maragkos, 2016). Der Therapeut ist vom traumatisierenden Ereignis und/oder vom Ausmaß der dadurch beim Patienten entstandenen Anspannung so überwältigt, dass er im Extremfall das Leid des Patienten zu seinem macht. Dies zeigt sich unter anderem darin, dass er Therapeut oft oder ständig an den Patienten denkt und ihn metaphorisch gesprochen mit nach Hause nimmt oder gar wiederholt von ihm träumt. Dabei überschreitet der Helfer seine eigene (Leistungs-)Grenze und läuft Gefahr, sich nicht mehr vom Patienten und dem Geschehen distanzieren zu können.

Stellvertretende Schuld als potenzielle Falle in der therapeutischen Arbeit mit Traumapatienten ist eng mit dem Phänomen der Konfluenz verwandt. Durch eine Vermischung der Grenzen fühlt sich der Therapeut (stellvertretend für den/die Täter) schuldig gegenüber dem Patienten und hat den Impuls, sich beim Patienten für das, was er erlebt hat, zu entschuldigen. Vielleicht hat er sogar den Impuls, für das Widerfahrene Wiedergutmachung leisten zu müssen. Dies kann sich beispielsweise bei männlichen Therapeuten, die mit weiblichen Opfern sexualisierter Gewalt arbeiten, in aggressiven Fantasien gegenüber dem/den Tätern äußern. Bei weiblichen Therapeuten kann sich dies in Form von Druck äußern, den männlichen Täter doch endlich anzuzeigen.

Um diesen Herausforderungen wirksam begegnen zu können, ist es für Therapeuten sehr ratsam, regelmäßig Supervision in Anspruch zu nehmen. Diese bietet die Möglichkeit, die eigenen emotionalen Reaktionen und potenziellen Verstrickungen zu reflektieren und somit die nötige professionelle Distanz stets zu wahren.

Die Behandlung von Traumafolgestörungen stellt Therapeuten vor eine Vielzahl von Herausforderungen, die eine sorgfältige und individuell angepasste Vorgehensweise erfordern. Die genannten therapeutischen Hindernisse sind nur ein erfahrungsbasierter Ausschnitt; mit Sicherheit gibt es noch weitere. Sie verdeutlichen aber die Komplexität dieser Arbeit. Es ist essenziell, dass Therapeuten nicht nur die spezifischen Bedürfnisse und Hintergründe ihrer Patienten berücksichtigen, sondern auch ihre eigenen emotionalen Reaktionen und Grenzen reflektieren. Regelmäßige Supervision und eine wertschätzende, transparente Kommunikation können dabei helfen, eine stabile und vertrauensvolle Therapiebeziehung aufzubauen. Letztlich ist das Ziel, den Patienten zu unterstützen, seine traumatischen Erlebnisse zu verarbeiten und seine Resilienz zu stärken, um ihm eine Rückkehr zu einem Leben zu ermöglichen, in dem das Trauma nicht mehr bestimmend prominent ist.

6 Synopse

In den bisherigen Kapiteln wurde der Versuch unternommen, einen kompakten Überblick über die verschiedenen traumafokussierten Methoden und Techniken zu geben, für die es aktuell gute empirische Evidenz gibt. Zur besseren Veranschaulichung wurde stets dieselbe Gliederung, nämlich Grundgedanke, Aufbau, Durchführung, Hinweise für die Praxis und Wirksamkeitsnachweise, gewählt. Dieses Kapitel dient der Zusammenfassung und möchte zudem vor dem Hintergrund der bereits im Kapitel 5.1.1 diskutierten Gemeinsamkeiten dazu einladen, die traumatherapeutischen Interventionen vor einem personalisierten (s. a. Steuwe et al., 2023) bzw. kontextualisierten Hintergrund zu planen.

6.1 Zusammenfassende Darstellung der traumatherapeutischen Interventionen

Frühe Interventionen zielen darauf ab, unmittelbar nach einem traumatischen Ereignis einzugreifen, um die Entwicklung schwerwiegenderer Störungen zu verhindern oder bereits zu intervenieren, wenn sich erste Symptome manifestiert haben.

Die Prolongierte Exposition (PE) ist eine Interventionsform, bei der Patienten wiederholt und systematisch mit ihren traumatischen Erinnerungen konfrontiert werden, um die damit verbundenen Ängste zu reduzieren. Der Grundgedanke besteht darin, dass das wiederholte Durchleben der traumatischen Ereignisse in einem sicheren therapeutischen Umfeld zu einer Belastungsreduktion führt. Der Aufbau umfasst mehrere Sitzungen, in denen die Patienten ihr€ traumatischen/s Erlebnis(se) detailliert schildern. Dies geschieht sowohl in der Therapie als auch durch Hausaufgaben, bei denen sie die Sitzungsaufzeichnungen zu Hause anhören. Die Durchführung beinhaltet eine Einführung durch den Therapeuten, gefolgt von in sensu- und in vivo-Konfrontation.

Die Kognitive Verarbeitungstherapie (CPT) konzentriert sich auf die Veränderung dysfunktionaler Gedanken und Überzeugungen, die durch das Trauma entstanden sind. Der Grundgedanke hierbei ist, dass traumatische Erlebnisse oft zu negativen Überzeugungen über sich selbst, andere und die Welt führen. Der Aufbau umfasst eine Reihe von Sitzungen, in denen die Patienten lernen, ihre relevanten Gedanken zu identifizieren und zu hinterfragen. Die Durchführung beinhaltet Techniken wie das Schreiben von Aufsätzen über das Trauma und das Erlernen von Strategien zur kognitiven Umstrukturierung.

Die Narrative Expositionstherapie (NET) hilft Betroffenen, ihre traumatischen Erlebnisse in eine kohärente Lebensgeschichte zu integrieren. Der Grundgedanke hierbei ist, dass das Erzählen der eigenen Lebensgeschichte in chronologischer Reihenfolge hilft, die traumatischen Erinnerungen zu verarbeiten und zu integrieren. Der Aufbau umfasst mehrere Sitzungen, in denen die Patienten ihre Lebensgeschichte erzählen, wobei der Fokus sowohl auf den traumatischen als auch auf den positiven Ereignissen liegt. Die Durchführung beinhaltet das detaillierte Erzählen der Erlebnisse und das Erstellen eines schriftlichen Narrativs.

Die Imagery Rescripting and Reprocessing Therapy (IRRT) bzw. das Imagery Rescripting (ImRs) ist eine Methode, bei der traumatische Erinnerungen mittels Imagination im Nachgang verändert werden. Der Grundgedanke ist, dass das Ersetzen negativer Bilder durch positive dazu beiträgt, die emotionale Reaktion auf das Trauma zu verändern. Der Aufbau umfasst mehrere Sitzungen, in denen die Patienten lernen, ihre traumatischen Erinnerungen durch positive Imaginationen zu verändern. Die Durchführung beinhaltet das Erstellen und Einüben neuer, positiver Bilder, die die alten, traumatischen Erinnerungen überschreiben sollen.

Da alle dargestellten Techniken und Methoden zur Familie der Kognitiven Verhaltenstherapie (KVT) gehören, fallen die Überschneidungen und Gemeinsamkeiten auf, auf die bereits im Kapitel 5.1.1 eingegangen wurde.

6.2 Individuelle Anpassung des therapeutischen Vorgehens

Zwei Aspekte ziehen sich durch das gesamte Buch hindurch: Einerseits wurden nur Methoden und Techniken vorgestellt, die einer empirischen Überprüfung standhalten, auf der anderen Seite wurde wiederholt darauf hingewiesen, wie wichtig es ist, nicht die Diagnose einer Traumafolgestörung als leitend zu betrachten, sondern die individuelle Symptomausgestaltung und Bedeutungszuweisung sowie den individuellen Hintergrund des Patienten. Für diese Haltung findet sich Zuspruch aus der aktuellen Forschung (Keyan et al., 2024, S. 22):

> »...the optimal approach to treating PTSD does not involve a ›one-size fits all‹ solution but may require a more personalized approach that addresses specific issues that a patient may have that are likely to interfere with treatment success.«

Es geht also um einen individualisierten, personalisierten, kontextualisierten Zugang zum Patienten und seiner Symptomatik. Dieser Zugang wird aktuell sowohl transdiagnostisch (Brakemeier & Herpertz, 2019; Cohen et al., 2021; Kensche & Schweiger, 2015; Sack, 2019) als auch für die PTBS im Besonderen (Steuwe et al., 2023) in der wissenschaftlichen Literatur diskutiert, wobei die o. g. Begriffe teils synonym verwendet werden, teils jedoch auch unterschiedliche Bedeutungen zugewiesen bekommen.

Cohen und andere (2021) schlagen in ihrem 3DP-Modell folgende drei Dimensionen vor, anhand derer Personalisierungsentscheidungen im Kontext psychotherapeutischer Behandlungen getroffen werden können (s. a. Steuwe et al., 2023):

1. *Zeitebene* (Zeitpunkt, an dem eine personalisierte Behandlungsentscheidung getroffen wird):
   a) Vor Beginn der Behandlung
   b) Während der Behandlung
   c) Nach der Behandlung
2. *Interventionsebene* (Grad der Spezifizierung von Behandlungsentscheidungen, die von der Makro- zur Mikroebene reichen):
   a) Behandlungsumfang und -intensität
   b) Behandlungsverfahren
   c) Spezifische Behandlungsmethoden und -techniken
   d) Vermittlungs- und Interaktionsstil
3. *Strukturebene* (Methode, mit der Behandlungsentscheidungen getroffen werden bzw. deren Grad an Formalisierung):
   a) Klinische Einschätzung (idiosynkratisch)
   b) Leitlinien
   c) Entscheidungshilfe
   d) Entscheidungsregel
   e) Statistisches Modell

Die aktuelle Datenlage (Steuwe et al., 2023) gibt erste positive Hinweise, die in Richtung einer personalisierten Behandlung von Traumapatienten gehen. Um den Rahmen dieses Buches nicht zu sprengen, wird im Folgenden auf zwei Aspekte vertiefend eingegangen, nämlich 2a (Behandlungsintensität) und 2c (spezifische Behandlungsmethoden und -techniken), die im Rahmen der Konfrontation bei Traumatherapien zusammenhängen, da die Wahl der Methode und Technik gleichzeitig eine Wahl bzgl. der affektiven Intensität bedeutet.

Die folgende Abbildung 6.1 versucht die verschiedenen Arten der Traumaexposition und die jeweils damit einhergehende affektive Intensität metaphorisch als »Anspannungsregler« darzustellen.

Der Therapeut steht vor der Wahl, welche Methode bzw. Technik er bei seinem Patienten einsetzen soll. Eine erste Antwort auf diese Frage gibt das bereits im Kapitel 5.1.1 vorgestellte Schema (Maercker, 2019):

- Traumatisierung in der Kindheit bzw. Jugend:
  - IRRT (Schmucker & Köster 2014) bzw. ImRs (Arntz, 2015), wenn die Therapie im Erwachsenenalter stattfindet.
  - Life-Review-Therapie (Maercker, 2002), wenn die Therapie im höheren Alter stattfindet.

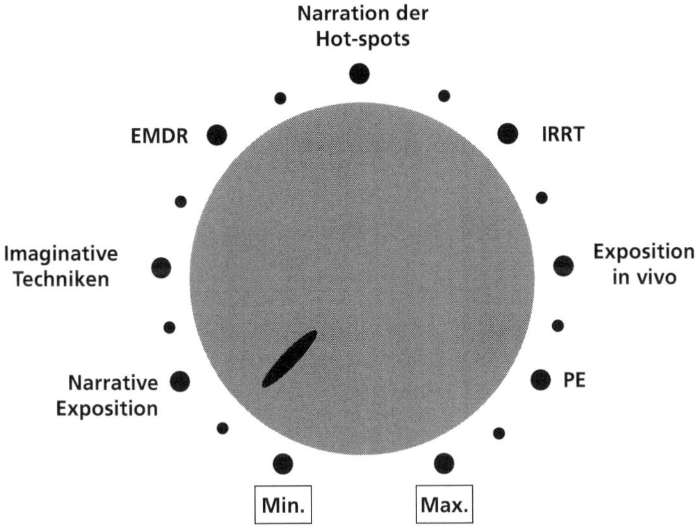

Abb. 6.1: Affektive Intensität und Expositionsform (angelehnt an Maercker, 2019, S. 221)

- Traumatisierung im Erwachsenenalter:
  - Imaginative Exposition (Foa et al., 2019) bzw. Kognitive Therapie der PTBS (Ehlers & Clark, 2000), wenn die Therapie im Erwachsenenalter stattfindet.
  - Life-Review-Therapie (Maercker, 2002), wenn die Therapie im höheren Alter stattfindet.

Basierend auf dieser Einteilung kann, auf den Ebenen der Behandlungsintensität, -methoden und -techniken, eine erste personalisierte Therapieplanung stattfinden. Es ist jedoch auch eine feinere Einstellung des Anspannungsreglers möglich. Im Folgenden werden dafür Beispiele aus der therapeutischen Praxis genannt. Deren Evidenz ist entsprechend zu werten und mit entsprechender Vor- und Umsicht sind sie anzuwenden:

- Im Rahmen von PE wird der Patient gebeten, das traumatische Ereignis zuerst mit offenen Augen und in der Vergangenheitsform zu berichten. Kommt es zu einer geringen Anspannungserhöhung, kann der Regler etwas weiter nach rechts gedreht werden, in dem nun das Geschehen mit offenen Augen und in der Gegenwartsform berichtet wird. Wenn auch das möglich ist, kann auf das klassische Vorgehen nach PE zurückgegriffen werden.
- Im Rahmen von NET werden bestimmte Sequenzen, die für den Patienten mit einer besonderen Belastung einhergehen (hot spots), zusätzlich mit PE bearbeitet.
- Im Rahmen der Kognitiven Therapie der PTBS wird der Patient gebeten, während er das Narrativ laut vorliest, auf einem Balance-Board zu stehen, wodurch dieses als Distraktor wirken kann und ihn vor einer zu starken Anspannung schützt.

- Im Rahmen von IRRT kann ebenso das Balance-Board eingesetzt werden oder bestimmte Sequenzen (s. o.) werden mit PE bearbeitet.
- Die schriftliche Erstellung des Traumanarrativs kann erstmal in der Vergangenheitsform und im Anschluss in der Gegenwartsform erstellt werden. Beide Arten von Narrativen können laut vorgelesen und im Anschluss (bspw. als Hausaufgabe) angehört werden. Dies wiederum kann mit offenen (geringere Anspannung) oder mit geschlossenen Augen (stärkere Anspannung) geschehen.

Das sind nur einige Erfahrungswerte, wie die verschiedenen Interventionsformen miteinander kombiniert werden können, um dem Patienten zu ermöglichen, sich auf eine möglichst direkte Weise mit seinen traumatisierenden Erlebnissen auseinander zu setzen, korrigierende Erfahrungen zu machen, ohne dabei in eine Überforderungssituation zu kommen. Besonders dann, wenn sich der Therapeut – aus welchen Gründen auch immer – unsicher ist, wie er die Konfrontation gestalten soll, ist ein Vorgehen welches »von leicht auf schwer« geht, d. h. von geringer auf höhere Anspannungsintensität, keine schlechte Strategie.

7 Epilog

In einer Welt, die von Konflikten und Katastrophen geprägt ist, bleibt die Notwendigkeit für effektive traumatherapeutische Ansätze – leider – ungebrochen. Der Einmarsch Russlands in die Ukraine und die Eskalation des Nahostkonflikts nach dem Angriff der Hamas auf Israel haben – wie zu erwarten war – nicht nur physische Zerstörung hinterlassen, sondern auch eine Welle von Traumafolgestörungen ausgelöst (s. Ben-Ezra et al., 2023; Karatzias et al., 2023d). Einmal mehr sind nicht nur individuelle Schicksale betroffen; ganze Gemeinschaften und Generationen werden davon geprägt sein und das Leid weitertragen. Einmal mehr wird auf schreckliche Weise aufgezeigt, wie tiefgreifend und langanhaltend die psychischen Wunden sein können, die dadurch verursacht werden.

Der Krieg in der Ukraine hält auch zum Zeitpunkt der Beendigung der Arbeit an diesem Buch an. Zwischen Israel und Hamas wurde am 19. Januar 2025 ein Waffenstillstand in Kraft gesetzt, nachdem beide Seiten einen Geisel- bzw. Gefangenenaustausch vereinbart hatten. Die USA haben mittlerweile einen neuen, alten Präsidenten, der durch sein Reden und Tun das wackelige Gleichgewicht auf der Welt mehr als herausfordert.

In Anbetracht der aktuellen globalen Lage ist es unerlässlich, Therapeuten und Fachkräfte im Bereich der Psychotraumatologie kontinuierlich zu schulen und zu unterstützen. Ebenso notwendig ist es, die Forschung voranzutreiben, um das Fachwissen stetig zu erweitern. Die therapeutischen Ansätze müssen nicht nur auf individueller Ebene, sondern auch im kollektiven und kulturellen Kontext angewendet werden.

Die TF-KVT bietet strukturierte und evidenzbasierte Methoden und Techniken, um den Betroffenen zu helfen, ihre traumatischen Erlebnisse zu verarbeiten und ihre Lebensqualität zu verbessern. Die in diesem Buch beschriebenen Therapieansätze haben sich als besonders wirksam erwiesen. Allen gemeinsam ist der Versuch, die traumatischen Erinnerungen in einen Kontext zu setzen, maladaptive Gedankenmuster zu verändern und die emotionale Verarbeitung zu fördern.

Das ist eine Perspektive der Hoffnung, Linderung und vielleicht sogar Heilung inmitten des Leids. Betroffenen kann geholfen werden, ihre traumatischen Erlebnisse zu integrieren und ein Gefühl der Kontrolle und Sicherheit zurückzugewinnen. Abschließend bleibt zu hoffen, dass die Erkenntnisse und Methoden der KVT weiterhin verbreitet und angewendet werden. Die Unterstützung und Behandlung traumatisierter Menschen bleibt eine der wichtigsten Aufgaben unserer Zeit.

Das Traumagebiet ist so umfangreich, dass es kaum möglich ist, es vollumfänglich darzustellen. Dieses Buch wollte einen kompakten Überblick geben und Zuversicht vermitteln, sich in die psychotherapeutische Arbeit mit den Betroffenen zu begeben. Für mich persönlich kann ich sagen: Jetzt wäre ein guter Zeitpunkt, um mit der Arbeit an diesem Buch wirklich zu beginnen.

Literaturverzeichnis

Alliger-Horn, C., Mitte, K. & Zimmermann, P. (2015). Vergleichende Wirksamkeit vom IRRT und EMDR bei kriegstraumatisierten deutschen Soldaten. *Trauma und Gewalt, 9*(3), 204–215.

Alliger-Horn, C., Zimmermann, P. L. & Schmucker, M. (2016). Guilt, Shame and Compassionate Imagery in War: Traumatized German Soldiers with PTSD, a Pilot Study. *Journal of Clinical Medicine, 5*(10), 90. https://doi.org/10.3390/jcm5100090.

Alonso, J., Angermeyer, M. C., Bernert, S., Bruffaerts, R., Brugha, T. S., Bryson, H., de Girolamo, G., Graaf, R., Demyttenaere, K., Gasquet, I., Haro, J. M., Katz, S. J., Kessler, R. C., Kovess, V., Lépine, J. P., Ormel, J., Polidori, G., Russo, L. J., Vilagut, G., Almansa, J., … ESEMeD/MHEDEA 2000 Investigators, European Study of the Epidemiology of Mental Disorders (ESEMeD) Project (2004). Disability and Quality of Life Impact of Mental Disorders in Europe: Results from the European Study of the Epidemiology of Mental Disorders (ESEMeD) Project. *Acta Psychiatrica Scandinavica. Supplementum, (420)*, 38–46. https://doi.org/10.1111/j.1600-0047.2004.00329.x.

Andrews, B., Brewin, C. R., Philpott, R. & Stewart, L. (2007). Delayed- Onset Posttraumatic Stress Disorder: A Systematic Review of the Evidence. *The American Journal of Psychiatry, 164*(9), 1319–1326. https://doi.org/10.1176/appi.ajp.2007.06091491.

APA (American Psychiatric Association). (1952). *DSM-I: Diagnostic and Statistical Manual of Mental Disorders.* 1. Aufl. Washington, D. C.: American Psychiatric Association.

APA (American Psychiatric Association). (1975). *DSM-II: Diagnostic and Statistical Manual of Mental Disorders.* Washington, D. C.: American Psychiatric Association.

APA (American Psychiatric Association). (1980). *Diagnostic and Statistical Manual of Mental Disorders.* 3. Aufl. (DSM-III). Washington D. C.: American Psychiatric Association.

APA (American Psychiatric Association). (1987). *DSM-III-R: Diagnostic and Statistical Manual of Mental Disorders, -revised.* Washington, D. C.: American Psychiatric Association.

APA (American Psychiatric Association). (1994). *Diagnostic and Statistical Manual of Mental Disorders.* 4. Aufl. (DSM-IV). Washington D. C.: American Psychiatric Association.

APA (American Psychiatric Association). (2013). *Diagnostic and Statistical Manual of Mental Disorders.* 5. Aufl. (DSM-5). Washington D. C.: American Psychiatric Association.

APA – American Psychiatric Association (2018) Diagnostisches und Statistisches Manual Psychischer Störungen DSM-5®. Deutsche Ausgabe herausgegeben von Peter Falkai und Hans-Ulrich Wittchen. 2., korrigierte Auflage. Göttingen: Hogrefe.

APA (American Psychological Association). (2017). *Clinical Practice Guideline for the Treatment of PTSD.* APA, Washington, D. C. https://www.apa.org/ptsd-guideline (Zugriff am: 03.03. 2025).

Arnetz, B.B., Nevedal, D.C., Lumley, M.A., Backman, L. & Lublin, A. (2009). Trauma Resilience Training for Police: Psychophysiological and Performance Effects. *Journal of Police and Criminal Psychology, 24*, 1–9. https://doi.org/10.1007/s11896-008-9030-y.

Arntz, A. (2012). Imagery Rescripting as a Therapeutic Technique: Review of Clinical Trials, Basic Studies, and Research Agenda. *Journal of Experimental Psychopathology, 3*(2), 189–208. https://doi.org/10.5127/jep.024211.

Arntz, A. (2015). Imagery Rescripting for Posttraumatic Stress Disorder. In N. C. Thomas & D. McKay (Hrsg.), *Working with Emotion in Cognitive-Behavioral Therapy* (S. 203–215). New York: Guilford.

Arntz, A., Tiesema, M. & Kindt, M. (2007). Treatment of PTSD: A Comparison of Imaginal Exposure with and without Imagery Rescripting. *Journal of Behavior Therapy and Experimental Psychiatry, 38*(4), 345–370. https://doi.org/10.1016/j.jbtep.2007.10.006.

Augedal, A. W., Hansen, K. S., Kronhaug, C. R., Harvey, A. G. & Pallesen, S. (2013). Randomized Controlled Trials of Psychological and Pharmacological Treatments for Nightmares: A Meta-nalysis. *Sleep Medicine Reviews, 17*(2), 143–152. https://doi.org/10.1016/j.smrv.2012.06.001.

Barbieri, A., Saidou Soumana, S., Dessì, A., Sadou, O., Boubacar, T., Visco-Comandini, F., Alunni Fegatelli, D. & Pirchio, S. (2023). Complex PTSD in Asylum-Seekers Living in a Humanitarian Setting in Africa: A Latent Class Analysis. *Psychological Trauma: Theory, Research, Practice and Policy, 15*(7), 1136–1144. https://doi.org/10.1037/tra0001299.

Beck, A. T & Emery, G. (1985). *Anxiety Disorders and Phobias: A Cognitive Perspective.* New York: Basic Books.

Becker-Nehring, K., Witschen, I. & Bengel, J. (2012). Schutz- und Risikofaktoren für Traumafolgestörungen: Ein systematischer Review. *Zeitschrift für Klinische Psychologie und Psychotherapie, 41*(3),148–165. https://doi.org/10.1026/1616-3443/a000150.

Beesdo-Baum, K., Zaudig, M. & Wittchen, H.-U. (2019). *SCID-5-CV Strukturiertes Klinisches Interview für DSM-5-Störungen Klinische Version.* Göttingen: Hogrefe.

Belsher, B. E., Beech, E., Evatt, D., Smolenski, D. J., Shea, M. T., Otto, J. L., Rosen, C. S. & Schnurr, P. P. (2019). Present- Centered Therapy (PCT) for Post-Traumatic Stress Disorder (PTSD) in Adults. *The Cochrane Database of Systematic Reviews, (11)*, Article CD012898. https://doi.org/10.1002/14651858.CD012898.pub2.

Beltran, R.O. & Silove, D. (1999). Expert Opinions about the ICD-10 Category of Enduring Personality Change after Catastrophic Experience. *Comprehensive Psychiatry, 40*(5), 396–403. https://doi.org/10.1016/s0010-440x(99)90147-5.

Beltran, R.O., Silove, D. & Llewellyn, G.M. (2009). Comparison of ICD-10 Diagnostic Guidelines and Research Criteria for Enduring Personality Change after Catastrophic Experience. *Psychopathology, 42*(2), 113–118. https://doi.org/10.1159/000204761.

Ben-Ezra, M., Goodwin, R., Leshem, E. & Hamama-Raz, Y. (2023). PTSD sy Mptoms Among Civilians Being Displaced Inside and Outside the Ukraine During the 2022 Russian Invasion. *Psychiatry Research, 320*, 115011. https://doi.org/10.1016/j.psychres.2022.115011.

Bengel, J., Becker-Nehring, K. & Hillebrecht, J. (2019). Psychologische Frühinterventionen. In A. Maercker (Hrsg.), *Traumafolgestörungen* (S. 189–216). Berlin: Springer. doi.org/10.1007/978-3-662-58470-5_10.

Benish, S. G., Imel, Z. E. & Wampold, B. E. (2008). The Relative Efficacy of Bona Fide Psychotherapies for Treating Post-Traumatic Stress Disorder: A Meta-Analysis of Direct Comparisons. *Clinical Psychology Review, 28*(5), 746–758. https://doi.org/10.1016/j.cpr.2007.10.005.

Berntsen, D. & Rubin, D. C. (2006). The Centrality of Event Scale: a Measure of Integrating a Trauma into one's Identity and its Relation to Post-Traumatic Stress Disorder Symptoms. *Behaviour Research and Therapy, 44*(2), 219–231. https://doi.org/10.1016/j.brat.2005.01.009.

Berntsen, D. & Rubin, D. C. (2007). When a Trauma Becomes a Key to Identity: Enhanced Integration of Trauma Memories Predicts Posttraumatic Stress Disorder Symptoms. *Applied Cognitive Psychology, 21*(4), 417–431. https://doi.org/10.1002/acp.1290.

Bertolini, F., Robertson, L., Bisson, J. I., Meader, N., Churchill, R., Ostuzzi, G., Stein, D. J., Williams, T. & Barbui, C. (2022). Early Pharmacological Interventions for Universal Prevention of Post-Traumatic Stress Disorder (PTSD). Cochrane Database of Systematic Reviews, Issue 2. Art. No.: CD013443. https://doi.org/10.1002/14651858.CD013443.pub2.

Bichescu, D., Neuner, F., Schauer, M. & Elbert, T. (2007). Narrative Exposure Therapy for Political Imprisonment-Related Chronic Posttraumatic Stress Disorder and Depression. *Behaviour Research and Therapy, 45*(9), 2212–2220. https://doi.org/10.1016/j.brat.2006.12.006.

Bohus, M., Schmahl, C., Fydrich, T., Steil, R., Müller-Engelmann, M., Herzog, J., Ludäscher, P., Kleindienst, N. & Priebe, K. (2019). A Research Programme to Evaluate DBT-PTSD, a Modular Treatment Approach for Complex PTSD after Childhood Abuse. *Borderline Personality Disorder and Emotion Dysregulation, 6*, 7. https://doi.org/10.1186/s40479-019-0099-y.

Bondjers, K., Hyland, P., Roberts, N. P., Bisson, J. I., Willebrand, M. & Arnberg, F. K. (2019). Validation of a Clinician-Administered Diagnostic Measure of ICD-11 PTSD and Complex PTSD: The International Trauma Interview in a Swedish Sample. *European Journal of Psychotraumatology, 10*(1), 1665617. https://doi.org/10.1080/20008198.2019.1665617.

Bongaerts, H., Voorendonk, E.M., Van Minnen, A., Rozendaal, L., Telkamp, B. S. D. & de Jongh, A. (2022). Fully Remote Intensive Trauma-Focused Treatment for PTSD and Complex PTSD. *European Journal of Psychotraumatology, 13*(2), 2103287. https://doi.org/10.1080/20008066.2022.2103287.

Borsboom, D. (2017). A Network Theory of Mental Disorders. *World Psychiatry, 16*(1), 5–13. https://doi.org/10.1002/wps.20375.

Boszormenyi-Nagy, I. (1981). Kontextuelle Therapie. Therapeutische Strategien zur Schaffung von Vertrauen. *Familiendynamik, 2*, 176–195.

Bottari, S.A., Trifilio, E. R., Janicke, D. M., Porges, E. C., Cohen, R. A., Jaffee, M. S. & Williamson, J. B. (2023). Effects of Sleep Disturbance on Trauma-focused Psychotherapy Outcomes in Posttraumatic Stress Disorder: A Systematic Review. *Annals of the New York Academy of Sciences, 1526*(1), 30–49. https://doi.org/10.1111/nyas.15029.

Brakemeier, E. & Herpertz, S. C. (2019). Innovative Psychotherapieforschung: auf dem Weg zu einer evidenz- und prozessbasierten individualisierten und modularen Psychotherapie. *Nervenarzt 90*, 1125–1134. https://doi.org/10.1007/s00115-019-00808-9.

Brakemeier, E. & Herpertz, S.C. (2019). Innovative Psychotherapieforschung: auf dem Weg zu einer evidenz- und prozessbasierten individualisierten und modularen Psychotherapie. *Nervenarzt, 90*, 1125–1134. https://doi.org/10.1007/s00115-019-00808-9.

Brave Heart, M. Y. H., (2000). Wakiksuyapi: Carrying the Historical Trauma of the Lakota. *Tulane Studies in Social Welfare, 21*(22), 245–66.

Breslau, N. (2002). Epidemiologic Studies of Trauma, Posttraumatic Stress Disorder, and Other Psychiatric Disorders. *The Canadian Journal of Psychiatry, 47*(10), 923–929. https://doi.org/10.1177/070674370204701003.

Breslau, N., Kessler, R. C., Chilcoat, H.D., Schultz, L.R., Davis, G.C. & Andreski, P. (1998). Trauma and Posttraumatic Stress Disorder in the Community: The 1996 Detroit Area Survey of Trauma. *Archives of General Psychiatry, 55*(7), 626–632. https://doi.org/10.1001/archpsyc.55.7.626.

Breslau, N., Peterson, E. L. & Schultz, L. R. (2008). A Second Look at Prior Trauma and the Posttraumatic Stress Disorder Effects of Subsequent Trauma: a Prospective Epidemiological Study. *Archives of General Psychiatry, 65*(4), 431–437. https://doi.org/10.1001/archpsyc.65.4.431.

Bretherton I. (1999). Updating the ›Internal Working Model‹ Construct: Some Reflections. *Attachment & Human Development, 1*(3), 343–357. https://doi.org/10.1080/14616739900134191.

Brewin, C. R. (2014). Episodic Memory, Perceptual Memory, and their Interaction: Foundations for a Theory of Posttraumatic Stress Disorder. *Psychological Bulletin, 140*(1), 69–97. https://doi.org/10.1037/a0033722.

Brewin, C. R. (2021). Tilting at Windmills: Why Attacks on Repression Are Misguided.*Perspectives on Psychological Science,16*(2), 443–453. https://doi.org/10.1177/1745691620927674.

Brewin, C. R., Andrews, B. & Valentine, J. D. (2000). Meta-Analysis of Risk Factors for Posttraumatic Stress Disorder in Trauma-Exposed Adults.*Journal of Consulting and Clinical Psychology,68*(5), 748–766. https://doi.org/10.1037//0022-006x.68.5.748.

Brewin, C. R., Cloitre, M., Hyland, P., Shevlin, M., Maercker, A., Bryant, R. A., Humayun, A., Jones, L. M., Kagee, A., Rousseau, C., Somasundaram, D., Suzuki, Y., Wessely, S., van Ommeren, M. & Reed, G. M. (2017). A Review of Current Evidence Regarding the ICD-11 Proposals for Diagnosing PTSD and Complex PTSD. *Clinical Psychology Review, 58*, 1–15. https://doi.org/10.1016/j.cpr.2017.09.001.

Brewin, C. R., Dalgleish, T. & Joseph, S. (1996). A Dual Representation Theory of Posttraumatic Stress Disorder. *Psychological Review, 103*(4), 670–686. https://doi.org/10.1037/0033-295x.103.4.670.

Brewin, C. R., Gregory, J. D., Lipton, M. & Burgess, N. (2010). Intrusive Images in Psychological Disorders: Characteristics, Neural Mechanisms, and Treatment Implications. *Psychological Review, 117*(1), 210–232. https://doi.org/10.1037/a0018113.

Brewin, C. R., Miller, J. K., Soffia, M., Peart, A. & Burchell, B. (2022). Posttraumatic Stress Disorder and Complex Posttraumatic Stress Disorder in UK Police Officers. *Psychological Medicine, 52*(7), 1287–1295. https://doi.org/10.1017/S0033291720003025.

Brom, D., Kleber, R. J. & Defares P. B. (1989). Brief Psychotherapy for Posttraumatic Stress Disorders. *Journal of Consulting and Clinical Psychology, 57*(5), 607–612. https://doi.org/10.1037//0022-006x.57.5.607.

Bryant, R. A. (2019). Post-Traumatic Stress Disorder: A State -of-the- Art Review of Evidence and Challenges. *World Psychiatry, 18*(3), 259–269. https://doi.org/10.1002/wps.20656

Bryant, R. A. (2022). Controversies in Posttraumatic Stress Disorder. In C. L. Cobb, S. J. Lynn & W. O'Donohue (Hrsg.), *Toward a Science of Clinical Psychology* (S. 347–375). Schweiz: Springer. https://doi.org/10.1007/978-3-031-14332-8_18.

Bryant, R. A. & Hadzi-Pavlovic, D. (2024). The Course of Symptoms Over Time in People with Posttraumatic Stress Disorder. *Psychological Trauma: Theory, Research, Practice, and Policy.* Advance online publication. https://doi.org/10.1037/tra0001710.

Bryant, R. A., Felmingham, K. L., Malhi, G., Andrew, E. & Korgaonkar, M. S. (2021). The Distinctive Neural Circuitry of Complex Posttraumatic Stress Disorder During Threat Processing. *Psychological Medicine, 51*(7), 1121–1128. https://doi.org/10.1017/S0033291719003921.

Bryant, R. A., Galatzer-Levy, I. & Hadzi-Pavlovic, D. (2023). The Heterogeneity of Posttraumatic Stress Disorder in DSM-5. *JAMA Psychiatry, 80*(2), 189–191. https://doi.org/10.1001/jamapsychiatry.2022.4092.

Bryant, R. A., Moulds, M. L., Guthrie, R. M., Dang, S. T., Mastrodomenico, J., Nixon, R. D., Felmingham, K. L., Hopwood, S. & Creamer, M. (2008). A Randomized Controlled Trial of Exposure Therapy and Cognitive Restructuring for Posttraumatic Stress Disorder. *Journal of Consulting and Clinical Psychology, 76*(4), 695–703. https://doi.org/10.1037/a0012616.

Bryant, R. A., Nickerson, A., Creamer, M., O'Donnell, M., Forbes, D., Galatzer-Levy, I., McFarlane, A. C. & Silove, D. (2015). Trajectory of Post-Traumatic Stress Following Traumatic Injury: 6-Year Follow-Up. *The British Journal of Psychiatry, 206*(5), 417–423. https://doi.org/10.1192/bjp.bp.114.145516.

Bryant, R. A., O'Donnell, M. L., Creamer, M., McFarlane, A. C. & Silove, D. (2013). A Multisite Analysis of the Fluctuating Course of Posttraumatic Stress Disorder. *JAMA Psychiatry, 70*(8), 839–846. https://doi.org/10.1001/jamapsychiatry.2013.1137.

Bryant, R. A., Tran, J., Williamson, T. & Korgaonkar, M. S. (2022). Neural Processes During Response Inhibition in Complex Posttraumatic Stress Disorder. *Depression and Anxiety, 39*, 307–314. https://doi.org/10.1002/da.23235.

Bundesamt für Bevölkerungsschutz und Katastrophenhilfe (BBK) (2012). Psychosoziale Notfallversorgung: Qualitätsstandards und Leitlinien (Teil I und II). Praxis im Bevölkerungsschutz–Band 7, 3. Aufl. Zugriff am: 03.03.2025 unter: https://www.bbk.bund.de/SharedDocs/Downloads/DE/Mediathek/Publikationen/PiB/PiB-07-psnv-qualitaet-stand-leitlinien-teil-1-2.pdf?__blob=publicationFile&v=7 (.

Butler, R. N. (1963). The Life Review: An Interpretation of Reminiscence in the Aged. *Psychiatry, 26*, 65–76. https://doi.org/10.1080/00332747.1963.11023339.

Butollo, W. & Karl, R. (2012). *Dialogische Traumatherapie: Manual zur Behandlung der Posttraumatischen Belastungsstörung.* Stuttgart: Klett-Cotta.

Butollo, W., Karl, R., König, J. & Rosner, R. (2016). A Randomized Controlled Clinical Trial of Dialogical Exposure Therapy versus Cognitive Processing Therapy for Adult Outpatients Suffering from PTSD after Type I Trauma in Adulthood. *Psychotherapy and Psychosomatics, 85*(1), 16–26. https://doi.org/10.1159/000440726.

Calhoun, L. G. & Tedeschi, R. G. (2006). *Handbook of Posttraumatic Growth: Research and Practice.* New Jersey: Lawrence Erlbaum Associates Publishers.

Caplan, G. (1964). *Principles of Preventive Psychiatry.* New York: Basic Books.

Cienfuegos, A. J. & Monelli, C. (1983). The Testimony of Political Repression as a Therapeutic Instrument. *American Journal of Orthopsychiatry, 53*(1), 43–51 https://doi.org/10.1111/j.1939-0025.1983.tb03348.x.

Cloitre, M. (2016). Commentary on De Jongh et al. (2016) Critique of ISTSS Complex PTSD Guidelines: Finding the Way Forward. *Depression and Anxiety, 33*(5), 355–356. https://doi.org/10.1002/da.22493.

Cloitre, M., Brewin, C. R., Bisson, J. I., Hyland, P., Karatzias, T., Lueger-Schuster, B., Maercker, A., Roberts, N. P. & Shevlin, M. (2020b). Evidence for the Coherence and Integrity of the Complex PTSD (CPTSD) Diagnosis: Response to Achterhof et al., (2019) and Ford (2020). *European Journal of Psychotraumatology Apr 3;11*(1). https://doi.org/10.1080/20008198.2020.1739873.

Cloitre, M., Cohen, L. R., Ortigo, K. M., Jackson, C. & Koenen, K. C. (2020a). *Treating Survivors of Childhood Abuse and Interpersonal Trauma: STAIR Narrative Therapy.* The Guilford Press, 2. Aufl.

Cloitre, M., Courtois, C. A., Ford, J. D., Green, B. L., Alexander, P., Briere, J., Herman, J. L., Lanius, R., Stolbach, B. C., Spinazzola, J., Van der Kolk, B. A., Van der Hart, O. (2012). *The ISTSS Expert Consensus Treatment Guidelines for Complex PTSD in Adults.* Retrieved from http://www.istss.org/.

Cloitre, M., Shevlin, M., Brewin, C. R., Bisson, J. I., Roberts, N. P., Maercker, A., Karatzias, T. & Hyland, P. (2018). The International Trauma Questionnaire: Development of a Self-Report Measure of ICD-11 PTSD and Complex PTSD. *Acta Psychiatrica Scandinavica, 138*(6), 536–546. https://doi.org/10.1111/acps.12956.

Cohen, Z. D., Delgadillo, J. & DeRubeis, R. J. (2021). Personalized Treatment Approaches. In M. Barkham, W. Lutz & L. G. Castonguay (Hrsg.), *Bergin and Garfield's Handbook of Psychotherapy and Behavior Change: 50th Anniversary Edition* (S. 673–703). Hoboken: John Wiley & Sons, Inc., 7. Aufl.

Coimbra, B. M., Hoeboer, C. M., van Zuiden, M., Williamson, R. E., D'Elia, A. T., Mello, A. F., Mello, M. F. & Olff, M. (2023). The Relationship Between Tonic Immobility and the Development, Severity, and Course of Posttraumatic Stress Disorder: Systematic and Meta-Analytic Literature Review. *Journal of Anxiety Disorders, 97*, 102730. https://doi.org/10.1016/j.janxdis.2023.102730.

Conen, L., Johanßen, H., Ülsmann, D., Ertle, A., Schulte, S., Fydrich, T. & Schulte-Herbrüggen, O. (2022). Validierung der deutschen Übersetzung der Centrality of Event Scale (CES-G). *Zeitschrift für Klinische Psychologie und Psychotherapie: Forschung und Praxis, 51*(1), 47–55. https://doi.org/10.1026/1616-3443/a000651.

Cooper, A. A., Clifton, E. G., Feeny, N. C. (2017). An Empirical Review of Potential Mediators and Mechanisms of Prolonged Exposure Therapy. *Clinical Psychology Review, 56*, 106–121. https://doi.org/10.1016/j.cpr.2017.07.003.

Craske, M. G., Hermans, D. & Vervliet, B. (2018). State-of-the-Art and Future Directions for Extinction as a Translational Model for Fear and Anxiety.*Philosophical Transactions of the Royal Society of London. Series B, Biological sciences,373*(1742), 20170025. https://doi.org/10.1098/rstb.2017.0025.

Craske, M. G., Treanor, M., Conway, C. C., Zbozinek, T. & Vervliet, B. (2014). Maximizing Exposure Therapy: An Inhibitory Learning Approach. *Behaviour Research and Therapy, 58*, 10–23. https://doi.org/10.1016/j.brat.2014.04.006.

Creamer, M., Burgess, P. & McFarlane, A. C. (2001). Post-traumatic Stress Disorder: Findings From the Australian National Survey of Mental Health and Well-Being. *Psychological Medicine, 31*(7), 1237–1247. https://doi.org/10.1017/s0033291701004287.

Cuthbert, B. N. (2015). Research Domain Criteria: Toward Future Psychiatric Nosologies. *Dialogues in Clinical Neuroscience, 17*(1), 89–97. https://doi.org/10.31887/DCNS.2015.17.1.

Cyr, G., Godbout, N., Cloitre, M. & Belanger, C. (2022). Distinguishing Among Symptoms of Posttraumatic Stress Disorder, Complex Posttraumatic Stress Disorder, and Borderline Personality Disorder in a Community Sample of Women.*Journal of Traumatic Stress, 35*(1), 186–196. https://doi.org/10.1002/jts.22719.

Davis, L. L. & Hamner, M. B. (2024). Post-Traumatic Stress Disorder: The Role of the Amygdala and Potential Therapeutic Interventions – A Review. *Frontiers in Psychiatry, 15*, 1356563. https://doi.org/10.3389/fpsyt.2024.1356563.

De Jongh, A., Resick, P. A., Zoellner, L. A., van Minnen, A., Lee, C. W., Monson, C. M. et al. (2016). Critical Analysis of the Current Treatment Guidelines for Complex PTSD in Adults. *Depression and Anxiety, 33*(5), 359–369. https://doi.org/10.1002/da.22469.

de Silva, U., Glover, N. & Katona, C. (2021). Prevalence of Complex Post-Traumatic Stress Disorder in Refugees and Asylum Seekers: Systematic Review. *BJPsych Open*, 7(6), e194. https://doi.org/10.1192/bjo.2021.1013.

Deahl, M. & Andreassen, M. (2024). Psychiatric Colonialism, PTSD, and the Western Psychiatric Diagnostic Tradition…Is One Man's Food Another Man's Poison? *The International Journal of Social Psychiatry, 70*(1), 36–39. https://doi.org/10.1177/00207640231193286.

Dilling, H. & Freyberger, H. J. (2019). *Taschenführer zur ICD-10-Klassifikation psychischer Störungen.* Göttingen: Hogrefe, 9. Aufl.

Dumarkaite, A., Truskauskaite-Kuneviciene, I., Andersson, G. & Kazlauskas, E. (2022). The Effects of Online Mindfulness-Based Intervention on Posttraumatic Stress Disorder and Complex Posttraumatic Stress Disorder Symptoms: A Randomized Controlled Trial With 3-Month Follow-Up. *Frontiers in Psychiatry, 13*, 799259. https://doi.org/10.3389/fpsyt.2022.799259.

Eberle, D. J. & Maercker, A. (2023). Neu in der ICD-11: Die komplexe posttraumatische Belastungsstörung. *DNP 24*, 56–61. https://doi.org/10.1007/s15202-023-5709-2.

Eberle, D. J. & Maercker, A. (2024). Belastungsbezogene Störungen in der ICD-11. *Psychotherapie.* https://doi.org/10.1007/s00278-023-00707-0.

Edwards, D. J. A. (2011). Invited Essay: From Ancient Shamanic Healing to 21st Century Psychotherapy: The Central Role of Imagery Methods in Effecting Psychological Change. In A. Hackmann, J. Bennett-Levy & E. Holmes (Hrsg.), *Oxford Guide to Imagery in Cognitive Therapy* (S. xxxiii–xiii). Oxford: Oxford University Press.

Ehlers, A. (1999). *Posttraumatische Belastungsstörung.* Göttingen: Hogrefe.

Ehlers, A. (2015). Intrusive Reexperiencing in Posttraumatic Stress Disorder: Memory Processes and their Implications for Therapy. In D. Berntsen & L. A. Watson (Hrsg.), *Clinical Perspectives on Autobiographical Memory* (S. 109–132). Cambridge: Cambridge University Press.

Ehlers, A. & Clark, D. M. (2000). A cognitive model of posttraumatic stress disorder. *Behaviour Research and Therapy, 38*(4), 319–345. https://doi.org/10.1016/s0005-7967(99)00123-0.

Ehlers, A. & Wild, J. (2022). Cognitive Therapy for PTSD: Updating Memories and Meanings of Trauma. In U. Schnyder & M. Cloitre (Hrsg.), *Evidence Based Treatments for Trauma-Related Psychological Disorders* (S. 181–210). Cham: Springer. https://doi.org/10.1007/978-3-030-97802-0_9.

Ehlers, A., Ehring, T., Wittekind, C. E. & Kleim, B. (2023). Information Processing in Posttraumatic Stress Disorder. In J. G. Beck & D. M. Sloan (Hrsg.), *The Oxford Handbook of Traumatic Stress Disorders* (S. 191–218). Oxford University Press: New York.

Ehlers, A., Maercker, A. & Boos, A. (2000). Posttraumatic s Tress Disorder Following Political Imprisonment: The Role of Mental Defeat, Alienation, and Perceived Permanent Change. *Journal of Abnormal Psychology, 109*(1), 45–55. https://doi.org/10.1037/0021-843X.109.1.45.

Ehring, T. (2019). Kognitive Verhaltenstherapie. In A. Maercker (Hrsg.), *Traumafolgestörungen* (S. 249–274). Berlin: Springer, 5. Aufl.

Ehring, T. & Maragkos, M. (2017). Krisenintervention und Traumatherapie. In H. J. Möller, G. Laux & H. P. Kapfhammer (Hrsg.), *Psychiatrie, Psychosomatik, Psychotherapie* (S. 1069–1082). Berlin: Springer. https://doi.org/10.1007/978-3-662-49295-6_45.

Ehring, T., Ehlers, A. & Glucksman, E. (2008). Do cognitive models help in predicting the severity of posttraumatic stress disorder, phobia, and depression after motor vehicle accidents? A prospective longitudinal study. *Journal of Consulting and Clinical Psychology, 76*(2): 219–230. https://doi.org/10.1037/0022-006X.76.2.219.

Ehring, T., Welboren, R., Morina, N., Wicherts, J. M., Freitag, J. & Emmelkamp, P.M.G. (2014). Metaanalysis of psychological treatments for posttraumatic stress disorder in adult

survivors of childhood abuse. *Clinical Psychology Review, 34*(8), 645–657. https://doi.org/10.1016/j.cpr.2014.10.00.
Emmelkamp, P. M. G. (2023). *Mental Health of Refugees.* Schweiz: Springer.
Enning, F. & Schmahl, C. (2022). Behandlung dissoziativer Symptome mit Nalmefen bei Patienten mit Borderline-Persönlichkeitsstorung und komplexer posttraumatischer Belastungsstörung. *Nervenarzt, 93*(5), 503–505. https://doi.org/10.1007/s00115-021-01239-1.
Evens, R., Hizli, S. T. & Schulte-Herbrüggen, O. (2019). PTBS-Diagnose im Wandel. *DNP, 20*(2), 46–53. https://doi.org/10.1007/s11298-019-6908-1.
Facer-Irwin, E., Karatzias, T., Bird, A., Blackwood, N. & MacManus, D. (2022). PTSD and complex PTSD in sentenced male prisoners in the UK: prevalence, trauma antecedents, and psychiatric comorbidities. *Psychological Medicine, 52*(13), 2794–2804. https://doi.org/10.1017/S0033291720004936.
Fanselow, M. S. & Pennington, Z. T. (2017). The Danger of LeDoux and Pine's Two-System Framework for Fear. *The American Journal of Psychiatry, 174*(11), 1120–1121. https://doi.org/10.1176/appi.ajp.2017.17070818.
Fanselow, M. S. & Pennington, Z. T. (2018). A return to the psychiatric dark ages with a two-system framework for fear. *Behaviour Research and Therapy, 100*, 24–29. https://doi.org/10.1016/j.brat.2017.10.012.
Figley, C. R. (1983). Catastrophes: An Overview of Family Reactions. In C. R. Figley & H. I. McCubbin (Hrsg.), *Stress and the Family: Vol. 2. Coping with Catastrophe* (S. 3–20). New York: Brunner/Mazel.
Fischer-Homberger, E. (1975). *Die traumatische Neurose. Vom somatischen zum sozialen Leiden.* Bern: Hans Huber.
Fischer, G. & Becker-Fischer, M. (2008). Diskussionsforum Stabilisierung vor Konfrontation in der Traumatherapie – Grundregel oder Mythos. *Zeitschrift für Psychotraumatologie und Psychologische Medizin, 6*(3), 85–94.
Fischer, I. C., Pietrzak, R. H., Maercker, A., Shalev, A. Y., Katz, I. R. & Harpaz-Rotem, I. (2023). Post-traumatic Stress Disorder: Rethinking Diagnosis. *The Lancet. Psychiatry, 10*(10), 741–742. https://doi.org/10.1016/S2215-0366(23)00227-4.
Fischhoff, B. (1975). Hindsight ≠ Foresight: The Effect of Outcome Knowledge on Judgment Under Uncertainty. *Journal of Experimental Psychology, 1*(3), 288–299. https://doi.org/10.1136/qhc.12.4.304.
Fleckenstein, M. & Leiberg, S. (2019). IRRT-ERT – Ein emotionsaktivierendes Verfahren zur Rückfallbearbeitung. *SuchtMagazin, 45*, 28–31.
Foa, E. B. & Kozak, M. (1986). Emotional processing of fear: exposure to corrective information. *Psychological Bulletin, 99*, 20–35.
Foa, E. B. & Riggs, D. S. (1993). Post-traumatic Stress Disorder in Rape Victims. In J. Oldham, M. B. Riba & A. Tasman (Hrsg.), *American Psychiatric Press Review of Psychiatry* (Vol. 12) (S. 273-303). Washington, D. C.: American Psychiatric Press.
Foa, E. B., Ehlers, A., Clark, D. M., Tolin, D. F. & Orsillo, S. M. (1999). The Posttraumatic Cognitions Inventory (PTCI): Development and Validation. *Psychological Assessment, 11*(3), 303–314. https://doi.org/10.1037/1040-3590.11.3.303.
Foa, E. B., Feske, U., Murdock, T. B., Kozak, M. J. & McCarthy, P. R. (1991). Processing of threat-related information in rape victims. *Journal of Abnormal Psychology, 100*(2), 156–162. https://doi.org/10.1037/0021-843X.100.2.156.
Foa, E. B., Hembree, E. A., Rothbaum, B. O. & Rauch, S. A. M. (2019). *Prolonged Exposure Therapy for PTSD: Emotional Processing of Traumatic Experiences: Therapist Guide.* Oxford University Press, 2. Aufl. https://doi.org/10.1093/med-psych/9780190926939.001.0001.
Fonagy, P. & Nolte, T. (2023). *Epistemisches Vertrauen.* Stuttgart: Klett-Kotta.
Forstmeier, S., Zimmermann, S., van der Hal, E., Auerbach, M., Kleinke, K., Maercker, A. & Brom, D. (2023). Effect of Life Review Therapy for Holocaust Survivors: A Randomized Controlled Trial. *Journal of Traumatic Stress, 36*(3), 628–641. https://doi.org/10.1002/jts.22933.
Fox, V., Dalman, C., Dal, H., Hollander, A. C., Kirkbride, J. B. & Pitman, A. (2021). Suicide Risk in People with Post-traumatic Stress Disorder: A Cohort Study of 3.1 Million People

in Sweden. *Journal of Affective Disorders, 279*, 609–616. https://doi.org/10.1016/j.jad.2020.10.009.

Frost, R., Murphy, J., Hyland, P., Shevlin, M., Ben-Ezra, M., Hansen, M., Armour, C., McCarthy, A., Cunningham, T. & McDonagh, T. (2020). Revealing what is Distinct by Recognising what is Common: Distinguishing Between Complex PTSD and Borderline Personality Disorder Symptoms Using Bifactor Modelling. *European Journal of Psychotraumatology, 11*(1), 1836864. https://doi.org/10.1080/20008198.2020.1836864.

Fung, H. W., Chien, W. T., Lam, S.K.K. & Ross, C. A. (2022). Investigating Post-Traumatic Stress Disorder (PTSD) and Complex PTSD Among People with Self-Reported Depressive Symptoms. *Frontiers of Psychiatry, 13*, 953001. https://doi.org/10.3389/fpsyt.2022.953001.

Galatzer-Levy, I. R. & Bryant, R. A. (2013). 636,120 Ways to have Posttraumatic Stress Disorder. *Perspectives on Psychological Science, 8*(6), 651–662. https://doi.org/10.1177/1745691613504115.

Galovski, T. E., Blain, L. M., Mott, J. M., Elwood, L. & Houle, T. (2012). Manualized Therapy for PTSD: Flexing the Structure of Cognitive Processing Therapy. *Journal of Consulting and Clinical Psychology, 80*(6), 968–981. https://doi.org/10.1037/a0030600.

Galovski, T. E., McLean, C. P., Wachen, J. & Davis, A. C. (2021). Psychosocial Treatments for PTSD. In M. J. Friedman, T. M. Keane & P. Schnurr (Hrsg.), *Handbook of PTSD: Science and Practice* (S. 330–359). New York: Guilford Press, 3. Aufl.

Galovski, T. E., Nixon, R. & Kaysen, D. (2020). *Flexible Applications of Cognitive Processing Therapy: Evidence-based Treatment Methods.* Cambridge: Elsevier.

Gao, M. & Lou, W. (2024). The Evolutionary Paths of Clinical Psychology Studies in the United States: A Bibliometrics Illustration of 69k Publications. *Journal of Clinical Psychology*, 1–18. https://doi.org/10.1002/jclp.23726.

Gavranidou, M. & Abdallah-Steinkopff, B. (2007). Brauchen Migrantinnen und Migranten eine andere Psychotherapie? *Psychotherapeutenjournal, 4*, 353–361.

Gossmann, K., Rosner, R. & Barke, A. (2023). Wie denken Psychotherapeut*innen in Deutschland über die Durchführung von Traumatherapie? *Psychotherapie, 68*, 440–448. https://doi.org/10.1007/s00278-023-00689-z.

Gradus, J. L., Qin, P., Lincoln, A. K., Miller, M., Lawler, E., Sørensen, H. T. & Lash, T. L. (2010). Posttraumatic Stress Disorder and Completed Suicide. *American Journal of Epidemiology, 171*(6), 721–727. https://doi.org/10.1093/aje/kwp456.

Green, B. L. (1996). Trauma history questionnaire. In B. H. Stamm & E. M. Varra (Hrsg.), *Measurement of Stress, Trauma and Adaptation.* Lutherville: Sidran Press, S. 366–368.

Guina, J., Rossetter, S. R., DeRhodes, B. J., Nahhas, R. W. & Welton, R. S. (2015). Benzodiazepines for PTSD: A Systematic Review and Meta-Analysis. *Journal of psychiatric practice, 21*(4), 281–303. https://doi.org/10.1097/PRA.0000000000000091.

Harned, M. S., Korslund, K. E., Foa, E. B. & Linehan, M. M. (2012). Treating PTSD in Suicidal and Self-injuring Women with Borderline Personality Disorder: Development and Preliminary Evaluation of a Dialectical Behavior Therapy Prolonged Exposure Protocol. *Behaviour Research and Therapy, 50*(6), 381–386. https://doi.org/10.1016/j.brat.2012.02.011.

Harris, R. (2021). *Trauma-focused ACT: A Practitioner's Guide to Working with Mind, Body, and Emotion Using Acceptance and Commitment Therapy.* Canada: New Harbinger Publications.

Haslam, N. (2016). Concept Creep: Psychology's Expanding Concepts of Harm and Pathology. *Psychological Inquiry, 27*(1), 1–17. https://doi.org/10.1080/1047840X.2016.1082418.

Haugen, T., Halvorsen, J. Ø., Friborg, O., Simpson, M. R., Mork, P. J., Mikkelsen, G., Elklit, A., Rothbaum, B. O., Schei, B. & Hagemann, C. (2023). Modified Prolonged Exposure Therapy as Early Intervention after Rape (The EIR-Study): Study Protocol for a Multicenter Randomized add-on Superiority Trial. *Trials, 24*(1), 126. https://doi.org/10.1186/s13063-023-07147-w.

Heim, E., Karatzias, T. & Maercker, A. (2022). Cultural Concepts of Distress and Complex PTSD: Future Directions for Research and Treatment. *Clinical Psychology Review, 93*, 102143. https://doi.org/10.1016/j.cpr.2022.102143.

Hembree, E. A. & Foa, E. B. (2020). Prolonged Exposure Therapy. In J. D. Ford & C. A. Courtois (Hrsg.), *Treating Complex Traumatic Disorder in Adults. Scientific Foundations and Therapeutic Model* (S. 207–225). New York: Guilford Press, 2. Aufl.

Hembree, E. A., Rothbaum, B. O. & Foa, E. B. (2013). Expositionsfokussierte Therapie der posttraumatischen Belastungsstörung. In A. Maercker (Hrsg.), *Posttraumatische Belastungsstörungen* (S. 223–237). Berlin: Springer. https://doi.org/10.1007/978-3-642-35068-9_12.

Herman, J. L. (1992). Complex PTSD: A syndrome in survivors of prolonged and repeated trauma. *Journal of Traumatic Stress 5*(3): 377–391.

Herman, J. L. (2013). Die Narben der Gewalt: Traumatische Erfahrungen verstehen und überwinden. Paderborn: Junfermann, 5. Aufl.

Herzog, P., Kaiser, T. & de Jongh, A. (2023). Wie Mythen der traumafokussierten Psychotherapie eine adäquate Versorgung erschweren. Psychotherapeutenjournal, 1, 30–36.

Hobfoll, S. E., Watson, P., Bell, C. C., Bryant, R. A., Brymer, M. J., Friedman, M. J., Friedman, M., Gersons, B. P., de Jong, J. T., Layne, C. M., Maguen, S., Neria, Y., Norwood, A. E., Pynoos, R. S., Reissman, D., Ruzek, J. I., Shalev, A. Y., Solomon, Z., Steinberg, A. M. & Ursano, R. J. (2007). Five Essential Elements of Immediate and Mid-term Mass Trauma Intervention: Empirical Evidence. Psychiatry, 70(4), 283–369. https://doi.org/10.1521/psyc.2007.70.4.283.

Hobfoll, S. E., Watson, P., Bell, C. C., Bryant, R. A., Brymer, M. J., Friedman, M. J., ... Ursano, R. J. (2021). Five Essential Elements of Immediate and Mid–Term Mass Trauma Intervention: Empirical Evidence. Psychiatry, 84(4), 311–346. https://doi.org/10.1080/00332747.2021.2005387.

Hoeboer, C. M., De Kleine, R. A., Molendijk, M. L., Schoorl, M., Oprel, D. a. C., Mouthaan, J. et al. (2020). Impact of dissociation on the effectiveness of psychotherapy for post-traumatic stress disorder: Meta-Analysis. BJPsych Open, 6(3), e53. https://doi.org/10.1192/bjo.2020.30.

Hoell, A., Kourmpeli, E. & Dressing, H. (2023). Work-Related Posttraumatic Stress Disorder in Paramedics in Comparison to Data from the General Population of Working Age. A Systematic Review and Meta-Analysis. Frontiers in Public Health, 11, 1151248. https://doi.org/10.3389/fpubh.2023.1151248.

Hogg, B., Gardoki-Souto, I., Valiente-Gómez, A., Rosa, A. R., Fortea, L., Radua, J., Amann B.L. & Moreno-Alcázar, A. (2022). Psychological Trauma as a Transdiagnostic Risk Factor for Mental Disorder: An Umbrella Meta-Analysis. *European Archives of Psychiatry and Clinical Neuroscience*, 1–14. https://doi.org/10.1007/s00406-022-01495-5.

Hoppen, T. H., Lindemann, A. S. & Morina, N. (2022). Safety of Psychological Interventions for Adult Post-traumatic Stress Disorder: Meta-Analysis on the Incidence and Relative Risk of Deterioration, Adverse Events and Serious Adverse Events. *The British Journal of Psychiatry*, 1–10. https://doi.org/10.1192/bjp.2022.111.

Hoppen, T. H., Meiser-Stedman, R., Kip, A., Birkeland, M. S. & Morina, N. (2024). The Efficacy of Psychological Interventions for Adult Post-Traumatic Stress Disorder Following Exposure to Single Versus Multiple Traumatic Events: A Meta-Analysis of Randomised Controlled Trials. *The Lancet. Psychiatry*, *11*(2), 112–122. https://doi.org/10.1016/S2215-0366(23)00373-5.

Horowitz, M. J. (2021). *Treatment of Stress Response Syndromes.* Washington: American Psychiatric Association, 2. Aufl.

Horstmann, G. & Dreisbach, G. (2017). *Allgemeine Psychologie 2 kompakt: Lernen, Emotion, Motivation, Gedächtnis.* Weinheim: Beltz, 2. Aufl.

Hyland, P., Karatzias, T., Shevlin, M. & Cloitre, M. (2019). Examining the Discriminant Validity of Complex Posttraumatic Stress Disorder and Borderline Personality Disorder Symptoms: Results From a United Kingdom Population Sample. *Journal of Traumatic Stress, 32*(6), 855–863. https://doi.org/10.1002/jts.22444.

Ipekci, B. (2022). Predicting PTSD and Complex PTSD among Iraqi and Syrian Refugees. *Community Mental Health Journal, 59*, 834–843. https://doi.org/10.1007/s10597-022-01066-x.

Jaffe, A. E., DiLillo, D., Hoffman, L., Haikalis, M. & Dykstra, R. E. (2015). Does it Hurt to Ask? A Meta-Analysis of Participant Reactions to Trauma Research. *Clinical Psychology Review, 40*, 40–56. https://doi.org/10.1016/j.cpr.2015.05.004.

Janoff-Bulman, R. (1989). Assumptive Worlds and the Stress of Traumatic Events: Applications of the Schema Construct. *Social Cognition, 7*(2), 113–136. https://doi.org/10.1521/soco.1989.7.2.113.

Janoff-Bulman, R. (1992). *Shattered Assumptions: Towards a New Psychology of Trauma.* Free Press.

Jensen, T. K., Braathu, N., Birkeland, M. S., Ormhaug, S. M. & Skar, A. S. (2022). Complex PTSD and Treatment Outcomes in TF-CBT for Youth: A Naturalistic Study. *European Journal of Psychotraumatology, 13*(2), 2114630. https://doi.org/10.1080/20008066.2022.2114630.

Jongedijk, R. A., Boelen, P. A., Knipscheer, J. W. & Kleber, R. J. (2023). Unity or Anarchy? A Historical Search for the Psychological Consequences of Psychotrauma. *Review of General Psychology, 27*(3), 303–319. https://doi.org/10.1177/10892680231153096.

Jung, K. & Steil, R. (2013). A Randomized Controlled Trial on Cognitive Restructuring and Imagery Modification to Reduce the Feeling of Being Contaminated in Adult Survivors of Childhood Sexual Abuse Suffering from Posttraumatic Stress Disorder. *Psychotherapy and Psychosomatics, 82*(4), 213–220. https://doi.org/10.1159/000348450.

Kampling, H., Kruse, J., Lampe, A., Nolte, T., Hettich-Damm, N., Brähler, E., et al. (2022). Epistemic Trust and Personality Functioning Mediate the Association Between Adverse Childhood Experiences and Posttraumatic Stress Disorder and Complex Posttraumatic Stress Disorder in Adulthood. *Frontiers in Psychiatry.* 13. https://doi.org/10.3389/fpsyt.2022.919191.

Kanfer, F. H., Reinecker, H. & Schmelzer, D. (2012). *Selbstmanagement-Therapie. Ein Lehrbuch für die klinische Praxis.* Berlin: Springer, 5. Aufl.

Karatzias, T. McGlanaghy, E. & Cloitre, M. (2023c). Enhanced Skills Training in Affective and Interpersonal Regulation (ESTAIR): A New Modular Treatment for ICD-11 Complex Posttraumatic Stress Disorder (CPTSD). *Brain Sciences, 13*(9), 1300. https://doi.org/10.3390/brainsci13091300.

Karatzias, T., Bohus, M., Shevlin, M., Hyland, P., Bisson, J. I., Roberts, N. P. & Cloitre, M. (2023a). Is it Possible to Differentiate ICD-11 Complex PTSD from Symptoms of Borderline Personality Disorder? *World Psychiatry, 22*(3), 484–486. https://doi.org/10.1002/wps.21098.

Karatzias, T., Bohus, M., Shevlin, M., Hyland, P., Bisson, J. I., Roberts, N. & Cloitre, M. (2023b). Distinguishing Between ICD-11 Complex PTSD and Borderline Personality Disorder: Clinical Guide and Recommendations for Future Research. *The British Journal of Psychiatry: The Journal of Mental Science, 223*(3), 403–406. https://doi.org/10.1192/bjp.2023.80.

Karatzias, T., Knefel, M., Maercker, A., Cloitre, M., Reed, G., Bryant, R. A., Ben-Ezra, M., Kazlauskas, E., Jowett, S., Shevlin, M. & Hyland, P. (2022). The Network Structure of ICD-11 Disorders Specifically Associated with Stress: Adjustment Disorder, Prolonged Grief Disorder, Posttraumatic Stress Disorder, and Complex Posttraumatic Stress Disorder. *Psychopathology, 55*(3–4), 226–234. https://doi.org/10.1159/000523825.

Karatzias, T., Shevlin, M., Ben-Ezra, M., McElroy, E., Redican, E., Vang, M. L., Cloitre, M., Ho, G. W. K., Lorberg, B., Martsenkovskyi, D. & Hyland, P. (2023d). War Exposure, Posttraumatic Stress Disorder, and Complex Posttraumatic Stress Disorder Among Parents Living in Ukraine During the Russian War. *Acta Psychiatrica Scandinavica, 147*(3), 276–285. https://doi.org/10.1111/acps.13529.

Keller, R., Frommberger, U. & Graul, J. (2023). *Praxishandbuch Traumatherapie. Diagnostik, ambulante und stationäre Behandlung, Rahmenbedingungen und Anwendungsbeispiele.* München (Elsevier): Urban & Fischer.

Kensche, M. & Schweiger, U. (2015). Die Bezugsrahmentheorie – Eine Grundlage zum Verständnis von kontextuellen Psychotherapiemethoden. *Psychotherapie, Psychosomatik, Medizinische Psychologie, 65*, 273–284. https://doi.org/10.1055/s-0034-1399897.

Kessler, R. C., Berglund, P., Demler, O., Jin, R., Merikangas, K. R. & Walters, E. E. (2005). Lifetime prevalence and age-of-onset distributions of DSM-IV disorders in the National Comorbidity Survey Replication. *Archives of General Psychiatry, 62*(6), 593–602. https://doi.org/10.1001/archpsyc.62.6.593.

Kessler, R. C., Sonnega, A., Bromet, E., Hughes, M. & Nelson, C. B. (1995). Posttraumatic stress disorder in the National Comorbidity Survey. *Archives of General Psychiatry, 52*(12), 1048–1060. https://doi.org/10.1001/archpsyc.1995.03950240066012.

Keyan, D., Garland, N., Choi-Christou, J., Tran, J., O'Donnell, M. & Bryant, R. A. (2024). A Systematic Review and Meta-Analysis of Predictors of Response to Trauma-Focused Psychotherapy for Posttraumatic Stress Disorder. *Psychological Bulletin.* Advance Online Publication. https://dx.doi.org/10.1037/bul0000438.

Khanna, M. M., Badura-Brack, A. S., McDermott, T.J., Embury, C. M., Wiesman, A.I., Shepherd, A., Ryan, T.J., Heinrichs-Graham, E., Wilson, T.W. (2017). Veterans with Posttraumatic Stress Disorder Exhibit Altered Emotional Processing and Attentional Control During an Emotional Stroop Task. *Psychological Medicine, 47*(11), 2017–2027 https://doi.org/10.1017/S0033291717000460.

Kizilhan, J. I. (2017). Verhaltenstherapie bei erwachsenen Geflüchteten mit Traumafolgestörungen. *Psychotherapeut, 62*(4), 299–305. https://doi-org.emedien.ub.uni-muenchen.de/10.1007/s00278-017-0203-y.

Kizilhan, J. I., Noll-Hussong, M. & Wenzel, T. (2021). Transgenerational Transmission of Trauma across Three Generations of Alevi Kurds. *International Journal of Environmental Research and Public Health, 19*(1), 81. https://doi.org/10.3390/ijerph19010081.

Knaevelsrud, C., Kuwert, P. & Böttche, M. (2012). LifeReview bei Traumafolgestörungen. In A. Maercker & S. Forstmeier (Hrsg.). *Der Lebensrückblick in Therapie und Beratung.* Berlin: Springer, S. 121–138. https://doi.org/10.1007/978-3-642-28199-0_7.

König, J. & Rosner, R. (2014). Cognitive Processing Therapy zur Behandlung der Posttraumatischen Belastungsstörung. *Psychotherapeutenjournal, 13*, 265–274.

König, J., Resick, P. A., Karl, R. & Rosner, R. (2012). *Posttraumatische Belastungsstörung: Ein Manual zur Cognitive Processing Therapy.* Göttingen: Hogrefe.

Köster R. & Köster S. (2019). IRRT (Imagery Rescripting and Reprocessing Therapy) – Ein Überblick. *Verhaltenstherapie & Verhaltensmedizin, 40*, 8–21.

Köster, R. & Schmucker, M. (2016). *IRRT zur Behandlung anhaltender Trauer.* Stuttgart: Klett-Cotta.

Kotov, R., Krueger, R. F., Watson, D., Achenbach, T. M., Althoff, R. R., Bagby, R. M., Brown, T. A., Carpenter, W. T., Caspi, A., Clark, L. A., Eaton, N. R., Forbes, M. K., Forbush, K. T., Goldberg, D., Hasin, D., Hyman, S.E., Ivanova, M. Y., Lynam, D. R., Markon, K. & Zimmerman, M. (2017). The Hierarchical Taxonomy of Psychopathology (HiTOP): A dimensional alternative to traditional nosologies. *Journal of Abnormal Psychology, 126*(4), 454–477. https://doi.org/10.1037/abn0000258.

Krakow, B. & Zadra, A. (2010). Imagery Rehearsal Therapy: Principles and Practice. *Sleep Medicine Clinics, 5*(2), 289–298. https://doi.org/10.1016/j.jsmc.2010.01.004.

Kröger, C. (2013). *Psychologische Erste Hilfe.* Göttingen: Hogrefe.

Kröger, C., Ritter, C. & Bryant, R. (2011). *Akute Belastungsstörung: Ein Therapiemanual.* Göttingen: Hogrefe.

Krysinska, K. & Lester, D. (2010). Post-traumatic Stress Disorder and Suicide Risk: A Systematic Review. *Archives of Suicide Research, 14*(1), 1–23. https://doi.org/10.1080/13811110903478997.

Kubany, E. S., Haynes, S. N., Leisen, M. B., Owens, J. A., Kaplan, A. S., Watson, S. B. & Burns, K. (2000). Development and Preliminary Validation of a Brief Broad-Spectrum Measure of Trauma Exposure: The Traumatic Life Events Questionnaire. *Psychological assessment, 12*(2), 210–224. https://doi.org/10.1037//1040-3590.12.2.210.

Kühler, T. & Stachetzki, R. (2005). Differenzialdiagnostik. *Psychotherapeut 50*, 25–32. https://doi-org.emedien.ub.uni-muenchen.de/10.1007/s00278-004-0379-9.

Lammers, M. (2016). *Emotionsbezogene Psychotherapie von Scham und Schuld: Ein Praxishandbuch.* Stuttgart: Schattauer.

Lang, P. J. (1977). Imagery in Therapy: An Information Processing Analysis of Fear. *Behavior Therapy, 8*, 862–886. https://doi.org/10.1016/j.beth.2016.08.011.

Lang, P. J. (1979). A Bio-Informational Theory of Emotional Imagery. *Psychophysiology, 16*(6), 495–512. https://doi.org/10.1111/j.1469-8986.1979.tb01511.x.

Lasogga, F. (2011a). Interventionsformen. In F. Lasogga & B. Gasch (Hrsg.), *Notfallpsychologie* (S. 67–71). Berlin: Springer, 2. Aufl. https://doi.org/10.1007/978-3-642-15308-2_6.

Lasogga, F. (2011b). Psychische Erste Hilfe (PEH). In F. Lasogga & B. Gasch (Hrsg.), *Notfallpsychologie* (S. 72–84). Berlin: Springer, 2. Aufl. https://doi.org/10.1007/978-3-642-15308-2_6.

LeDoux J. E. (1994). Emotion, Memory, and the Brain. *Scientific American*, *270*(6), 50–57. https://doi.org/10.1038/scientificamerican0694-50.

LeDoux, J. (2001). *Das Netz der Gefühle: Wie Emotionen entstehen.* München: dtv Verlagsgesellschaft.

LeDoux, J. E. & Pine, D. S. (2016). Using Neuroscience to Help Understand Fear and Anxiety: A Two-System Framework. *The American Journal of Psychiatry*, *173*(11), 1083–1093. https://doi.org/10.1176/appi.ajp.2016.16030353.

LeDoux, J. E., Sakaguchi, A. & Reis, D. J. (1984). Subcortical Efferent Projections of the Medial Geniculate Nucleus Mediate Emotional Responses Conditioned to Acoustic Stimuli. *The Journal of Neuroscience*, *4*(3), 683–698. https://doi.org/10.1523/JNEUROSCI.04-03-00683.1984.

Lehmacher, K. (2013). *Trauma-Konzepte im historischen Wandel: Ein Beitrag zur Rezeptionsgeschichte der Posttraumatic-Stress Disorder in Deutschland (1980–1991).* Doktorarbeit, Universitäts- und Landesbibliothek Bonn.

Lely, J. C. G., Smid, G. E., Jongedijk, R. A., W Knipscheer, J. & Kleber, R. J. (2019). The Effectiveness of Narrative Exposure Therapy: A Review, Meta-Analysis and mEta-Regression Analysis. *European Journal of Psychotraumatology*, *10*(1), 1550344. https://doi.org/10.1080/20008198.2018.1550344.

Levin-Aspenson, H. F. & Greene, A. L. (2024). Rethinking trauma-related psychopathology in the Hierarchical Taxonomy of Psychopathology (HiTOP). *Journal of Traumatic Stress*, 10.1002/jts.23014. https://doi.org/10.1002/jts.23014.

Liedl, A., Schäfer, U. & Knaevelsrud, C. (2018). *Psychoedukation bei posttraumatischen Störungen: Manual für Einzel- und Gruppensetting.* Stuttgart: Schattauer.

Lindauer, M., Linden, M. & Muschalla, B. (2022). Verständnis ambulanter Verhaltenstherapeuten von Belastungsreaktionen und PTBS. *Verhaltenstherapie, 32*(4), 186–195. https://doi.org/10.1159/000526482.

Lindauer, R. J., Gersons, B. P., van Meijel, E. P., Blom, K., Carlier, I. V., Vrijlandt, I. & Olff, M. (2005). Effects of Brief Eclectic Psychotherapy in Patients with Posttraumatic Stress Disorder: Randomized Clinical Trial. *Journal of traumatic stress*, *18*(3), 205–212. https://doi.org/10.1002/jts.20029.

Lindert, J., Schouler-Ocak, M., Heinz, A. & Priebe, S. (2008). Mental Health, Health Care Utilisation of Migrants in Europe. *European Psychiatry*, *23*, Suppl 1, 14–20. https://doi.org/10.1016/S0924-9338(08)70057-9.

Lorbeer, N., Knaevelsrud, C. & Niemeyer, H. (2022). STAIR und STAIR/NT zur Behandlung der Posttraumatischen Belastungssymptomatik: Ein systematischer Übersichtsartikel. *Verhaltenstherapie*, *2* (3): 104–116. https://doi.org/10.1159/000525756.

Lotzin, A. & Schäfer, I. (2021). Komplexe Posttraumatische Belastungsstörung. In T. Schnell & K. Schnell (Hrsg.), *Handbuch Klinische Psychologie.* Heidelberg: Springer. https://doi.org/10.1007/978-3-662-45995-9_48-1.

Lueger-Schuster, B., Knefel, M. & Maercker, A. (2013). *Internationaler Traumafragebogen – Forschungsversion: Deutsche Version.* Unveröffentlichtes Manuskript.

Lühr, K., Zens, C. & Müller-Engelmann, M. (2021). *Therapie-Tools Posttraumatische Belastungsstörung.* Weinheim: Beltz.

Lunkenheimer, F., Garatva, P., Steubl, L. & Baumeister, H. (2023). Prevalence and Incidence of Post-traumatic Stress Disorder and Symptoms in People with Chronic Somatic Diseases: A Systematic Review and Meta-Analysis. *Frontiers in Psychiatry*, *14*, 1107144. https://doi.org/10.3389/fpsyt.2023.1107144.

Luxenberg, T., Spinazzola, J. & van der Kolk, B. A. (2001). Complex trauma and disorder of extreme stress (DESNOS) diagnosis, Part 1: Assessment. *Directions in Psychiatry*, *21*, 373–415.

Maercker, A. (2002). Alterspsychotherapie und klinische Gerontopsychologie. Berlin: Springer.
Maercker, A. (2002). Life-Review Technique in the Treatment of PTSD in Elderly Patients: Rationale and three Single Case Studies. Journal of Clinical Geropsychology, 8(3), 239–249. https://doi.org/10.1023/A:1015952429199.
Maercker, A. (2005). Posttraumatische Belastungsstörung: Intervention. In M. Perez & U. Baumann (Hrsg.), Lehrbuch Klinische Psychologie – Psychotherapie (S. 995–1009). Bern: Hans Huber, 3. Aufl.
Maercker, A. (2013). Posttraumatische Belastungsstörung. Berlin: Springer.
Maercker, A. (2019). Traumafolgestörungen. Berlin: Springer, 5. Aufl.
Maercker, A. & Augsburger, M. (2019). Die posttraumatische Belastungsstörung. In A. Maercker (Hrsg.), Traumafolgestörungen (S. 13–45). Berlin: Springer. https://doi.org/10.1007/978-3-662-58470-5_11.
Maercker, A. & Horn, A. B. (2013). A Socio-Interpersonal Perspective on PTSD: The Case for Environments and Interpersonal Processes. Clinical Psychology & Psychotherapy, 20(6), 465–481. https://doi.org/10.1002/cpp.1805.
Maercker, A. & Schützwohl, M. (1998). Erfassung von psychischen Belastungsfolgen: Die Impact of Event Skala revidierte Version (IES–R). Diagnostica, 44, 130–141.
Maercker, A. & Zöllner, T. (2002). Life-Review-Therapie als spezifische Form der Behandlung Posttraumatischer Belastungsstörungen im Alter. Verhaltenstherapie & Verhaltensmedizin, 23(2), 213–225.
Maercker, A., Bernays, F., Rohner, S. L. & Thoma, M. V. (2022a). A Cascade Model of Complex Posttraumatic Stress Disorder Centered on Childhood Trauma and Maltreatment, Attachment, and Socio-Interpersonal Factors. Journal of Traumatic Stress, 35(2), 446–460. https://doi.org/10.1002/jts.22756.
Maercker, A., Cloitre, M., Bachem, R., Schlumpf, Y. R., Khoury, B., Hitchcock, C. & Bohus, M. (2022b). Complex Post-traumatic Stress Disorder. Lancet, 400(10345), 60–72. https://doi.org/10.1016/S0140-6736(22)00821-2.
Maercker, A., Forstmeier, S., Wagner, B., Glaesmer, H. & Brähler, E. (2008). Posttraumatische Belastungsstörungen in Deutschland. Ergebnisse einer gesamtdeutschen epidemiologischen Untersuchung. *Der Nervenarzt, 79*(5), 577–586. https://doi.org/10.1007/s00115-008-2467-5.
Maercker, A., Hecker, T. & Horn A. B. (2015). Kollektive Folgen von Traumata: Wunden der Gesellschaft. *Psyche im Fokus, 3*, 12–15.
Maercker, A., Hecker, T., Augsburger, M. & Kliem, S. (2018). ICD-11 Prevalence Rates of Posttraumatic Stress Disorder and Complex Posttraumatic Stress Disorder in a German Nationwide Sample. *The Journal of Nervous and Mental Disease, 206*(4), 270–276. https://doi.org/10.1097/NMD.0000000000000790.
Mangelsdorf, J. (2020). Posttraumatisches Wachstum. *Zeitschrift für Psychodrama und Soziometrie, 19*, 21–33. https://doi.org/10.1007/s11620-020-00525-5.
Maragkos, M. (2016). *Gestalttherapie.* Stuttgart: Kohlhammer.
Maragkos, M., Rosner, R. & Butollo, W. (2006). Ein integrativer Ansatz zur Behandlung der PTBS: Kombination von Gestalttherapie und Verhaltenstherapie. In A. Maercker & R. Rosner (Hrsg.), *Psychotherapie der posttraumatischen Belastungsstörungen: Krankheitsmodelle und Therapiepraxis – störungsspezifisch und schulenübergreifend* (S. 86–101). Stuttgart: Thieme.
Markowitz, J. C., Petkova, E., Neria, Y., Van Meter, P. E., Zhao, Y., Hembree, E., Lovell, K., Biyanova, T. & Marshall, R. D. (2015). Is Exposure Necessary? A Randomized Clinical Trial of Interpersonal Psychotherapy for PTSD. *The American Journal of Psychiatry, 172*(5), 430–440. https://doi.org/10.1176/appi.ajp.2014.14070908.
Marshall, R. D., Olfson, M., Hellman, F., Blanco, C., Guardino, M. & Struening, E. L. (2001). Comorbidity, Impairment, and Suicidality in Subthreshold PTSD. *The American Journal of Psychiatry, 158*(9), 1467–1473. https://doi.org/10.1176/appi.ajp.158.9.1467.
McDonagh, A., Friedman, M., McHugo, G., Ford, J., Sengupta, A., Mueser, K., Demment, C. C., Fournier, D., Schnurr, P. P. & Descamps, M. (2005). Randomized Trial of Cognitive-Behavioral Therapy for Chronic Posttraumatic Stress Disorder in Adult Female Survivors

of Childhood Sexual Abuse. *Journal of Consulting and Clinical Psychology, 73*(3), 515–524. https://doi.org/10.1037/0022-006X.73.3.515.

McLean, C. P. & Foa, E. B. (2024). State of the Science: Prolonged Exposure Therapy for the Treatment of Posttraumatic Stress Disorder. *Journal of Traumatic Stress*, 10.1002/jts.23046. https://doi.org/10.1002/jts.23046.

McLean, C. P., Levy, H. C., Miller, M. L. & Tolin, D. F. (2022). Exposure Therapy for PTSD: A Metaanalysis. *Clinical Psychology Review, 91*, 102115. https://doi.org/10.1016/j.cpr.2021.102115.

McNally R. J. (2017). Networks and Nosology in Posttraumatic Stress Disorder. *JAMA psychiatry, 74*(2), 124–125. https://doi.org/10.1001/jamapsychiatry.2016.3344.

McNally, R. J. (2016). The Expanding Empire of Psychopathology: The Case of PTSD. *Psychological Inquiry, 27*(1), 46–49. https://doi.org/10.1080/1047840X.2016.1108168.

Melani, M. S., Paiva, J. M., Mendlowicz, M. V., Vilete, L., Luz, M. P., Ventura, P. R., Passos, R. B. F. & Berger, W. (2024). Are There Differences Among Evidence-Based Psychotherapies for Treating Different DSM-5 PTSD Symptom Clusters? A Systematic Review and Meta-Analysis of Controlled Clinical Trials. *The Journal of Nervous and Mental Disease 212*(6), 332–343 https://doi.org/10.1097/NMD.0000000000001769.

Melegkovits, E., Blumberg, J., Dixon, E., Ehntholt, K., Gillard, J., Kayal, H., Kember, T., Ottisova, L., Walsh, E., Wood, M., Gafoor, R., Brewin, C., Billings, J., Robertson, M. & Bloomfield, M. (2022). The Effectiveness of Trauma-Focused Psychotherapy for Complex Post-traumatic Stress Disorder: A Retrospective Study. *European Psychiatry, 66*(1), e4. https://doi.org/10.1192/j.eurpsy.2022.2346.

Mikkelsen, L. B., Felding, S. U. & Bach, B. (2022). Overlap and Boundaries Between Complex PTSD and Personality Disorders. *Ugeskrift for Læger*, 184(4).

Miller, M.W. & Resick, P. A. (2007). Internalizing and Externalizing Subtypes in Female Sexual Assault Survivors: Implications for the Understanding of Complex PTSD. *Behaviour Therapy, 38*, 1, 58–71. https://doi.org/10.1016/j.beth.2006.04.003.

Miller, M.W., Kaloupek, D. G., Dillon, A. L. & Keane, T. M. (2004). Externalizing and Internalizing Subtypes of Combat-Related PTSD: A Replication and Extension Using the PSY-5 Scales. *Journal of Abnormal Psychology, 113*(4), 636–645. https://doi.org/10.1037/0021-843X.113.4.636.

Mitchell, J. T. & Everly, J. S. (1996). *Critical Incident Stress Debriefing: An Operations Manual for the Prevention of Traumatic Stress Among Emergency Services and Disaster Personnel.* Elliott City: Chevron.

Mrazek, P. J. & Haggerty, R. J. (1994). *Reducing Risks for Mental Disorders: Frontiers for Preventive Intervention Research.* USA: National Academies Press.

Müller-Engelmann, M. & Steil, R. (2017). Cognitive Restructuring and Imagery Modification for Posttraumatic Stress Disorder (CRIM-PTSD): A Pilot Study. *Journal of Behavior Therapy and Experimental Psychiatry, 54*, 44–50. https://doi.org/10.1016/j.jbtep.2016.06.004.

Muñoz, R. F., Mrazek, P. J. & Haggerty, R. J. (1996). Institute of Medicine Report on Prevention of Mental Disorders. Summary And Commentary. *The American Psychologist, 51*(11), 1116–1122. https://doi.org/10.1037//0003-066x.51.11.1116.

Murad, S. T., Hansen, A. L., Sim, L. A. & Murad, M. H. (2024). Heterogeneity in Treatment Effect in Posttraumatic Stress Syndrome Trials: A Meta-Regression Analysis. *Mayo Clinic Proceedings. Innovations, Quality & Outcomes, 8*(3), 301–307. https://doi.org/10.1016/j.mayocpiqo.2024.04.003.

Murray, H., Grey, N., Warnock-Parkes, E., Kerr, A., Wild, J., Clark, D. M. & Ehlers, A. (2022). Ten Misconceptions about Trauma-Focused CBT for PTSD. *Cognitive Behaviour Therapist, 15*, s1754470x22000307. https://doi.org/10.1017/S1754470X22000307.

Mutuyimana, C. & Maercker, A. (2023). Clinically Relevant Historical Trauma Sequelae: A Systematic Review. *Clinical Psychology & Psychotherapy, 30*(4), 729–739. https://doi.org/10.1002/cpp.2836.

National Institute for Clinical Excellence (NICE) (2018). *Post-traumatic Stress Disorder.* National Institute for Clinical Excellence, London. https://www.nice.org.uk/guidance/ng116/evidence (Zugriff am: 03.03.2025).

Neuner, F. (2008). Stabilisierung vor Konfrontation in der Traumatherapie: Grundregel oder Mythos? *Verhaltenstherapie, 18*, 109–118.

Neuner, F., Schauer, M., Klaschik, C., Karunakara, U. & Elbert, T. (2004). A Comparison of Narrative Exposure Therapy, Supportive Counseling, and Psychoeducation for Treating Posttraumatic Stress Disorder in an African Refugee Settlement. *Journal of Consulting and Clinical Psychology, 72*(4), 579–587. https://doi.org/10.1037/0022-006X.72.4.579.

Neuner, F., Catani, C. & Schauer, M. (2021). *Narrative Expositionstherapie.* Göttingen: Hogrefe.

Nie, Y., Zhang, Y., Ren, R., Sanford, L. D., Vitiello, M. V. & Tang, X. (2023). Interventions for Trauma-Related Nightmare: Where Are We Now? *International Journal of Neuropsychopharmacology, 26*(6), 412–414. https://doi.org/10.1093/ijnp/pyad022.

Niemeyer, H., Lorbeer, N., Mohr, J., Baer, E. & Knaevelsrud, C. (2022). Evidence-Based Individual Psychotherapy for Complex Posttraumatic Stress Disorder and At-Risk Groups for Complex Traumatization: A Meta-Review. *Journal of Affective Disorders, 299*, 610–619. https://doi.org/10.1016/j.jad.2021.12.056.

Nijdam, M. J., Meewisse, M. L., Smid, G. E. & Gersons, B. P. R. (2022). Brief Eclectic Psychotherapy for PTSD. In U. Schnyder & M. Cloitre (Hrsg.), *Evidence Based Treatments for Trauma-Related Psychological Disorders* (S. 280–306). Cham: Springer. https://doi.org/10.1007/978-3-030-97802-0_13.

Niwa, M., Kato, T., Narita-Ohtaki, R., Otomo, R., Suga, Y., Sugawara, M., Narita, Z., Hori, H., Kamo, T. & Kim, Y. (2022). Skills Training in Affective and Interpersonal Regulation Narrative Therapy for Women with ICD-11 Complex PTSD Related to Childhood buse in Japan: A Pilot Study. *European Journal of Psychotraumatology, 13*(1). https://doi.org/10.1080/20008198.2022.2080933.

North, C. S., Surís, A. M., Smith, R. P. & King, R. V. (2016). The Evolution of PTSD Criteria Across Editions of DSM. *Annals of Clinical Psychiatry, 28*(3), 197–208.

Olff, M., Langeland, W., Draijer, N. & Gersons, B. P. R. (2007). Gender Differences in Posttraumatic Stress Disorder. *Psychological Bulletin, 133*(2), 183–204. https://doi.org/10.1037/0033-2909.133.2.183.

Olff, M., Hein, I., Amstadter, A. B., Armour, C., Skogbrott Birkeland, M., Bui, E., Cloitre, M., Ehlers, A., Ford, J. D., Greene, T., Hansen, M., Harnett, N. G., Kaminer, D., Lewis, C., Minelli, A., Niles, B., Nugent, N. R., Roberts, N., Price, M., Reffi, A. N., Seedat, S., Seligowski, A. V. & Vujanovic, A. A. (2025). The Impact of Trauma and How to Intervene: A Narrative Review of Psychotraumatology Over the Past 15 Years. *European Journal of Psychotraumatology, 16*(1), 2458406. https://doi.org/10.1080/20008066.2025.2458406.

Otis, J. D., Keane, T. M. & Kerns, R. D. (2003). An Examination of the Relationship Between Chronic Pain and Post-traumatic Stress Disorder. *Journal of Rehabilitation Research and Development, 40*(5), 397–405. https://doi.org/10.1682/jrrd.2003.09.0397.

Owczarek, M., Karatzias, T., McElroy, E., Hyland, P., Cloitre, M., Kratzer, L., Knefel, M., Grandison, G., Ho, G. W. K., Morris, D. & Shevlin, M. (2023). Borderline Personality Disorder (BPD) and Complex Posttraumatic Stress Disorder (CPTSD): A Network Analysis in a Highly Traumatized Clinical Sample. *Journal of Personality Disorders, 37*(1), 112–129. https://doi.org/10.1521/pedi.2023.37.1.112.

Ozer, E. J., Best, S. R., Lipsey, T. L. & Weiss, D. S. (2003). Predictors of Posttraumatic Stress Disorder and Symptoms in Adults: A Meta-Analysis. *Psychological Bulletin, 129*(1), 52–73. https://doi.org/10.1037/0033-2909.129.1.52.

Palmisano, A. N., Meshberg-Cohen, S., Petrakis, I. L. & Sofuoglu, M. (2023). A Systematic Review Evaluating PTSD Treatment Effects on Intermediate Phenotypes of PTSD. *Psychological Trauma: Theory, Research, Practice, and Policy.* https://dx.doi.org/10.1037/tra0001410.

Pape, W. & Wöller, W. (2015). Niedrig dosiertes Naltrexon in der Behandlung dissoziativer Symptome. *Der Nervenarzt, 86*(3), 346–351. https://doi.org/10.1007/s00115-014-4015-9.

Pelcovitz, D., van der Kolk, B., Roth, S., Mandel, F., Kaplan, S. & Resick, P. (1997). Development of a Criteria Set and a Structured Interview for Disorders of Extreme Stress (SIDES). *Journal of Traumatic Stress, 10*(1), 3–16. https://doi.org/10.1002/jts.2490100103.

Perkonigg, A., Kessler, R. C., Storz, S. & Wittchen, H.-U. (2000). Traumatic Events and Posttraumatic Stress Disorder in the Community: Prevalence, Risk Factors and Comorbidity.

Acta Psychiatrica Scandinavica, 101(1), 46–59. https://doi.org/10.1034/j.1600-0447.2000.101001046.x.

Pittig, A., Kotter, R. & Hoyer, J. (2019). The Struggle of Behavioral Therapists with Exposure: SelfReported Practicability, Negative Beliefs, and Therapist Distress About Exposure-Based Interventions. *Behavior Therapy, 50*(2), 353–366. https://doi.org/10.1016/j.beth.2018.07.003.

Powers, M. B., Halpern, J. M., Ferenschak, M. P., Gillihan, S. J. & Foa, E. B. (2010). A Meta-Analytic Review of Prolonged Exposure for Posttraumatic Stress Disorder. *Clinical Psychology Review, 30*(6), 635–641. https://doi.org/10.1016/j.cpr.2010.04.007.

Priebe, C. & Dyer, A. (2014). *Metaphern, Geschichten und Symbole in der Traumatherapie.* Göttingen: Hogrefe.

Qi, W., Ratanatharathorn, A., Gevonden, M., Bryant, R., Delahanty, D., Matsuoka, Y., Olff, M., deRoon-Cassini, T., Schnyder, U., Seedat, S., Laska, E., Kessler, R. C., Koenen, K., Shalev, A. & ICPP (2018). Application of Data Pooling to Longitudinal Studies of Early Post-traumatic Stress Disorder (PTSD): The International Consortium to Predict PTSD (ICPP) Project. *European Journal of Psychotraumatology, 9*(1), 1476442. https://doi.org/10.1080/20008198.2018.1476442.

Raabe, S., Ehring, T., Marquenie, L., Arntz, A. & Kindt, M. (2022). Imagery Rescripting as a Stand-alone Treatment for Posttraumatic Stress Disorder Related to Childhood Abuse: A Randomized Controlled Trial. *Journal of Behavior Therapy and Experimental Psychiatry, 77*, 101769. https://doi.org/10.1016/j.jbtep.2022.101769.

Raabe, S., Ehring, T., Marquenie, L., Olff, M. & Kindt, M. (2015). Imagery Rescripting as Stand-Alone Treatment for Posttraumatic Stress Disorder Related to Childhood Abuse. *Journal of Behavior Therapy and Experimental Psychiatry, 48*, 170–176 https://doi.org/10.1016/j.jbtep.2015.03.013.

Reddemann, L. (2016). *Imagination als heilsame Kraft. Ressourcen und Mitgefühl in der Behandlung von Traumafolgen.* Stuttgart: Klett-Cotta, 19. Aufl.

Reddemann, L. & Wöller, W. (2019). *Komplexe Posttraumatische Belastungsstörung.* Göttingen: Hogrefe.

Reger, G. M., Smolenski, D., Williams, R., Norr, A. M., Foa, E., Kuhn, E., Schnurr, P. P., Weathers, F. & Zoellner, L. (2023). Design and methods of a randomized controlled trial evaluating the effects of the PE Coach mobile application on prolonged exposure among veterans with PTSD. *Contemporary Clinical Trials, 127*, 107115. https://doi.org/10.1016/j.cct.2023.107115.

Resick, P. A. & Schnicke, M. K. (1992). Cognitive Processing Therapy For Sexual Assault Victims. *Journal of Consulting and Clinical Psychology, 60*(5), 748–756. https://doi.org/0.1037/0022-006X.60.5.748.

Resick, P. A., Galovski, T. E., Uhlmansiek, M. O., Scher, C. D., Clum, G. A. & Young-Xu, Y. (2008). A Randomized Clinical Trial to Dismantle Components of Cognitive Processing Therapy for Posttraumatic Stress Disorder in Female Victims of Interpersonal Violence. *Journal of Consulting and Clinical Psychology, 76*(2), 243–258. https://doi.org/10.1037/0022-006X.76.2.243.

Resick, P. A., LoSavio, S. T., Monson, C., Kaysen, D. L., Watchen, J., Galovski, T., Stirman, S. W., Nixon, R. D. V. & Chard, K. (2024b). State of the Science of Cognitive Processing Therapy. *Behavior Therapy*, in Press, Corrected Proof. https://doi.org/10.1016/j.beth.2024.04.003

Resick, P. A., Monsun, C. M. & Chard, K. M. (2024a). *Cognitive Processing Therapy for PTSD: A Comprehensive Therapist Manual.* New York: Guilford Press, 2. Aufl.

Resick, P. A., Nishith, P., Weaver, T. L., Astin, M. C. & Feuer, C. A. (2002). A Comparison of Cognitive-Processing Therapy with Prolonged Exposure and a Waiting Condition for the Treatment of Chronic Posttraumatic Stress Disorder in Female Rape Victims. *Journal of Consulting and Clinical Psychology, 70*(4), 867–879. https://doi.org/10.1037//0022-006x.70.4.867.

Resick, P. A., Williams, L. F., Suvak, M. K., Monson, C. M. & Gradus, J. L. (2012). Long-term Outcomes of Cognitive-Behavioral Treatments for Posttraumatic Stress Disorder Among Female Rape Survivors. *Journal of Consulting and Clinical Psychology, 80*(2), 201–210. https://doi.org/10.1037/a0026602.

Riedesser, P. & Verderber, A. (1996). Maschinengewehre hinter der Front: Zur Geschichte der deutschen Militärpsychiatrie. Frankfurt a. M.: Fischer.

Riggs, D. S., Tate, L., Chrestman, K. & Foa, E. B. (2020). Prolonged Exposure. In D. Forbes, J. I. Bisson, C. M. Monson & L. Berliner (Hrsg.), Effective Treatments for PTSD. Practice Guidelines from the International Society for Traumatic Stress Studies (S. 188–209). New York: Guilford Press, 3. Aufl.

Roberts, N. P., Cloitre, M., Bisson, J. & Brewin, C. R. (2018). International Trauma Interview (ITI) for ICD-11 PTSD and Complex PTSD. Test Version 3.1.

Roberts, N. P., Kitchiner, N. J., Kenardy, J., Lewis, C. E. & Bisson, J. I. (2019). Early psychological intervention following recent trauma: A Systematic Review and Meta-Analysis. European Journal of Psychotraumatology, 10(1). https://doi.org/10.1080/20008198.2019.1695486.

Robles, R., Fresán, A., Evans, S. C., Lovell, A. M., Medina-Mora, M. E., Maj, M. & Reed, G. M. (2014). Problematic, Absent and Stigmatizing Diagnoses in Current Mental Disorders Classifications: Results from the WHO-WPA and WHO-IUPsyS Global Surveys. International Journal of Clinical and Health Psychology, 14(3), 165–177. https://doi.org/10.1016/j.ijchp.2014.03.003.

Roepke, S., Schellong, J., Bergemann, N., Frommberger, U. & Schmidt, U. (2024). Pharmakologische Behandlung der Posttraumatischen Belastungsstörung. Nervenarzt. https://doi.org/10.1007/s00115-024-01684-8.

Rosen, G. M. & Lilienfeld, S. O. (2008). Posttraumatic Stress Disorder: An Empirical Evaluation of Core Assumptions. Clinical Psychology Review, 28(5), 837–868. https://doi.org/10.1016/j.cpr.2007.12.002.

Rosner, R. & Hagl, M. (2008). Die revidierte Impact of Event-Skala (IES-R). *Psychosomatik und Konsiliarpsychiatrie 2*(4), 240–243. https://doi.org/10.1007/s11800-008-0132-2.

Rosner, R. & Henkel, C. (2010). Charakteristika und Wirksamkeit gestalttherapeutischer Interventionen bei Posttraumatischen Belastungsstörungen. *Trauma & Gewalt 4*, 4, 294–303.

Rubenstein, A., Duek, O., Doran, J. & Harpaz-Rotem, I. (2024). To Expose or not to Expose: A Comprehensive Perspective on Treatment for Posttraumatic Stress Disorder. *American Psychologist, 79*(3), 331–343. https://doi.org/10.1037/amp0001121.

Sachse, U. (2017). *Therapeutische Informationsverarbeitung. Verstehen und Modellbildung im Therapieprozess.* Göttingen: Hogrefe.

Sachse, U. (2022). *Komplexität in der Psychotherapie. Psychotherapie klientengerecht und nachhaltig gestalten.* Göttingen: Hogrefe.

Sack, M. (2019). *Individualisierte Psychotherapie. Ein methodenübergreifendes Behandlungskonzept.* Stuttgart: Schattauer.

Sack, M. & Hofmann, A. (2001). *Interview zur komplexen posttraumatischen Belastungsstörung (IK-PTBS).* http://www.martinsack.de/_downloads/Interview_zur_komplexen_PTBS.pdf (Zugriff am: 03.03.2025).

Santiago, P. N., Ursano, R. J., Gray, C. L., Pynoos, R. S., Spiegel, D., Lewis-Fernandez, R., Friedman, M. J. & Fullerton, C. S. (2013). A Systematic Review of PTSD Prevalence and Trajectories in DSM-5 Defined Trauma Exposed Populations: Intentional and Non-Intentional Traumatic Events. *PloS One, 8*(4), e59236. https://doi.org/10.1371/journal.pone.0059236.

Schäfer, I., Gast, U., Hofmann, A., Knaevelsrud, C., Lampe, A., Liebermann, P., Lotzin, A., Maercker, A. et al. (2019). *S3-Leitlinie Posttraumatische Belastungsstörung.* Berlin: Springer. https://doi.org/10.1007/978-3-662-59783-5_2.

Schauer, M., Elbert, T. & Neuner, F. (2017). Narrative Expositionstherapie (NET) für Menschen nach Gewalt und Flucht. *Psychotherapeut 62*, 306–313. https://doi.org/10.1007/s00278-017-0212-x.

Schauer, M., Neuner, F. & Elbert, T. (2011). *Narrative Exposure Therapy.* Göttingen: Hogrefe, 2. Aufl.

Schauer, M., Neuner, F. & Elbert, T. (2024). *Narrative Exposure Therapy.* Göttingen: Hogrefe, 3. Aufl.

Schellong, J. (2022). Diagnostische Klassifikation von Traumafolgestörungen. In M. Sack, U. Sachsse & J. Schellong (Hrsg.), *Komplexe Traumafolgestörungen: Diagnostik und Behandlung von Folgen schwerer Gewalt und Vernachlässigung* (S. 60–85). Stuttgart: Schattauer, 2. Aufl.

Schellong, J., Hanschmidt, F., Ehring, T., Knaevelsrud, C., Schäfer, I., Rau, H., Dyer, A. & Gottschalk, A. K. (2019). Diagnostik der PTBS im Spannungsfeld von DSM-5 und ICD-11. *Nervenarzt 90*, 733–739. https://doi.org/10.1007/s00115-018-0668-0.

Schiess-Jokanovic, J., Knefel, M., Kantor, V., Weindl, D., Schafer, I. & Lueger-Schuster, B. (2022). The Boundaries Between Complex Posttraumatic Stress Disorder Symptom Clusters and Post-Migration Living Difficulties in Traumatised Afghan Refugees: A Network Analysis. *Conflict and Health, 16*(1), 19. https://doi.org/10.1186/s13031-022-00455-z.

Schmidt, U. (2022). Die Komplexe Posttraumatische Belastungsstörung im Erwachsenenalter. *Nervenarzt 93*, 1176–1184 (2022). https://doi.org/10.1007/s00115-022-01400-4.

Schmucker, M. & Köster, R. (2014). *Praxishandbuch IRRT: Imagery Rescripting and Reprocessing Therapy bei Traumafolgestörungen, Angst, Depression und Trauer.* Stuttgart: Klett Cotta.

Schmucker, M. & Köster, R. (2019). *»... und wie reagiert das KIND?« Diagnostik und Heilung durch Innere-Kind-Arbeit in der IRRT. Imagery Rescripting & Reprocessing Therapy.* Stuttgart: Klett-Cotta.

Schmucker, M. & Köster, R. (2022). IRRT – Imagery Rescripting & Reprocessing Therapy. In: M. Linden & M. Hautzinger (Hrsg.), *Verhaltenstherapiemanual – Erwachsene* (S. 353–357). Berlin: Springer. https://doi.org/10.1007/978-3-662-62298-8_59.

Schmucker, M., Reschke, K. & Kögel, B. (2008). *Imagery Rescripting & Reprocessing Therapy: Behandlungsmanual für Typ I Trauma.* Düren: Shaker Verlag.

Schneider, S. & Margraf, J. (2011). *Diagnostisches Interview bei psychischen Störungen.* Berlin: Springer, 4. Aufl.

Schnyder, U. (2013). *Clinician-Administered PTSD Scale for DSM-5* (dt. Version). https://www.usz.ch/app/uploads/2020/09/CAPS-Interview-DSM-5-deutsch.pdf (Zugriff am: 03.03.2025).

Schnyder, U. & Cloitre, M. (2022). *Evidence Based Treatments for Trauma-Related Psychological Disorders. A Practical Guide for Clinicians.* Springer Nature, 2. Aufl.

Schnyder, U., Ehlers, A., Elbert, T., Foa, E. B., Gersons, B. P., Resick, P. A., Shapiro, F., Cloitre, M. (2015). Psychotherapies for PTSD: What do they have in Common? *European Journal of Psychotraumatology, 6*, 28186. https://doi.org/10.3402/ejpt.v6.28186.

Schore, A. N. (2002). The neurobiology of attachment and early personality organization. *Journal of Prenatal and Perinatal Psychology and Health, 16*, 249–264.

Schultebraucks, K., Shalev, A. Y., Michopoulos, V., Grudzen, C. R., Shin, S. M., Stevens, J. S., Maples-Keller, J. L., Jovanovic, T., Bonanno, G. A., Rothbaum, B. O., Marmar, C. R., Nemeroff, C. B., Ressler, K. J. & Galatzer-Levy, I. R. (2020). A Validated Predictive Algorithm of Post-traumatic Stress Course Following Emergency Department Admission After a Traumatic Stressor. *Nature Medicine, 26*(7), 1084–1088. https://doi.org/10.1038/s41591-020-0951-z.

Shalev, A. Y., Gevonden, M., Ratanatharathorn, A., Laska, E., van der Mei, W. F., Qi, W., Lowe, S., Lai, B. S., Bryant, R. A., Delahanty, D., Matsuoka, Y. J., Olff, M., Schnyder, U., Seedat, S., deRoon-Cassini, T. A., Kessler, R. C., Koenen, K. C. & International Consortium to Predict PTSD (2019). Estimating the Risk of PTSD in Recent Trauma Survivors: Results of the International Consortium to Predict PTSD (ICPP). *World Psychiatry, 18*(1), 77–87. https://doi.org/10.1002/wps.20608.

Shalev, A. Y., Peri, T., Canetti, L. & Schreiber, S. (1996). Predictors of PTSD in Injured Trauma Survivors: a Prospective Study. *The American Journal of Psychiatry, 153*(2), 219–225. https://doi.org/10.1176/ajp.153.2.219.

Shapiro, F. & Trunk, C. (2022). *EMDR – Grundlagen und Praxis: Handbuch zur Behandlung traumatisierter Menschen.* Paderborn: Junfermann.

Shay, J. (1998). *Achill in Vietnam. Kampftrauma und Persönlichkeitsverlust.* Hamburg: Hamburger Edition.

Shea, M. T., Krupnick, J. L., Belsher, B. E. & Schnurr, P. P. (2020). Non-Trauma-Focused Psychotherapies for the Treatment of PTSD: A Descriptive Review. *Current Treatment Options in Psychiatr* 7, 242–257 (2020). https://doi.org/10.1007/s40501-020-00214-y.

Shipherd, J. C., Keyes, M., Jovanovic, T., Ready, D. J., Baltzell, D., Worley, V., Gordon-Brown, V., Hayslett, C. & Duncan, E. (2007). Veterans Seeking Treatment for Posttraumatic Stress Disorder: What About Comorbid Chronic Pain? *Journal of Rehabilitation Research and Development, 44*(2), 153–166. https://doi.org/10.1682/jrrd.2006.06.0065.

Siegel, D. J. (1999). *The Developing Mind: Toward a Neurobiology of Interpersonal Experience.* Guilford Press.

Siehl, S., Robjant, K. & Crombach, A. (2020). Systematic Review and MetaAnalyses of the LongTerm Efficacy of Narrative Exposure Therapy for Adults, Children and Perpetrators. *Psychotherapy Research, 31*(6), 695–710. https://doi.org/10.1080/10503307.2020.1847345.

Sjöström, N., Hetta, J. & Waern, M. (2009). Persistent Nightmares are Associated with Repeat Suicide Attempt: A Prospective Study. *Psychiatry Research, 170*(2–3), 208–211. https://doi.org/10.1016/j.psychres.2008.09.006.

Smid, G. E., Mooren, T. T., van der Mast, R. C., Gersons, B. P. & Kleber, R. J. (2009). Delayed Posttraumatic Stress Disorder: Systematic Review, Meta-Analysis, and Meta-Regression Analysis of Prospective Studies. *Journal of Clinical Psychiatry, 70*(11), 1572–1582. https://doi.org/10.4088/JCP.08r04484.

Stangier, U. (2015). Psychotherapeutische Kompetenzen in der kognitiven Verhaltenstherapie. *Psychotherapeut, 60*(3), 193–198. https://doi.org/10.1007/s00278-015-0022-y.

Steil, R., Benner, A., Müller-Engelmann, M. & Hadouch, K. (2015). »Cognitive Restructuring and Imagery Modification«: Behandlung der posttraumatischen Belastungsstörung nach sexueller Gewalterfahrung in der Kindheit. *Psychotherapeut, 60*(4), 310–314. https://doi.org/10.1007/s00278-015-0041-8.

Steil, R., Dittmann, C., Müller-Engelmann, M., Dyer, A., Maasch, A. M. & Priebe, K. (2018). Dialectical Behaviour Therapy for Posttraumatic Stress Disorder Related to Childhood Sexual Abuse: A Pilot Study in an Outpatient Treatment Setting. *European Journal of Psychotraumatology, 9*(1). https://doi.org/10.1080/20008198.2018.1423832.

Steil, R., Ehlers, A. & Clark, D.M. (2013). Kognitionsfokussierte Therapie der posttraumatischen Belastungsstörung. In A. Maercker (Hrsg.), *Posttraumatische Belastungsstörungen* (S. 239–258). Berlin: Springer, 4. Aufl. https://doi.org/10.1007/978-3-642-35068-9_13.

Steil, R., Jung, K & Stangier, U. (2011). Efficacy of a Two-Session Program of Cognitive Restructuring and Imagery Modification to Reduce the Feeling of Being Contaminated in Adult Survivors of Childhood Sexual Abuse: A Pilot Study. *Journal of Behavior Therapy and Experimental Psychiatry, 42*(3), 325–329. https://doi.org/10.1016/j.jbtep.2011.01.008.

Steil, R., Maercker, A., Jaworski, L., Bachem, R. & Eberle, D. (2024). Evidenzbasierte Psychotherapie posttraumatischer Belastungsstörungen – ein Update. *Nervenarzt.* https://doi.org/10.1007/s00115-024-01694-6.

Steinert, C., Hofmann, M., Leichsenring, F. & Kruse, J. (2015). The Course of PTSD in Naturalistic Long-Term Studies: High Variability of Outcomes. A Systematic Review. *Nordic Journal of Psychiatry, 69*(7), 483–496. https://doi.org/10.3109/08039488.2015.1005023.

Steuwe, C., Blaß, J., Herpertz, S. C. & Drießen, M. (2023). Personalisierte Psychotherapie der posttraumatischen Belastungsstörung. *Nervenarzt 94*, 1050–1058. https://doi.org/10.1007/s00115-023-01549-6.

Stopyra, M. A., Simon, J. J., Rheude, C. & Nikendei, C. (2022). Pathophysiological Aspects of Complex PTSD – A Neurobiological Account in Comparison to cLassic Posttraumatic Stress Disorder and Borderline Personality Disorder. *Reviews in the Neurosciences.* https://doi.org/10.1515/revneuro-2022-0014.

Straus, E. (1930). *Geschehnis und Erlebnis.* Berlin: Springer.

Tagay, S., Erim, Y., Stoelk, B., Möllering, A., Mewes, R. & Senf, W. (2007). Das Essener Trauma-Inventar (ETI) – Ein Screeninginstrument zur Identifikation traumatischer Ereignisse und posttraumatischer Störungen. *Zeitschrift für Psychotraumatologie, Psychotherapiewissenschaft, Psychologische Medizin, 5*, 75–89. https://doi.org/10.1055/s-2006-934318.

Tagay, S., Schlottbohm, E. & Lindner, M. (2016). *Posttraumatische Belastungsstörung: Diagnostik, Therapie und Prävention.* Stuttgart: Kohlhammer.

Teasdale, J. D. & Barnard, P. J. (1993). *Affect, cognition, and change: Re-modelling depressive thought.* Lawrence Erlbaum Associates, Inc.

Tedeschi, R. G. & Calhoun, L. G. (1996). The Posttraumatic Growth Inventory: Measuring the Positive Legacy of Trauma. *Journal of Traumatic Stress, 9*, 455–471. https://doi.org/10.1002/jts.2490090305.

Tedeschi, R. G. & Calhoun, L. G. (2004). Posttraumatic growth: conceptual foundations and empirical evidence. *Psychological Inquiry, 15*, 1–18. https://doi.org/10.1207/s15327965pli1501_01.

Teegen, F., Spieker-Hagelsieper, C. & Grotwinkel, M. (1998). *Structured interview for disorders of extreme stress (SIDES).* Hamburg: Universität Hamburg.

Terr, L. C. (1991). Childhood traumas: An outline and an overview. *American Journal of Psychiatry, 148*, 1, 10–120.

Thünker, J. & Pietrowsky, R. (2021). *Alpträume: Ein Therapiemanual.* Göttingen: Hogrefe, 2. Aufl.

Toshishige, Y., Kondo, M. & Akechi, T. (2022). Interpersonal Psychotherapy for Complex Posttraumatic Stress Disorder Related to Childhood Physical and Emotional Abuse with Great Severity of Depression: A Case Report. *Asia-Pacific Psychiatry, 14*(3), e12504. https://doi.org/10.1111/appy.12504.

Trickey, D., Siddaway, A. P., Meiser-Stedman, R., Serpell, L. & Field, A. P. (2012). A Meta-Analysis of Risk Factors for Post-traumatic Stress Disorder in Children and Adolescents. *Clinical Psychology Review, 32*(2), 122–138. https://doi.org/10.1016/j.cpr.2011.12.001.

van den Berg, D. P., de Bont, P. A., van der Vleugel, B. M., de Roos, C., de Jongh, A., Van Minnen, A. & van der Gaag, M. (2015). Prolonged Exposure vs Eye Movement Desensitization and Reprocessing vs Waiting List for Posttraumatic Stress Disorder in Patients with a Psychotic Disorder: A Randomized Clinical Trial. *JAMA Psychiatry, 72*(3), 259–267. https://doi.org/10.1001/jamapsychiatry.2014.2637.

van der Kolk, B. A., Roth, S., Pelcovitz, D., Sunday, S. & Spinazzola, J. (2005). Disorders of Extreme Stress: The Empirical Foundation of a Complex Adaptation to Trauma. *Journal of Traumatic Stress 18*(5): 389–399. https://doi.org/10.1002/jts.20047.

van Keuk, E. (2006). Tanz- und Bewegungstherapie bei posttraumatischer Belastungsstörung. In A. Maercker & R. Rosner (Hrsg.), Ps*ychotherapie der posttraumatischen Belastungsstörungen* (S. 174–191). Stuttgart: Thieme.

van Minnen, A., Harned, M. S., Zoellner, L. & Mills, K. (2012). Examining Potential Contraindications for Prolonged Exposure Therapy for PTSD. *European Journal of Psychotraumatology, 3*:1. https://doi.org/10.3402/ejpt.v3i0.18805.

Vandervoort, M., Liosatos, A., Aladhami, H., Suschinsky, K. D. & Lalumière, M. L. (2024). Victim Sexual Arousal During Nonconsensual Sex: A Scoping Review. *Archives of Sexual Behavior, 53*, 2305–2318. https://doi.org/10.1007/s10508-024-02852-2.

von Lersner, U. & Kizilhan, J. I. (2017). *Kultursensitive Psychotherapie.* Göttingen: Hogrefe.

Walker, J., Muench, A., Perlis, M. L. & Vargas, I. (2022). Cognitive Behavioral Therapy for Insomnia (CBT-I): A Primer. *Clinical Psychology and Special Education, 11*(2), 123–137. https://doi.org/10.17759/cpse.2022110208.

Wampold, B. E., Imel, Z. E., Laska, K. M., Benish, S., Miller, S. D., Flückiger, C., Del Re, A. C., Baardseth, T. P. & Budge, S. (2010). Determining What Works in the Treatment of PTSD. *Clinical Psychology Review, 30*(8), 923–933. https://doi.org/10.1016/j.cpr.2010.06.005.

Weathers, F. W., Litz, B. T., Keane, T. M., Palmieri, P. A., Marx, B. P. & Schnurr, P. P. (2013b). *The PTSD Checklist for DSM-5 (PCL-5).* Instrument Available from the National Center for PTSD. https://www.ptsd.va.gov/professional/assessment/adult-sr/ptsd-checklist.asp. (Zugriff am: 03.03.2025).

Weathers, F., Blake, D., Schnurr, P., Kaloupek, D. G., Marx, B. P. & Keane, T. M. (2013a). *The Life Events Checklist for DSM-5 (LEC-5).* Instrument Available from the National Center for PTSD. https://www.ptsd.va.gov/professional/assessment/documents/PCL-5_LEC_criterionA.pdf (Zugriff am: 03.03.2025).

Wessely, S., Bryant, R. A., Greenberg, N., Earnshaw, M., Sharpley, J. & Hughes, J. H. (2008). Does Psychoeducation Help Prevent Post Traumatic Psychological Distress? *Psychiatry, 71*(4), 287–302. https://doi.org/10.1521/psyc.2008.71.4.287.

Wingenfeld, K., Schäfer, I., Terfehr, K., Grabski, H., Driessen, M., Grabe, H., Löwe, B. & Spitzer, C. (2011). Reliable, valide und ökonomische Erfassung früher Traumatisierung:

Erste psychometrische Charakterisierung der deutschen Version des Adverse Childhood Experiences Questionnaire (ACE). *Psychotherapie, Psychosomatik, medizinische Psychologie, 61*(1), e10–e14. https://doi.org/10.1055/s-0030-1263161.

Wingenfeld, K., Spitzer, C., Mensebach, C., Grabe, H. J., Hill, A., Gast, U., Schlosser, N., Höpp, H., Beblo, T. & Driessen, M. (2010). Die deutsche Version des Childhood Trauma Questionnaire (CTQ): Erste Befunde zu den psychometrischen Kennwerten. *Psychotherapie, Psychosomatik, medizinische Psychologie, 60*(11), 442–450. https://doi.org/10.1055/s-0030-1247564.

Wolf, E. J., Miller, M. W., Kilpatrick, D., Resnick, H. S., Badour, C. L., Marx, B. P., Keane, T. M., Rosen, R. C. & Friedman, M. J. (2015). ICD-11 Complex PTSD in US National and Veteran Samples: Prevalence and Structural Associations with PTSD. *Clinical Psychological Science, 3*(2), 215–229. https://doi.org/10.1177/2167702614545480.

Wolpe J. & Lazarus, A. A. (1966). *Behavior Therapy Techniques. A Guide to the Treatment of Neuroses.* New York: Pergamon Press.

World Health Organization (WHO). (1993). *International Statistical Classification of Diseases and Related Health Problems.* Bern: Huber, 10. Aufl.

World Health Organization (WHO) (2022): ICD-11: International Classification of Diseases, 11th Revision. The Global Standard for Diagnostic Health Information. Online: https://icd.who.int/en.

Zhang, Y., Ren, R., Vitiello, M. V., Yang, L., Zhang, H., Shi, Y., Sanford, L. D. & Tang, X. (2022). Efficacy and Acceptability of Psychotherapeutic and Pharmacological Interventions for Trauma-related Nightmares: A Systematic Review and Network Meta-Analysis. *Neuroscience and Biobehavioral Reviews, 139*, 104717. https://doi.org/10.1016/j.neubiorev.2022.104717.

Zoellner, L. A., Bedard-Gilligan, M. A., Jun, J. J., Marks, L. H. & Garcia, N. M. (2013). The Evolving Construct of Posttraumatic Stress Disorder (PTSD): DSM-5 Criteria Changes and Legal Implications. *Psychological Injury and Law, 6*(4), 277–289. https://doi.org/10.1007/s12207-013-9175-6.

Zoellner, T. & Maercker, A. (2006). Posttraumatic Growth in Clinical Psychology – A Critical Review and Introduction of a Two Component Model. *Clinical Psychology Review, 26*(5), 626–653. https://doi.org/10.1016/j.cpr.2006.01.008.

Zoet, H. A., De Jongh, A. & van Minnen, A. (2021). Somatoform Dissociative Symptoms Have no Impact on the Outcome of Trauma-Focused Treatment for Severe PTSD. *Journal of Clinical Medicine, 10*, 1553. https://doi.org/10.3390/jcm10081553.

Anhang

Leitlinien von Fachgesellschaften

- American Psychological Association (APA)
  - https://www.apa.org/ptsd-guideline (Zugriff am: 03.03.2025)
- Arbeitsgemeinschaft der Wissenschaftlichen Medizinischen Fachgesellschaften (AWMF)
  - https://register.awmf.org/de/leitlinien/detail/155-001 (Zugriff am: 03.03.2025)
  - https://register.awmf.org/assets/guidelines/051-027l_S2k_Diagnostik_Behandlung_akute_Folgen_psychischer_Traumatisierung_2019-10.pdf (Zugriff am: 03.03.2025)
- Australian Guidelines for the Treatment of Acute Stress Disorder and Posttraumatic Stress Disorder
  - https://www.phoenixaustralia.org/australian-guidelines-for-ptsd/ (Zugriff am: 03.03.2025)
- Bundesamt für Bevölkerungsschutz und Katastrophenhilfe (BBK)
  - www.bbk.bund.de (Zugriff am: 03.03.2025)
- Department of Defense and the Veteran's Association (VA/DoD)
  - https://www.healthquality.va.gov/guidelines/MH/ptsd/ (Zugriff am: 03.03.2025)
- Deutschsprachige Gesellschaft für Psychotraumatologie (DeGPT)
  - https://www.degpt.de/fach-informationen/leitlinien/ (Zugriff am: 03.03.2025)
- European Society for Traumatic Stress Studies (ESTSS)/The European Network for Traumatic Stress (TENTS)
  - https://www.estss.org/uploads/2011/04/TENTS-Full-guidelines.pdf (Zugriff am: 03.03.2025)
- International Red Cross
  - https://www.redcross.org.au/globalassets/cms-assets/documents/emergency-services/arc-cte-guidelines-2019-web-version.pdf (Zugriff am: 03.03.2025)
- International Society for the Study of Trauma and Dissociation (ISSTD)
  - https://www.isst-d.org/wp-content/uploads/2019/02/GUIDELINES_REVISED2011.pdf (Zugriff am: 03.03.2025)
- International Society for Traumatic Stress Studies (ISTSS)
  - https://istss.org/clinical-resources/trauma-treatment/new-istss-prevention-and-treatment-guidelines/ (Zugriff am: 03.03.2025)

- National Institute for Health and Care Excellence (NICE)
  - https://www.nice.org.uk/guidance/ng116 (Zugriff am: 03.03.2025)
- Problem Management Plus (PM+/WHO)
  - https://www.who.int/publications/i/item/WHO-MSD-MER-18.5 (Zugriff am: 03.03.2025)
- World Health Organization (WHO).
  - https://www.who.int/publications/i/item/9789241505406 (Zugriff am: 03.03.2025)

Weiterführende Links

- Nachsorge, Opfer- und Angehörigenhilfe (NOAH)
  - https://www.bbk.bund.de/DE/Themen/NOAH/noah_node.html (Zugriff am: 03.03.2025)
- Oxcadat Resources
  - https://oxcadatresources.com/ (Zugriff am: 03.03.2025)
- PTSD Assessment Instruments
  - https://www.apa.org/ptsd-guideline/assessment/index (Zugriff am: 03.03.2025)
- The International Trauma Consortium
  - https://www.traumameasuresglobal.com/ (Zugriff am: 03.03.2025)
- Ulmer Onlineklinik
  - https://ulmer-onlineklinik.de/ (Zugriff am: 03.03.2025)
- vivo International
  - www.vivo.org (Zugriff am: 03.03.2025)
- Weißer Ring e. V.
  - https://weisser-ring.de/ (Zugriff am: 03.03.2025)
- »Wie die Bundeswehr bei PTBS hilft«
  - https://www.bundeswehr.de/de/betreuung-fuersorge/ptbs-hilfe (Zugriff am: 03.03.2025)

Stichwortverzeichnis

P

R

S

T

U

V

W